Rolf Liebermann

ROLF LIEBERMANN

Und jedermann erwartet sich ein Fest

MUSIKTHEATER

PROPYLÄEN

Propyläen Verlag
Satz: RB Gesellschaft, Berlin
Druck: Fürst & Sohn, Berlin
Offsetreproduktionen: Faesser und Schütte & Behling

Printed in Germany 1981
ISBN 3 549 06653 8

Für Jacques Duhamel

Dieses Buch verdankt seine Existenz Hélène Vida, die dank ihrer Beherrschung der Sprache Voltaires den französischen Text redigiert hat, ohne den schweizerischen Charakter zu vergewaltigen. Dieser Text ist die Grundlage für die vorliegende deutsche Ausgabe.

Ich danke von ganzem Herzen Martine Kahane, ohne deren Mitarbeit das Buch gar nicht möglich gewesen wäre.

Ich danke auch all denjenigen, die für dieses Buch – ein Spiegel gemeinsamer Arbeit während fast eines Jahrzehnts – ihre Überlegungen zu einzelnen Werken oder zum Theater im allgemeinen beigesteuert und es damit ungemein bereichert haben: Emile Aillaud, Georges Aperghis, Maurice Béjart, Humbert Camerlo, Patrice Chéreau, John Dexter, Jacques Dupont, Ezio Frigerio, Pierre Henry, Brigitte Jacques, Mauricio Kagel, Josef Krips, Jorge Lavelli, György Ligeti, Joseph Losey, Lorin Maazel, Olivier Messiaen, Seiji Ozawa, Ruggero Raimondi, Suzanne Sarroca, Max Schoendorff, Sir Georg Solti, Giorgio Strehler, Kiri Te Kanawa, Peter Ustinov.

Ich danke auch Inge Thaes, die mir mit dem Service de Dramaturgie de l'Opéra de Paris half, und Daniel Dourneau-Gabory, der mir eine Studie über die finanziellen Aspekte der Opern-Verwaltung zur Verfügung stellte.

Gedankt sei schließlich Annick Cebeau, die mir fünf Jahre lang mit großer Nachsicht und mit viel Wärme half, meine schwere Bürde zu tragen.

Ein besonderer Dank gilt Hans H. Hausser für sein freundschaftliches Bemühen um die Redaktion des deutschen Textes.

Inhalt

VORWORT

Das Musiktheater steht auf drei oft recht schwankenden Säulen. Soll ein Abend glücklich verlaufen, soll etwas Schönes, Vollkommenes entstehen, müssen zunächst einmal Energien verschiedenster Art vereint werden, müssen alle Mitarbeiter, vom Elektriker bis zum Dekorateur, vom Bühnenarbeiter bis zum Dirigenten, von der Platzanweiserin bis zum Tischler, miteinander harmonisieren. Deren vereinte Energien bilden die erste Säule des Phänomens »Theater«. Autoren und Komponisten, die schöpferischen Kräfte also, sind die zweite Säule. Die dritte, die unsicherste, ist das Publikum: Es fordert Vollkommenheit, geißelt unmenschlich jegliches Versagen, applaudiert ebenso begeistert, wie es erbarmungslos höhnt und ohne Sündenbock nicht genießen kann – ein ständig sich wiederholendes Ritual.

Selten schlägt man sich an allen drei Fronten. In meinem Leben haben, ohne und sogar gegen meinen Willen, äußere Umstände alle zwanzig Jahre den Blickwinkel verändert.

Heute weiß ich immer noch nicht recht, wie der Direktor, der ich geworden bin, die Fragen, die der Komponist einst an das Theater richtete, beantworten könnte. Oder vielmehr, inwieweit die Theorien des Komponisten vernünftig oder unvernünftig waren, nachdem ich sie jetzt mit der Elle des Intendanten messe.

Damals sagte sich der junge Mann, der für die Moderne eintrat, angesichts der ablehnenden Haltung der Älteren: »Wenn diese erst einmal abgetreten und wir an ihrer Stelle sind, werden sich die Künstler, für die wir heute auf die Barrikaden gehen, durchgesetzt haben.«

Nun ist es soweit. Diejenigen, für die ich gekämpft habe, die Strawinsky, Bartók, Alban Berg, Picasso, Braque und Kandinsky, die Beckett, Artaud und Joyce, sind Klassiker geworden. Ein Musiker freut sich, eine neue Kompositionstechnik zu entdecken, und ist häufig von ihr fasziniert. Das Publikum aber muß sich an neue Klänge erst gewöhnen. Es muß eine Musik viele Male hören, um Melodien wiederzuerkennen und sie schließlich zu lieben. Es dauert ein halbes Jahrhundert, bis ein neuer künstlerischer Ausdruck verstanden wird und sich im Bewußtsein der Allgemeinheit eingebürgert hat.

Ein Intendant muß über künstlerisches Gewissen und politischen Verstand verfügen, das heißt, er lebt in einem permanenten Dilemma. Denn unter »Politik« verstehe ich staatsbürgerliche Haltung im weitesten Sinn des Wortes, diejenige nämlich, die alle Extreme vermeidet: auf der einen Seite das Konsumtheater, das den subventionslosen Häusern vorbehalten sein sollte, die zu existenzsichernden Einnahmen verurteilt sind; auf der anderen Seite den Elfenbeinturm, jenes steuernfressende kulturelle Experimentier-Ghetto ohne Publikum.

Doch was eigentlich will dieses Publikum, von dem letzten Endes die Existenz – oder das Ende – unserer kulturellen Einrichtungen abhängt? Soll die Oper eine Zuflucht bieten, in deren Schutz der moderne Mensch vor den Problemen des Alltags flüchtet? Verdis, Puccinis oder Wagners Bühnen-Scheußlichkeiten, Folterungen, Inzest und Gemetzel betreffen ihn ebensowenig wie den osterspaziergehenden Bürger, »wenn hinten, weit, in der Türkei, die Völker aufeinanderschlagen«. Weil die Musik so schön ist und weil man sie so gut kennt, gehen Scarpias Grausamkeiten in lyrischer Überschwenglichkeit unter, und der Tod der Desdemona hat unter Verdis erhabenen Klängen nichts mehr mit einem bestialischen Sexualmord gemein. Wenn das Publikum sich der Identifizierung entziehen kann, genießt es, wie bei einem Festessen, die Köstlichkeiten einer vertrauten Musik. Brecht hat das als »kulinarisches Theater« bezeichnet.

Will das Publikum wirklich von einer Oper herausgefordert werden, die ihm an die Nerven geht, anstatt diese nur zu kitzeln, will es Musik hören, die mehr ist als Tristan-Harmonien, die es endlich zu verstehen beginnt? Ich denke, es ist nicht nötig, an Beispielen zu beweisen, daß viele Werke, die heute »kulinarisch« genossen werden, einst auf großen Widerstand stießen und gar nicht das waren, was das Publikum sich wünschte. Der jüngste Fall dieser Art ist »Lulu«: 1937 provozierte das Werk einen Skandal, vierzig Jahre lang sorgte es für leere Opernhäuser, und heutzutage ist es so unumstritten, daß die Glastüren der Pariser Oper dem Ansturm der Einlaßheischenden nicht standhalten konnten.

Aber wenn wir heute in Paris Stockhausen, Ligeti oder Kagel aufführen, spielen wir schon am zweiten Abend vor halbleerem Haus. Die Presse schweigt, anstatt die Werke zu erklären und damit deren Aufführung zu unterstützen. Dennoch könnte einer dieser Komponisten der Anton Webern des 21. Jahrhunderts sein.

Der Intendant muß einer solchen Einstellung mit gewissenhafter Aufgeschlossenheit und Kritik gegenübertreten. Gut ist etwas noch lange nicht, nur weil es neu ist, genausowenig wie etwas nur deshalb schlecht ist, weil es stört, provoziert oder schwierig ist. Nicht jedes Jahrhundert hat seinen Mozart. Aber es gibt in heutiger Zeit Werke und Autoren, die einen Anspruch auf mehr als eine Premiere mit zwei nachfolgenden Vorstellungen haben. Sie verdienen, daß man sich die Mühe macht, sie im Repertoire zu behalten; denn das Publikum braucht das Immer-wieder-Hören, um etwas lieben zu können. Es ist die Aufgabe des subventionierten Theaters, das auf Kasseneinnahmen nicht so sehr angewiesen ist, Uraufführungen zu riskieren. Denn es ist seine Pflicht, das künstlerische Erbe für die Zukunft mitzuschaffen. Ebenso unerläßlich ist es aber auch, die als Meisterwerke anerkannten Opern neu zu sehen, das Repertoire zu entstauben und mit den Lebensbedingungen und beherrschenden Themen unserer Zeit zu konfrontieren.

Was mich beunruhigt, ist die in den verschiedensten Gesellschaftsschichten und in allen Altersklassen zu beobachtende Tendenz, Oper als rein kulinarisches Vergnügen zu betrachten. Die Jugend stimmt keineswegs auf Anhieb den modernen Werken zu, aber sie reagiert immerhin negativ auf die konventionelle Opernroutine. Die Jungen ertragen die Kluft nicht, die sich hier vor ihnen auftut, die Kluft zwischen dem Gefühlsreichtum, der Schönheit des musikalischen Ausdrucks und einer plumpen, ungeschickten Darstellung. Sie verlangen dramatische Wahrheit auch bei der physischen Gestaltung.

Als im Nachkriegsdeutschland die meisten Theater in Trümmern lagen, schufen materielle Schwierigkeiten eine neue Form des Musiktheaters. Es gab damals keine Mittel mehr, Konzerte in prachtvollen Kostümen und kostspieligen Kulissen auf die Bühne zu stellen. Da waren Leute wie Felsenstein oder Wieland Wagner, Rennert oder Schuh gezwungen, die Werke mit wachen Augen neu zu sehen, die Wahrheit zu suchen und das allzu bekannte Drama vom Klischee zu lösen. Sie standen am Anfang des Musiktheaters in des Wortes bester Bedeutung; sie waren eine kleine Schar von Vorläufern. Unbeirrt kämpften sie gegen Konventionen und öffneten damit der Generation der Strehler und später der Lavelli und Chéreau, der Götz Friedrich und Luc Bondy den Weg. Sie stellten hohe Forderungen an die Interpreten. Und eine neue Sängergeneration begriff, daß die rechte Hand auf dem dicken Bauch als Ausdruck der Liebe, die erhobene, in die Kulisse weisende Linke als Geste der Verzweiflung nicht genügen. Ja, auch die Sänger mußten sich um eine glaubwürdige körperliche Erscheinung bemühen und haben so dazu beigetragen, daß heutzutage, wenn vom Theater die Rede ist, die Oper mit einbezogen wird.

In Frankreich kann die Stabilität der drei das Theater tragenden Säulen jederzeit gefährdet werden, weil die Oper von zwei Tyrannen abhängig ist: von der Regierung und von den Gewerkschaften. Zwischen beiden muß der Intendant ständig lavieren, stets in Gefahr, entweder erdrückt zu werden, wenn er sich auflehnt, oder seine Autorität zu verlieren, wenn er nachgibt. Neben den Finanz- und Verwaltungsangelegenheiten, die wie jedes verstaatlichte Unternehmen natürlich auch die Oper betreffen, gibt es noch zusätzlich – unter dem Vorwand, es handle sich um Kunst! – die Ansprüche der Dilettanten. Alle, Publikum, Beamte, Journalisten, maßen sich Rechte an und üben Druck aus und halten sich für kompetent, wenn es um die Welt der Gaukler geht.

Künstlerischer Instinkt und Sinn für Politik allein genügen jedoch nicht. Ich halte es für unerläßlich, daß der Intendant sich selbst immer wieder in Frage stellt, um sich dadurch das Vertrauen aller Mitarbeiter seines Hauses zu sichern. Nur so kann er sie gegen Angriffe verteidigen und jene Spaltungen vermeiden, durch die es den Mächtigen leichtgemacht wird, das wundervolle Spielzeug »Theater« Narrenhänden zu überlassen.

An Stelle einer Ouvertüre:

REDE AN DIE MACHT

Im Umgang mit Frankreich hatte mir Voltaires Hurone etwas voraus: Er galt als naiv, ohne es zu sein. Ich indessen bin es wirklich – ohne ganz sicher zu sein, diesen Eindruck zu erwecken!

Das ist ganz einfach zu erklären. Der Hurone hatte einen sehr französischen Vater, den französischsten, den man sich denken kann. Ich hingegen habe Schweizer Eltern. Welcher Busen also hätte mich mit Geist und Spitzfindigkeit genährt, mir diese raffinierte Höflichkeit, diesen um Auswege nie verlegenen Humor und diese ständig sprudelnde Fröhlichkeit mit der Muttermilch eingeflößt – alle diese für Frankreich so charakteristischen Eigenschaften, selbst in den Augen viel weniger Naiver, als ich einer bin. Gott selbst, so lehrt uns sein Prophet Péguy, zieht die Franzosen den anderen Völkern vor, und die Deutschen gehen noch weiter: Behaupten sie nicht, Gott lebe in Frankreich, er sei Franzose?

So ist es für uns die natürlichste Sache der Welt, daß in Frankreich alles glänzt – denn das ist eben das Los Frankreichs. Sollte aber auch dort das Wetter einmal schlecht und trübe sein, wundern wir uns: Da kann doch irgend etwas nicht stimmen! Es kann nicht an Frankreich liegen, sondern sicher an uns selbst. Wenn sich da irgendwo Wolken zusammenbrauen, muß unser Blick getrübt sein. Wenn aber der graue Alltag sich hinzieht und die Ausrede auf unsere eigene Blindheit nicht mehr zu stützen ist – denn unsere Augen nehmen sehr wohl die prangenden Sterne am Himmel wahr –, dann vertreibt unser Glaube an Frankreich die Sorge um Frankreich. Wir sind überzeugt, daß bald wieder die Sonne scheinen wird, und wir warten auf ihre strahlende Wärme. Manchmal warten wir lange. Ausdauer ist eine Schweizer Tugend!

Es überrascht uns allerdings, daß oft, hie und da, schon die Siegesgesänge ertönen, bevor noch die letzte Schlacht für Frankreich gewonnen ist, ganz so, als ob irgendein Barde glaubte, das französische Genie mit Liedern zu seinem Ruhme beschwören zu müssen. Molière, Delacroix, Berlioz haben Frankreich nie besungen. Ihre Werke tun das für sie.

Aber ich habe gut reden, ich habe Lust, Frankreich zu besingen. Wenn ich ob dieses Verlangens ärgerlich bin, dann nur, weil ich mir aus Liebe zu Frankreich selbst seine Fehler zu eigen gemacht habe. Ja, Gott sei Dank bewundere ich manchmal ein Schönheitspflästerchen auf Frankreichs Antlitz. Und ich gebe zu, daß man solche oft dort anbringt, wo man sie am wenigsten erwartet – und in Sachen Schminke bin ich als Theatermann ja Experte!

Im Grunde genommen kann ich hier nur mein eigenes Abenteuer erzählen. Seitdem ich die Loge verlassen habe, von der aus ich die französische Szene beobachtete, um auf ihr selbst eine Rolle zu spielen, von Schönheitspflästerchen zu Schönheitspflästerchen und von einer Überraschung zur anderen, fühle ich mich nicht mehr wie einst als Bruder des Ingénu, sondern als der des Candide. Sollte es doch ein Fingerzeig der Leibnizischen »prästabilierten Harmonie« gewesen sein, daß man in Hamburg gerade »Candide« spielte, als Doktor Pangloss zum ersten Besuch in Zürich auftauchte? Er sah gar nicht so aus, wie man sich den glückselig-optimistischen Doktor Pangloss gemeinhin vorstellte. Er sah aus wie das, was er war: ein junger Referent des damaligen Kulturministers Jacques Duhamel. Über die Pariser Oper hielt er mir etwa folgende Rede: »Es geht alles sehr schlecht in der besten aller möglichen Welten. Wenn Sie die Leitung der Oper übernehmen, wird ohne Zweifel alles ziemlich gut gehen in einer Welt, die wir daran hindern werden, für Sie der schlimmsten eine zu sein.«

Sie können sich mein Lampenfieber vorstellen. Man bot mir an, die Rolle des leidvollen Helden zu spielen in dem wundervollen, berühmten Stück, das der französische Mythos für mich immer noch war. Pangloss schlug seinem Schüler Candide vor, sich in einen Aladin zu verwandeln und die Zauberlampe wiederzuentzünden. Das Lampenfieber wurde zum Fiebertraum – und ich fragte mich ernstlich, ob der junge Doktor Pangloss nicht in Wirklichkeit eine Inkarnation des alten Doktor Mirakel war. Kurz gesagt, ich wurde mißtrauisch. Das rationalistische Frankreich, privilegierter Verwahrer der Intelligenz und der Kunst, kommt daher und bittet einen Ausländer, eines seiner Guthaben gewinnbringend anzulegen! Plötzlich erschien mir die Vorstellung zu schön und, ich gestehe es, zu schmeichelhaft, um glaubwürdig zu sein. Allerdings verwirrte mich, daß Pangloss so ehrlich und überzeugt aussah. Seine Rede war noch hochherziger und edler, als man sie von Frankreich erwartet, das nicht nur das Vaterland der Franzosen, sondern so etwas wie die Heimat aller Menschen ist.

Man unterscheidet nicht immer zwischen den schönsten Zügen der Wahrheit und den verführerischsten Anzeichen der Illusion – besonders wenn man Schweizer ist und naiv wie Candide und dem Gesang eines französischen Pangloss lauscht. Es ist meiner Ansicht nach verzeihlich, daß ich einen Augenblick lang im Zweifel war, ob die allgemeine Verehrung für Frankreich bei manchen Franzosen nicht doch chauvinistisch gefärbte Gefühle erzeugte. Heute bedauere ich das sehr, denn meine Erfahrung hat mich eines Besseren belehrt: Seit ich Jacques Duhamel meine Zustimmung gegeben habe, hat mir niemand, oder fast niemand, meine Herkunft vorgehalten, und niemand, oder fast niemand, hat behauptet, daß ich die französische Oper zu ruinieren entschlossen sei. Alle, oder fast alle, waren bereit, mich nur nach meinen Taten zu beurteilen.

Trotzdem fürchtete ich, daß das Verhältnis sich ins Gegenteil kehren würde. Und das hätte sehr gut passieren können, wenn der junge Pangloss nicht so gewesen wäre, wie er war: energisch und aufrichtig; wenn Jacques Duhamel nicht der musikbegeisterte Minister gewesen wäre, dem einmal gegebenen Wort verpflichtet und entschlossen, bis zum Ende zu kämpfen; wenn dem Finanzminister Valéry Giscard d'Estaing das kulturelle Leben Frankreichs nicht so sehr am Herzen gelegen hätte; wenn Georges Pompidou, der Präsident der Republik, nicht ein so erleuchteter Freund der Künste gewesen wäre.

Kurz, mein Mißtrauen wandelte sich langsam in Euphorie. Soviel vereinigte Intelligenz und Willenskraft bewiesen mir, daß die Absicht, mich auszuwählen, nicht zu jenen gehörte, die den Weg zur Hölle pflastern. Ich füge hinzu, daß wir, so wie wir nun einmal geartet sind, selten glauben, daß der, der uns erwählt, es aus Dummheit tut.

Die Maschine war also bereit und gut geölt.

Aber in der Opernmaschinerie gibt es auch Versenkungen. Und diese öffneten sich nun, eine nach der anderen. Zwischen allen galt es zu lavieren. Ich war oft am Rande der Verzweiflung, manchmal bereit aufzugeben. Obwohl in Frankreich die Kunst der verbalen Giftmischerei hervorragend beherrscht wird, war es nicht sosehr die Gehässigkeit gewisser Äußerungen, die mich störte, als vielmehr die Unmenge verwaltungstechnischer Hindernisse, ein unentwirrbares Knäuel, mit dem wohl alle Katzen der Welt gespielt haben mögen. Wie kann, so fragte ich mich, eine so unkalkulierbare, komplexe und bewegliche Kunst wie das Theater, und insbesondere das Operntheater, mit einem Netz von so verwirrten Fäden zurechtkommen, dünn zwar, aber auch zahlreich und solid wie die Fäden, die Gulliver fesselten? Wegen der kleinsten Kleinigkeit mußte selbst ein Minister um Erlaubnis fragen; ich habe nie erfahren, wie oft und bei wie vielen kleinen Amtswaltern. Und er hatte noch nicht einmal die Gewißheit, etwas zu erreichen. Ich erstattete Bericht an Pangloss, an Jacques Duhamel, an Valéry Giscard d'Estaing persönlich. Und angesichts ihrer Gelassenheit wurde mein Staunen noch größer. Sie waren alle sicher, ihr Ziel zu erreichen. Und das komischste war: Sie überzeugten auch mich! Nicht etwa mit echten Gründen, denn ich glaube gern, daß Descartes' Fegefeuer dem Leben eines französischen Beamten ziemlich ähnlich ist. Nein, was mich wirklich beeindruckte, war der Glaube meiner Gesprächspartner. Sie hatten die Mentalität von Hindernisläufern. Und plötzlich begriff ich: Pangloss und Jacques Duhamel waren keine Doctores Mirakel, sondern subtile und facettenreiche Taminos. Ohne Furcht und Tadel unterwarfen sie sich unter den Blicken eines über die Finanzen verfügenden Sarastro allen Prüfungen und beschworen mich durch ihr Beispiel, die kleinmütige Haltung eines Papageno aufzugeben.

Ich hatte es endlich begriffen: Von Anfang an hatte mir Pangloss unter dem Vorwand, die Oper wiederaufzubauen, eine schmerzliche, aber auch erhebende freimaurerische Initiation angeboten. Von nun an war ich gewonnen. Nicht, daß ich nach dem letzten Sieg über das Feuer endlich das Paradies der Weisheit hätte offen vor mir liegen sehen – o nein! Aber ich habe ein anderes Eden gefunden: Ich fühle mich jetzt fast als Franzose! Genug französisch zumindest, um zu wissen, daß in dem paradoxen Land Descartes' sich immer alles irgendwie einrenkt, ganz und gar unkartesianisch. Das beweist, daß man sich an alles gewöhnt, sogar daran, daß die Liebe die genaue Kenntnis des geliebten Wesens überlebt!

Und wenn ich auf das Schönheitspflästerchen zurückkomme, das ich auf dem Antlitz Frankreichs zu sehen glaube, so würde ich sagen, daß meiner Ansicht nach die gebildetste und begabteste Jugend der Welt zu viel Zeit auf die Auslegung von Texten verwendet, die verhindert, daß etwas zustande kommt. Wie wunderbar wäre es, wenn man dieser Jugend erlaubte, sich schlicht und einfach der Arbeit zu widmen. Welche Vitalität wäre da plötzlich freigelegt für Frankreich und für eine Welt auf der Suche nach einer neuen Identität. Wenn Frankreichs Taminos eines schönen Tages ins Feuer fielen, anstatt darüber zu springen?

Und wenn Frankreichs Ariadnen es müde würden, seine Fäden zu entwirren? Liebe Ariadnen, liebe Taminos Frankreichs, gestattet einem ausländischen Candide einen Vorschlag: Euer Garten muß neu bestellt werden, das papierne Unkraut, die Buchstaben, die den Geist töten, müssen gejätet werden, damit euer Garten wieder zu dem werden kann, der er war – der schönste Garten der Welt.

(Gehalten am 28. Juni 1973 in Anwesenheit des Finanzministers der Französischen Republik, M. Valéry Giscard d'Estaing)

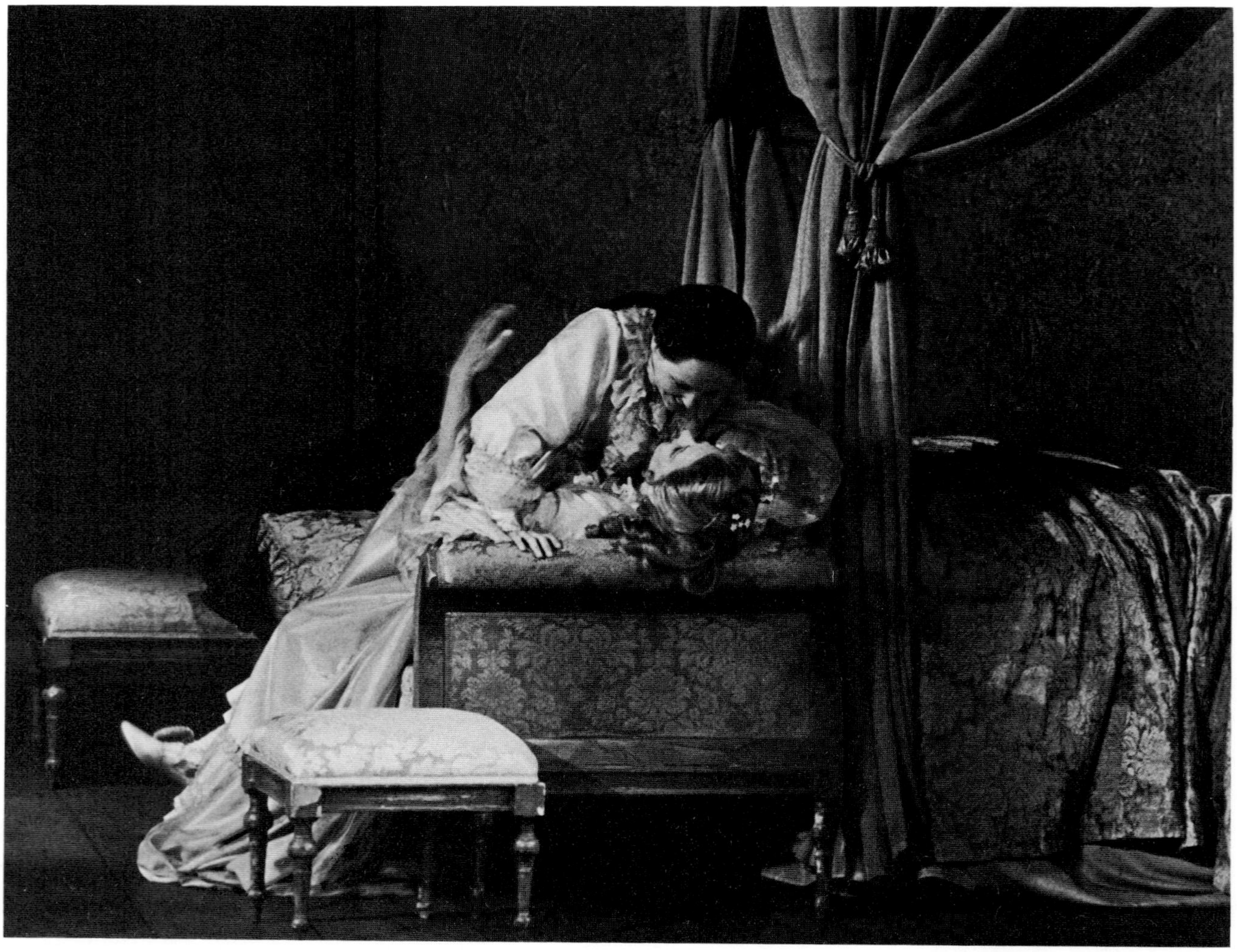

Die Hochzeit des Figaro: Frederica von Stade als Cherubin und Gundula Janowitz als Gräfin

30. März 1973
Schloß-Theater Versailles

LE NOZZE DI FIGARO
Opera buffa in quattro atti

Text von Lorenzo da Ponte
Musik von Wolfgang Amadeus Mozart

Musikalische Leitung: Georg Solti
Inszenierung: Giorgio Strehler
Bühnenbilder und Kostüme: Ezio Frigerio

GIORGIO STREHLER: Die Vorstellung von einem ganz bestimmten Theater, die einst die Jugend meiner Generation bewegte, war eine großartige Illusion. Als sie uns seinerzeit erfüllte, war sie, kulturhistorisch gesehen, absolut notwendig. Sie war die von Leuten wie Copeau und Vilar überkommene Konzeption eines Volkstheaters. Wir alle glaubten, Theater müsse Volkstheater sein – oder man brauche es überhaupt nicht. Von der Richtigkeit dieser These sind wir immer noch überzeugt. Aber Volkstheater ist kein abstrakter Begriff. Es muß mit der Wirklichkeit konfrontiert werden. Jeder von uns ist seither in dieser Richtung seinen eigenen Weg gegangen.

Wir dachten, Volkstheater müsse alle ansprechen und auf die Gesamtheit ausstrahlen, nicht nur mit einem Thema, sondern auch durch die Art und Weise, wie es dargestellt würde. Wir träumten immer von einem Theater, das die Menschen, viele Menschen, versammelte, um den allen gemeinsamen Mythen, den allen gemeinsamen Ängsten Ausdruck zu geben, Siegesfeste zu feiern und der Niederlagen zu gedenken. Das Theatererlebnis sollte eine ideale Verbundenheit bewirken. Das war die großartige Idee vom brüderlichen Fest.

Aber die Probleme waren, wie wir nach und nach bemerkten, doch viel komplizierter, als wir geglaubt hatten. Wir mußten sie bald von einem ganz anderen Gesichtspunkt aus betrachten. Denn das Massentheater als kollektive Zeremonie zeigte sich überfordert durch die Komplexität unserer gesellschaftlichen Strukturen. Volkstheater zu spielen heißt jetzt nicht mehr Menschen zusammenbringen, sondern sie voneinander trennen. Nicht ein Fest soll gefeiert, sondern ein didaktischer Prozeß in Gang gesetzt werden. So hat, denke ich, das zeitgenössische Theater seine Chance.

Im Zeitalter der Massenkommunikation ist das Theater offensichtlich wieder eine Einrichtung für die Elite geworden. Ich will damit ganz einfach sagen, daß es, etwa im Unterschied zum Fußballspiel, nicht gleichzeitig zehntausend Personen ansprechen kann. Es wäre eine Illusion, sich ein Theater als ein normales kollektives Kunsterlebnis vorzustellen, an dem sechs Millionen Be-

Die Hochzeit des Figaro: José van Dam als Figaro

wohner einer Stadt teilhaben. Wenn man aber weiß, daß Theater notwendig ist, kann man manches tun. Elite ist ja nicht gleichbedeutend mit Abendkleid und Smoking. Zur Avantgarde kann auch der bescheidenste Arbeiter gehören. Avantgarde ist keine Klassenfrage. Elite – das sind die Menschen, die sich, unabhängig vom Geld, für Kultur interessieren.

Wenn es um absolute Meisterwerke geht, wie »Figaros Hochzeit«, »Don Giovanni«, »König Lear«, »Macbeth« oder »Fidelio«, ist man verpflichtet, sie mit der größtmöglichen Objektivität wiederzugeben. Man muß sie dem Publikum unverfälscht darbieten. Das will nicht heißen, die kritische Interpretation werde auch die richtige sein, aber die Suche nach Wahrheit ist eine moralische Einstellung. Diese Suche hört nie auf.

Man muß sich selbst die besten Voraussetzungen schaffen, eine altersbedingte Reife haben und über eine entsprechende Bildung verfügen, um der Öffentlichkeit eine adäquate Bearbeitung eines solchen Werks anbieten zu können. Ich habe lange gewartet, bis ich den »Figaro« inszenierte. Das Problem dieses Stückes geht weit über die Probleme seiner Personen oder die der Geschichte hinaus. Es gibt bei Mozart eine Allgemeingültigkeit, die auf der Bühne sichtbar gemacht werden muß. Diese Universalität ist aber nicht abstrakt; sie hält sich sehr wohl an menschliche und soziale Realitäten. Die Größe der Dichter des Realismus – und in diesem Sinne ist Mozart ein Komponist des Realismus – besteht darin, Geschichte zu schreiben, empfänglich zu sein für die dialektische Beziehung des Geschehens und gleichzeitig den dialektischen Bezug der Geschichte auf eine allgemeingültige Ebene zu projizieren.

Ein Beispiel: Der Graf Almaviva ist ein Mann, der am Vorabend der Französischen Revolution in eine bestimmte Gesellschaftsschicht hineingeboren wird. Er hat seine Fehler und seine Qualitäten. Am Ende erscheint er als Demokrat, als der Beste von den Schlimmsten. Man kann die Analyse dieser Figur sehr weit treiben. Aber im Rahmen der gegebenen historischen Situation ist der Graf mehr als ein Klassenproblem, ist er einfach ein Mensch, die Inkarnation des Menschlichen. Denn wir alle täuschen uns, werden getäuscht, wir alle sind unlogisch, eifersüchtig..., und im Grunde ist Almaviva auch nichts anderes als ein armseliges und rührendes Stück Mann. Wenn er ganz zum Schluß die Gräfin um Vergebung bittet, ist es wieder die menschliche Schwäche, die er anspricht. Das ist nicht mehr die Angelegenheit einer Klasse. Menschen haben Liebesbeziehungen miteinander, und man darf nicht vergessen, daß sie trotz Revolution wie Menschen fühlen, sich wie Menschen betragen, miteinander ins Bett gehen, Kinder zeugen, sich lieben oder sich nicht lieben.

Die Hochzeit des Figaro: Mirella Freni als Susanna

Es wäre ein Irrtum, aus dem »Figaro« ein Revolutions-Pamphlet zu machen, mit (übrigens gar nicht auftretenden) Sansculotten, die eine dekadente Gesellschaft bedrohen. Aber ebenso falsch wäre ein Spiel à la Marivaux, in dem der alte Graf die junge Kammerzofe zu verführen sucht. Es wäre auch zu billig, eine Liebes- und Betrugs-Komödie zu inszenieren oder gar ein Charakter-Drama. Gewiß, von all dem hat der »Figaro« etwas; aber darüber hinaus gibt es Symbole des Lebens und der sich wandelnden Gefühle, Theater also von außergewöhnlicher Dichte und Komplexität. Mozart hat die Aussage Beaumarchais' mit der Kraft der Musik verstärkt. Da Pontes Bearbeitung von Beaumarchais' Vorlage und Mozarts Vertonung sind einzigartige Leistungen. Mozarts Genialität hat den Text da Pontes in Zeiten überdauernde Schwingungen versetzt.

Im allgemeinen wird der »Figaro« zu einem Spielchen aus einem verlogenzüchtigen 18. Jahrhundert vereinfacht. Die Liebesbeziehungen sind unsinnlich, man berührt sich gegenseitig kaum mit dem kleinen Finger. Was tut sich zwischen Susanna und Figaro? Nichts. Sie lieben sich und werden heiraten. Was passiert zwischen dem Grafen und Susanna? Auch nichts. Er haucht einen Kuß auf ihre Fingerspitzen. Doch die Musik ist voller Sinnlichkeit und von einer Echtheit der Gefühle, die sich in Haltung und Handlung ausdrücken, also einer gewissen Realität entsprechen müssen.

Die Erotik der Musik, des Textes, des Lebens kommt sehr deutlich in der Figur des Cherubino zum Ausdruck. Durch Cherubino wird die ganze sexuelle Problematik des 18. Jahrhunderts bei Mozart viel gegenwärtiger als bei Beaumarchais. Hinter dem »Figaro« winken die »Gefährlichen Liebschaften« des Choderlos de Laclos, eine ganze Kasuistik, eine vieldeutige erotische Tradition. Cherubino ist keineswegs der dumme kleine Junge, den man beim Scharadespiel als Frau verkleidet. Cherubino will mit allen ins Bett. Er liebt die Liebe. Wenn er mit der Gräfin ins Bett gehen könnte, ginge er, wie er mit Susanna oder mit Barbarina ginge. All das ist von Mozart mit Anmut und Zartgefühl gemalt. Diese Sinnlichkeit will in konkretes Handeln übertragen werden, verlangt Küsse, Betten, Körper, die sich berühren.

Figaro ist nicht der Spitzbube, der Spaßvogel, der Diener, der seinen Herrn verlacht. Er hat ein gewisses Klassenbewußtsein. Bei Beaumarchais gibt es ein sehr hartes Ringen zwischen dem Grafen und Figaro, einen Kampf auf Distanz, aber stets gegenwärtig. Ich glaube nicht, daß Mozart und da Ponte diesen Aspekt übersehen haben. Beaumarchais' Monolog fehlt in der Oper, aber seine kleinen revolutionären Anspielungen, die in den Ablauf des Geschehens eingebettet sind, werden von Anfang bis Ende verwertet. *G. S.*

Die Hochzeit des Figaro: Frederica von Stade als Cherubin, Gundula Janowitz als Gräfin und Lucia Popp als Susanna

Die Hochzeit des Figaro: Jane Berbié als Marzelline und Kurt Moll als Dr. Bartolo

Die Hochzeit des Figaro: Gundula Janowitz als Gräfin

4. April 1973
Palais Garnier

ORPHEE ET EURYDICE
Tragédie-opéra en trois actes

Text von Moline
Musik von
Christoph Willibald Gluck
Überarbeitet von Manuel Rosenthal

Musikalische Leitung: Manuel Rosenthal
Inszenierung: René Clair
Bühnenbilder und Kostüme: Bernard Daydé
Choreographie: George Balanchine

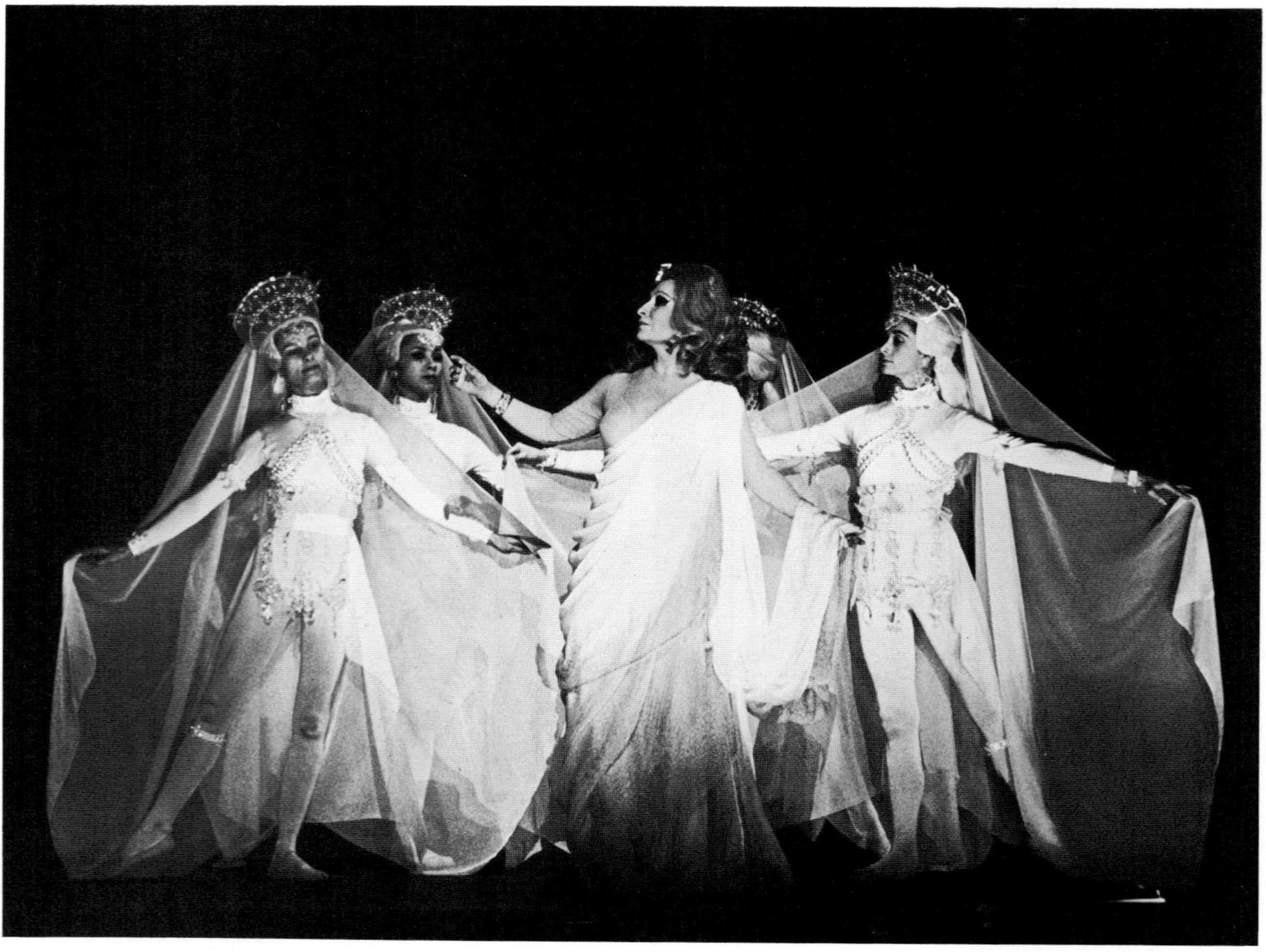

Orpheus und Eurydike: Jeannette Pilou als Eurydike

»Orpheus und Eurydike« ist eines jener internationalen, unumstrittenen Werke, die eine enge Beziehung zu Frankreich haben. Nach Mozart (und Beaumarchais) handelt es sich hier um einen deutschen Komponisten, der sein Werk ein zweites Mal eigens für die Pariser Oper umschrieb. Nicht nur die Vorsicht des Ausländers, der ich bin, sondern der Einfluß Glucks auf die Geschichte der Oper rechtfertigte diese Wahl. Im Jahr 1774, in Paris, hatte sich Gluck mit seinem »Orpheus«, später mit seinen »Iphigenien«, an die in Konventionen erstarrte »große Oper« herangewagt; er hatte sie entstaubt und im Sinne der Wahrheit und der Einfachheit des dramatischen und menschlichen Ausdrucks erneuert. (Wenn man weiß, daß Marie-Antoinette eine Schülerin Glucks war, versteht man vielleicht besser, daß seine Reformen sich so mühelos durchgesetzt haben, trotz der Duelle zwischen seinen Anhängern und den Parteigängern seines Rivalen Piccinni.) Fast hundert Jahre vor Wagner und Verdi hatte er sich die Pariser Oper ausgesucht, um seine von Zeit- und Modezwängen befreite Musik aufzuführen.

Wie im »Tannhäuser«, für den Wagner dem Pariser Publikum ein Ballett zugestehen mußte, hat Gluck Tanzeinlagen komponiert, die es in der Wiener Fassung von 1762 nicht gab.

Wir trafen uns, René Clair, Bernard Daydé und George Balanchine, zu vorbereitenden Gesprächen bei mir in Zürich und beschlossen, das Werk im Stile Gustave Moreaus zu inszenieren, der besessen war vom Orpheus-Mythos und ihn unzählige Male dargestellt hatte. Außerdem war Moreau ein Freund Garniers gewesen. Auf seinen Gemälden begegnen einem architektonische Fragmente aus dem Palais Garnier. Die Wiedereröffnung der Pariser Oper stand somit im Zeichen einer Verbindung von Architektur und Malerei: Das Gebäude war Rezeptakulum und Dekor zugleich.

Die Wahl Gustave Moreaus gab der Aufführung eine surrealistische Note, die Balanchine sehr störte. Er wußte nicht, wie er seinen neoklassizistischen Stil in ein von Moreau inspiriertes Bühnenbild integrieren sollte. Für Balanchine muß sich das Imaginäre auf Konkretes stützen, wenn es sich nicht in der Verschwommenheit des Unbewußten verlieren soll. Das Problem ist nie gelöst worden, und seine Choreographie schien immer ein Fremdkörper in der Aufführung zu sein, was für das ganze Ballett gilt, das Gluck hinzugefügt hatte, um den Parisern zu gefallen.

»Wie ein Musikstück«, sagt Balanchine, »kann auch ein Tanz als solcher nicht abstrakt sein. Die Töne haben eine physische Realität, ihre Struktur ist von Menschen geprägt, und Menschen bringen sie zu Gehör. Menschen aus Fleisch und Blut sind es, die sich bewegen, die der Tanz vereint und deren Beziehung tatsächlich erlebt wird. Aber in der Erinnerung des Zuschauers wird vielleicht eine abstrakte Idee zurückbleiben.«

20. April 1973
Palais Garnier

PARSIFAL
Bühnenweihfestspiel in drei Akten

Text und Musik von Richard Wagner

Musikalische Leitung: Horst Stein
Inszenierung: August Everding
Bühnenbilder und Kostüme: Jürgen Rose

Parsifal: Jon Vickers als Parsifal

Der Zufall wollte es, daß die dritte Premiere am Karfreitag stattfinden sollte. Der deutschen Tradition entsprechend versuchten wir, den Karfreitagszauber für die österlichen Festtage heraufzubeschwören. Wir führten in Paris Bayreuther Brauch ein. Der Beginn der Vorstellung wurde nicht mit einem Klingelzeichen angekündigt, sondern, wie Wagner es gewünscht hatte, von einer Blechbläser-Gruppe, die Motive des Werkes spielte. In Bayreuth befinden sich die Musiker, die das Publikum herbeirufen, auf dem Balkon über dem Haupteingang des Festspielhauses; in Paris installierten wir sie in einer der Loggien oberhalb des Escalier d'honneur, der großen Haupttreppe. Wir befolgten auch die von Cosima stammenden Anweisungen, die auf großen Anschlagtafeln das Publikum aufforderten, aus Achtung vor Amfortas' Dulden am Ende des ersten Aktes – wo sich christlicher Ritus mit dramaturgischer Invention zur zauberhaften Form verbindet – nicht zu applaudieren.

Die Pariser Oper hat den »Parsifal« jeden Karfreitag und jeden Ostersonntag auf den Spielplan gesetzt – so lange, bis der Tüll-Dekor des zweiten Aktes in Staub zerfallen war.

2. Mai 1973
Palais Garnier

IL TROVATORE
Dramma in quattro parti

Text von Salvatore Cammarano
Musik von Giuseppe Verdi

Musikalische Leitung: Charles Mackerras
Inszenierung: Tito Capobianco
Bühnenbilder: David Mitchell
Kostüme: José Varona

Der Troubadour: Fiorenza Cossotto als Azucena und Placido Domingo als Manrico

Diese Oper war seit fünfzig Jahren im Palais Garnier nicht mehr aufgeführt worden. Das Libretto ist nahezu unverständlich, die Handlung, wie immer beim jungen Verdi, nicht zu entwirren, und auch die Titel, die Verdi jedem der vier Akte gegeben hat – Das Duell, Die Zigeunerin, Der Sohn der Zigeunerin, Die Hinrichtung –, besagen nicht viel. Die Oper lebt einzig und allein von der melodischen Qualität einer Reihe von Arien, deren Orchestrierung noch nicht den symphonischen Reichtum des Verdi der Reifezeit aufweist. Sie klingen vielmehr wie Walzer und Mazurken, begleitet von neapolitanischen Gitarren.

Ich hatte als musikalischen Leiter den jungen talentierten, in Italien bereits sehr bekannten Riccardo Muti engagiert. Schon nach drei Proben gerieten wir aneinander. Ich hatte beschlossen, das Werk in der eigens für Paris geschriebenen und nur hier gespielten Fassung zu geben. Aber Muti weigerte sich, die Aufführung mit der Wiederholung des »Miserere« zu beenden, was ich für besser hielt als das jähe Ende mit dem Tod Azucenas. Muti fühlte sich zweifellos der italienischen Tradition verbunden und wollte ihr treu bleiben. Er verzichtete auf sein Debut in Paris und reiste ab.

Heute bin ich überzeugt davon, daß diese zweite Fassung das Stück weit besser abschließt. Denn sie verstärkt das Gefühl des Pessimismus, das bei Manrico schon mit den ersten Worten »Deserto sulla terra« anklingt, und verleiht der Hinrichtung am Ende eine zusätzliche Tragik.

27. September 1973
Palais Garnier

MOÏSE ET AARON
Opéra en deux actes

Text und Musik von Arnold Schönberg
Französische Fassung von Antoine Goléa

Musikalische Leitung: Georg Solti
Inszenierung: Raymond Gerome
Bühnenbild: Günther Schneider-Siemssen
Kostüme: Hill Reihs-Gromes
Choreographie: Dick Price

»Moses und Aron« war der erste Versuch, Zwölftonmusik in der Pariser Oper aufzuführen.

Schönberg hatte die beiden ersten Akte zwischen 1930 und 1932 in Deutschland komponiert. Nach Hitlers Machtübernahme war er ins Exil in die Vereinigten Staaten gegangen, wo er die Oper nie zu Ende geschrieben hat. Seit er kleine Amerikanerinnen in Hollywood unterrichtete, fühlte er sich außerstande, Klänge zu finden, die der Bedeutung des Themas entsprachen. Verzweifelt über die Ereignisse in seiner Heimat ist er 1951 gestorben, ohne die Kraft zum Vollenden gefunden zu haben. Die Uraufführung der Moses-Fragmente am 6. Juni 1957 in Zürich fand übrigens im selben Theater statt, in dem am 2. Juni 1937 die unvollendete Oper »Lulu« seines Schülers Alban Berg uraufgeführt worden war.

Während jener dunklen Jahre war die deutsche Kultur nach Zürich »geflüchtet«, und ich hatte das Glück, nicht nur diese zwei Uraufführungen, die unser Jahrhundert geprägt haben, zu erleben, sondern viele Kundgebungen der sogenannten entarteten Kunst sowohl der Malerei und der Literatur als auch des Theaters. Welch eine Auszeichnung für den jungen Künstler, jeden Abend im Café Odeon am Bellevue-Platz am selben Tisch mit Brecht sitzen und ihm im Kreis seiner Freunde zuhören zu dürfen!

Um die Nicht-Mitteilbarkeit des göttlichen Gedankens, den Moses verkörpert, erkennbar zu machen, schrieb Schönberg für den, »der eine schwere Zunge hat«, der denken kann, aber dem die Worte fehlen, einen Sprechtext in der Technik des Sprechgesangs, vorzutragen entsprechend einer musikalisch feststehenden Linie; für Aron, der der Sprache mächtig ist und die Inspiration durch das Wort übermitteln wird, komponierte er eine Gesangsrolle. Diese Konzeption gestattet nicht nur, der Gestalt des Moses eine andere Dimension zu geben, sie macht auch deutlich, wie der Zauber der Musik den gesprochenen Text verändert: gleich dem Wort des Propheten, das den göttlichen Gedanken zu entstellen droht. Damit die Botschaft Moses', mit der Schönberg sich zu identifizieren schien und die ihm am Herzen lag, das Publikum erreichte, ohne an Kraft einzubüßen, bat ich Antoine Goléa, einen bedeutenden Musikologen, das Werk ins Französische zu übersetzen.

Um den Zugang zu diesem außergewöhnlichen Werk zu erleichtern, veranstalteten wir einen »Tag der offenen Tür« mit einem sehr weit gesteckten Programm, in dem Künstler und Musikologen das Werk und dessen Aufführung während eines ganzen Tages erklärten und kommentierten. Es war ein Versuch, sowohl über unsere Arbeit zu informieren, als auch einen engeren, weniger anonymen Kontakt zu unserem Publikum herzustellen.

Ich hatte einen »Tag der offenen Tür« vor jeder Erstaufführung geplant. Aber dieser schöne Plan war sehr schnell durch die Übellaunigkeit einiger Bühnenarbeiter und Requisiteure zunichte gemacht worden. Verärgert durch die schwierigen wirtschaftlichen und sozialen Verhältnisse, behaupteten sie schlicht und einfach, nicht dafür bezahlt zu werden, vor dem eisernen Vorhang zu arbeiten, sondern nur hinter diesem und auf der Bühne – eine Interpretation, die anfechtbar ist, weil sich keine einzige Klausel dieser Art in den Tarifverträgen findet. Sie weigerten sich, Versatzstücke, Stühle und technische Einrichtung, die wir im großen Foyer benötigten, dorthin zu schaffen. Wir hatten bald keine andere Wahl, als unsere Initiative zu begraben.

Ich wußte, daß in Frankreich das Streikrecht heilig ist und daß der Kampf zwischen Verwaltung und Gewerkschaften auch in meinen Vertrag eingewoben war. Aber ich hatte mir bislang nicht vorstellen können, daß ich gegenüber einer Arbeitsverweigerung aus Übellaunigkeit so völlig schutzlos sein würde. Ich war auf der Hut vor der Verwaltung, vor den Gewerkschaften – auf Böswilligkeit war ich nicht gefaßt. Damals ermaß ich zum erstenmal die Machtlosigkeit, die sich unter dem Glanz meiner Stellung verbarg. Das Publikum bezahlte die Zeche: Nach drei Versuchen mußten wir das Experiment, das sehr erfolgreich war, abblasen.

Moses und Aron: Raymond Gerome als Moses und Richard Lewis als Aron

Moses und Aron: Der Tanz um das goldene Kalb

Als Beispiel: Für »Moses und Aron« sah der »Tag der offenen Tür« am 26. September 1973 wie folgt aus:

12.00 Uhr
Einlaß

ROTONDE DU GLACIER
Ausstellung von Modellen und Kostümen zu »Moses und Aron«

ROTONDE DE LA LUNE
Multimediashow zur Inszenierung

GROSSES FOYER

12.30 Uhr
Raymond Gerome, Einführung in »Moses und Aron«

13.00 Uhr
Roundtable-Gespräch mit Rolf Liebermann, Manuel Rosenthal, Raymond Gerome, Dick Price, Moderator Claude Samuel (Sendung am 30. September um 12.45 Uhr über Radio France-Culture)

14.00 Uhr
»Die jungen Franzosen sind Musiker« – eine Sendung von François Serrette mit Gérard Condé (Radio-France-Musique)

15.00 Uhr
Die Kritik und die zeitgenössische Oper – mit Antoine Goléa, Maurice Fleuret und Dominique Jameux

15.45 Uhr
Die Bibel und das Werk Schönbergs – mit R.P. Bernard Chevalier und Harry Halbreich, Moderator Martine Cadieu (Livesendung über Radio France-Culture)

16.10 Uhr
Die Arbeit an den Gesangspartien in »Moses und Aron« – mit den Damen Janine Reiss, Anna Ringart und den Herren Laforge, Gerome, Dupouy, Meloni, Moderator Jacques Bourgeois (Livesendung über Radio France-Culture)

MUSEUM DER OPER

17.00 Uhr
Der Judaismus im Werk Schönbergs – mit Harry Halbreich

18.30 Uhr
Abhören der Schallplattenaufnahme »Moses und Aron«
Eintritt frei
Zugang durch den Haupteingang der Oper

23. November 1973
Palais Garnier

LA BOHEME
Opera in quattro quadri

Text von Giuseppe Giacosa und Luigi Illica nach
»Scènes de la Vie de Bohème« von Henri Murger
Musik von Giacomo Puccini

Musikalische Leitung: Aldo Ceccato
Inszenierung: Gian Carlo Menotti
Bühnenbilder und Kostüme: Luigi Samaritani

La Bohème: Placido Domingo als Rudolf und Mirella Freni als Mimi

La Bohème: Placido Domingo als Rudolf und Mirella Freni als Mimi

La Bohème: Katia Ricciarelli als Mimi und Luciano Pavarotti als Rudolf

16. Januar 1974
Palais Garnier

DON QUICHOTTE
Comédie lyrique en cinq actes

Text von Henri Cain nach der heroischen Komödie von Le Lorrain
Musik von Jules Massenet

Musikalische Leitung: Georges Prêtre
Inszenierung, Bühnenbilder und Kostüme: Peter Ustinov

Orpheus, Don Giovanni, Faust, Don Quichotte und die Edda sind fünf große Mythen der europäischen Kultur. Sie haben, mehr oder weniger erfolgreich, für Opern als Grundlagen gedient. In meinem Spielplan waren sie von Anfang an vorgesehen. Aber während Calzabigi der mythologischen Orpheus-Legende getreulich folgt und da Ponte sich an Tirso de Molina hält, ist der »Faust« von Barbier und Carré schon weit von Goethe entfernt. Was nun gar den »Don Quichotte« von Henri Cain betrifft, so würde Cervantes von seinem Werk nichts mehr erkennen. Es erschien mir jedoch wichtig, die Oper des späten Massenet auszugraben, da sie relativ unbekannt war und von einem französischen Autor stammte. Candide hatte sich eingebildet, die Franzosen hörten gern französische Werke. Doch das hieß ihre Mentalität verkennen: Franzosen wollen zwar französische Werke auf den Plakaten sehen, verabscheuen sie jedoch. Als Sänger und Dirigent wollen sie ebenfalls französische Namen lesen, aber sobald der französische Dirigent am Pult steht, wird er ausgepfiffen, und seinen singenden Landsleuten geht es nicht anders, noch bevor der Vorhang fällt. Ein eigenartiger Vorgang, den man langsam lernt, aber nicht versteht.

Es ist sicherlich nicht verwunderlich, daß ich mich wegen der Ausstattung von »Don Quichotte« an Salvador Dali wandte. Ich traf mich mit ihm im Hotel Meurice, seiner Pariser Residenz. An der Bar bot er mir an, auch die Inszenierung zu übernehmen: »Das Bühnenbild ist Nebensache.« Überrascht, aber entzückt reagierte ich konventionell und legte sofort den Terminkalender fest: Studioprobe, erste Klavierprobe auf der Bühne, Orchesterprobe, dann technische Proben, Beleuchtungsproben... bis zum Premierentermin. Mir schien, Dalis Bartspitzen sträubten sich vor Abscheu. Mit einem Wort fegte er den Probenplan beiseite: »Ich brauche das alles nicht. Besorgen Sie mir vierzig lebende Schafe, die ständig auf der Bühne bleiben, und natürlich die Rosinante und einen Esel. Ich werde die Inszenierung per Telephon machen...«

Manchmal trifft man auf Genies, die ei-

Don Quichotte: Robert Massard als Sancho und Nicolai Ghiaurov als Don Quichotte

nem über den Kopf wachsen. Es gibt Schlachten, die man besser gar nicht erst beginnt.

Diesen »Don Quichotte« habe ich dann Peter Ustinov angeboten, für den ich eine herzliche Freundschaft empfinde, die durch einen großen Erfolg in Hamburg noch vertieft wurde. Die Aufführungen der »Zauberflöte«, deren Inszenierung er übernommen hatte, gehören zu den schönsten, die ich kenne. Ich nahm also, wie ich glaubte, keinerlei Risiko auf mich, als ich ihm den »Don Quichotte« anvertraute. Aber ich hatte nicht mit der französischen Mentalität gerechnet!

»Ich erhielt«, schreibt Peter Ustinov in »Dear Me«, »erzürnte Briefe von alten pensionierten Sängern und anderen Schmuckstücken dieser berühmten französischen Institution, in denen sie mich beschimpften, daß ich es gewagt hatte, einem authentisch französischen Werk gerecht werden zu wollen, da doch Duval, Dupont und Duroc noch lebten, ohne von Dulac, Dupré und Duchant zu sprechen, welche, obwohl schon gestorben, eine bessere Arbeit geleistet hätten als ich lebend, und wahrscheinlich auch besser als Duval, Dupont und Duroc.«

Das Ende der Premiere ging in Aggression, Chauvinismus und Geschrei unter und erreichte den Höhepunkt, als Ustinov vor dem Vorhang dem Publikum seinen Rücken zuwandte. Ich habe den schwarzen Humor dieser Aufführung, voller Augenzwinkern, geliebt. Aber sie wurde ein derartiger Mißerfolg, daß wir nach der ersten Vorstellung die für die nächste Spielzeit vorgesehene Wiederaufnahme absagten. Und dabei sind die Proben voller Hoffnung und Heiterkeit gewesen, wie Ustinovs Aufsatz für das Programmheft bezeugt.

PETER USTINOV: »Don Quichotte«, 1910 für Fjodor Schaljapin geschrieben, befindet sich irgendwo zwischen den berühmten und den vernachlässigten Werken, und ein Regisseur, der sich vornimmt, es zu inszenieren, fühlt sich wie ein Rechtsanwalt, der die Verteidigung eines Mandanten mit unbekanntem Charakter übernimmt. Zunächst scheint der Mandant nicht sehr vertrauenswürdig und ein wenig oberflächlich zu sein; seine Geschichte ist zu einfach, zu selbstverständlich. Aber der tägliche Umgang mit diesem Mandanten erweckt sehr schnell einen ganz anderen Eindruck im Bewußtsein des Anwalts. Das, was leer erscheint, stellt sich als eine echte Subtilität heraus, nicht nur in der Musik, sondern auch in den Charakterzügen. Es ist sehr gut möglich, daß Dulcinée eine weniger befriedigende Darstellung des Ewig-Weiblichen ist als Manon, ohne Zweifel eines der perfektesten Porträts des Repertoires. Aber man fragt sich, welches Schicksal Manon erlitten hätte in Begleitung von Don Quichotte und Sancho Pansa. Wäre für diese drei Personen in derselben Oper Platz gewesen? Es ist schon kaum genügend Platz für den Ritter von der traurigen Gestalt und seinen Knappen, welche die Handlung auf Kosten derer beherrschen, die sich in ihre köstliche Komplizität hineindrängen.

Es ist ganz natürlich, daß ein 1910 geschriebenes Werk die Zeichen seiner Epoche trägt. Dulcinée ist nicht mehr die Dienerin Cervantes', sondern ein junges launisches Geschöpf, welches in besseren Zeiten tiefere Gefühle hätte empfinden können. Sie ist der mit Flitter besetzte Star eines kleinen Universums von Dandys und Zeitverschwendern, die aus ihrem Palast das Hauptquartier des lokalen dolce vita machen.

Die Unterwürfigkeit des Don Quichotte der jungen Frau gegenüber ist vollkommen, unveränderlich, würdevoll. Die Unterwürfigkeit Sanchos seinem träumerischen Herrn gegenüber ist sicher noch bemerkenswerter, denn der arme Junge ist hin und her gerissen zwischen dem trügerischen Komfort einer Traumwelt und den Gefahren der Realität, die er viel besser wahrnimmt als der andere.

Renoir, einer der besten Anwälte des Charmes in der Geschichte der Kunst, riet Bonnard, sich dieser Eigenschaft zu freuen, wenn er feststellen sollte, daß er sie besitze. Und selbst wenn Anmut als eine schwache Tugend betrachtet wird in einer Welt, der sie so ganz abhanden gekommen ist, so sollte diese Herabsetzung Grund genug für uns sein, das wenige, das uns noch bleibt, zu pflegen. Wir leben in einer Welt der Flugzeugentführungen und Gewalt – oft ohne Sinn –, der Auflehnung und des Lärms, wo unzählige Menschen nur noch versuchen, die Aufmerksamkeit auf sich zu lenken, und dann, wenn ihr Wunsch erfüllt ist, nichts mehr zu sagen haben.

Es gibt keinen Zweifel: Stockhausen und Boulez nehmen einen wichtigen Platz in der Musikgeschichte ein. Aber erfüllen sie eine der wichtigsten Funktionen der Musik, die darin besteht, Melodien fürs Singen im Badezimmer zu liefern? Schließlich lebt die Musik nicht nur in Konzertsälen oder auf Schallplatten, sondern zuerst im Bewußtsein eines jeden Menschen, für den sie eine Bedeutung hat.

Ich erinnere mich an einen kleinen Jungen, der sehr früh am Morgen in den leeren Straßen Dublins Zeitungen austeilte. Er pfiff eine Melodie aus »Figaros Hochzeit« mit einer perfekten Präzision. Welch ein Triumph für Mozart! Und zwar nicht nur über die klassischen Komponisten, sondern auch über die der leichten Muse, der Crooner, des Pop und des Jazz.

Massenet hat die Gabe der einfachen und dennoch subtilen Musik, voll von Anmut. Seine Werke den Schlägen metallischer Modernität auszusetzen würde bedeuten, sie unnötig zu ruinieren. Zu sehr auf den Traditionen der Epoche zu bestehen, in der sie komponiert wurden, hieße sie in die Kategorie derjenigen Opern eingliedern, welche über die psychologische Mittelmäßigkeit ihrer Zeit nie hinausgekommen sind.

Keine dieser Lösungen ist möglich für die Interpretation seiner Werke. Ein Regisseur muß versuchen, die Wahrheit zu finden, die für den Komponisten der Höhepunkt seines eigenen Trugschlusses ist. Der Humor ist mit Ironie temperiert, die Melancholie mit lieblicher Sinnlosigkeit gefärbt, aber stets ist die Möglichkeit gegeben, eine gewaltige vokale Linie zum Vorschein zu bringen.

Massenet ist schlau genug, einige Prachtstücke für die dramatischen Momente in Reserve zu haben, wie das wunderschöne Duett zwischen Don Quichotte und Dulcinée am Ende des vierten Aktes. Er bedarf der Lehren eines Meisters des Belcanto nicht, um einem Gefühl hinreißend und hemmungslos Ausdruck zu geben.

Zu all dem hat Massenet Stil. Die erste Schwierigkeit besteht darin, ihn zu entdecken, die zweite, ihn nicht zu verleugnen, und die dritte, die Freude, daß man ihn entdeckt hat, mit denen zu teilen, welche empfänglich für die Kunst eines großen französischen Meisters sind, ob Interpreten oder Zuschauer.

Wie so oft ist diese Entdeckung ein Abenteuer, an dem jeder teilnimmt. Und dieser Schwanengesang eines beinahe siebzigjährigen Komponisten ist die verschwenderische Gabe seines Talents: Erkennen des Herbstes, Auflehnung gegen den Winter, Verachtung des Sommers, eine zu gute Erinnerung an den Frühling.

P. U.

Don Quichotte: Nicolai Ghiaurov als Don Quichotte

20. Februar 1974
Palais Garnier

TOSCA
Melodramma in tre atti

Text von V. Sardou, L. Illica und G. Giacosa
Musik von Giacomo Puccini

Musikalische Leitung: Charles Mackerras
Inszenierung: Günther Rennert
Bühnenbilder und Kostüme: Wilhelm Reinking

Produktion der Hamburger Staatsoper

Ursprünglich hatte ich nach dem »Don Quichotte« die Wiederaufnahme einer Inszenierung aus den sechziger Jahren geplant: einen sicheren Erfolg. Das Schönste vom Schönen, von dem man mir wahre Wunder erzählte – eine »Turandot«, mit Lorbeeren überhäuft. Ich hatte sie nicht gesehen, aber gutgläubig auf den Spielplan gesetzt. 1972 sah ich sie dann zum erstenmal: Ich war zutiefst erschüttert über das Mißverhältnis zwischen der szenischen Gestaltung und der tieferen Bedeutung von Puccinis letztem Werk.

Wenn Busoni, unmittelbar von Gozzi inspiriert, aus seiner »Turandot« ein Märchenspiel gemacht hat, in dem die Personen nach Art der Commedia dell'arte stilisiert sind, so hat Puccini, ganz im Gegenteil, ein Drama geschrieben, in dem das Chinesisch-Folkloristische der Tragödie nur als Hintergrund dient. Ich habe die konventionelle Opern-Lüge, eine soziale Parabel mit falscher Schönheit zu übertünchen, nicht ertragen können. »Turandot« handelt von Beklommenheit und Todesangst. Eine Prinzessin, die sich amüsiert, Macht, die verwirft, was sie begehrt und angezogen hat, die Unterdrückung eines ganzen Volkes, die Korruption zitternder Minister und, schlimmer noch, der Ehrgeiz eines jungen Mannes, der Familie und Leben aufs Spiel setzt, um sein Ziel zu erreichen: Zu Versteinerung und Tyrannei der Großen kommt noch der Verrat des kleinen Mannes.

Was habe ich gesehen? Eine Menschenmasse, begraben unter Samt und Seide, Minister und gestikulierende Tänzer als ihre Doppelgänger, einen in Brokatschleppen mumifizierten Hof, dessen Glanz den Sinn der Handlung, nämlich eines sozialen Dramas, in ein vergnügliches Divertissement für Mamamuschis verfälscht. Ich habe auf die Aufführung verzichtet. Um die längst unterzeichneten Verträge mit den Sängern einzuhalten, habe ich aus Hamburg Dekor und Kostüme für die »Tosca« ausgeliehen.

Tosca: Arlene Saunders als Tosca und Placido Domingo als Mario Cavaradossi

3. April 1974
Palais Garnier

I VESPRI SICILIANI
Dramma in cinque atti

Text von E. Scribe und Ch. Duveyrier
Musik von Giuseppe Verdi

Musikalische Leitung: Nello Santi
Inszenierung: John Dexter
Bühnenbilder und Beleuchtung: Josef Svoboda
Kostüme: Jan Skalicky

Die sizilianische Vesper: Martina Arroyo als Elena

Das schwierigste ist, Svoboda zu finden. Man telefoniert, man telegrafiert, man schreibt. Nichts zu machen. Svoboda ist in New York, wenn er in London vermutet wird, in Berlin, wenn man ihn in Mailand wähnt. Es besteht allerdings keine Gefahr, daß dieser Ikarus abstürzt, denn er versteht es sehr gut, sich Flügel zu konstruieren. Er hat ein Atelier in Prag und viele Mitarbeiter – alle Merkmale eines großen Architekten.

Ein Zauberer des Lichtes, formt und belebt er Bühnenbilder, die nur dank raffinierter Beleuchtungseffekte existieren. Es geht dabei nicht um Bewohnbares, um Gärten oder Säle, sondern um architektonische Konstruktionen, die Leben und Bedeutung erhalten dank spezieller Scheinwerfer mit Gegenlichteffekten, die man im Theater als »Svobodas« bezeichnet.

Ohne ein einziges dekoratives Element kann Svoboda einen banalen Würfel in einen wunderbaren feenhaften Ort verwandeln. Ich habe oft mit ihm gearbeitet, und ganz gleich, welcher Art seine Bauten waren, ob es sich um eine monumentale Treppe für die »Sizilianische Vesper« handelte oder um ein verwandelbares Schloß für »Otello«, er hat stets mit Abstraktion den Geist des Werkes wiedergegeben. Er ist ein Mann, der aus einem Lichtstrahl Welten erstehen läßt.

Als Regisseur benötigt er einen Partner, dessen disziplinierte Strenge seiner eigenen entspricht, der nicht auf die üblichen Kniffe zurückgreift und von ihm verlangt, die ästhetische Reinheit seines Dekors mit irgendwelchen Verzierungen zu verschandeln.

Ich habe John Dexter in London entdeckt, anläßlich der berühmten »Othello«-Aufführung mit Laurence Olivier, die er inszeniert hatte. Ich habe ihn auf der Stelle nach Hamburg eingeladen für die Inszenierung der »Sizilianischen Vesper«. Die Begegnung der beiden Männer führte zu den fruchtbarsten und glücklichsten Ergebnissen. Die Hamburger Aufführung diente als Modell

Die sizilianische Vesper: Placido Domingo als Arrigo

für New York und später für Paris. Überall, in jeder Vorstellung, war es das Gleiten der Treppe in Raum und Zeit, in tiefem Einklang mit der Musik, war es dieses Ballett der Steine, welche Schönheit schufen, die den Atem verschlägt.

Die »Sizilianische Vesper« ist eine Auftragsarbeit für die Pariser Oper gewesen. Verdi hat den Text französisch vertont. Trotzdem spielten wir das Werk in italienischer Sprache, da es sich eingebürgert hat, die französisch komponierten Opern Verdis in ihrer italienischen Fassung aufzuführen, einfach deshalb, weil die Sprache soviel »sanglicher« ist. Nello Santi, das Muster eines maestro italiano, der seinen Verdi im Blut hat und Puccini im Herzen trägt, hatte das Werk schon in Hamburg dirigiert.

Die sizilianische Vesper: Martina Arroyo als Elena, Placido Domingo als Arrigo und Peter Glossop als Monfort

17. Mai 1974
Palais Garnier

COSI FAN TUTTE
Opera buffa in tre atti

Text von Lorenzo da Ponte
Musik von Wolfgang Amadeus Mozart

Musikalische Leitung: Josef Krips
Inszenierung, Bühnenbilder und Kostüme:
Jean-Pierre Ponnelle

Josef Krips: Was ist eine Partitur? Was ist ein Stück Musik? Tote Blätter. Sie zum Leben zu erwecken, jedesmal, wenn man sie spielt, heißt ihnen schöpferischen Atem einhauchen. Alle Musik entsteht aus dem Atem. Das erste Instrument der Welt war die menschliche Stimme.

Wenn ich Mozart spiele, habe ich nicht ein Orchester, sondern zwei. Eines ist um mich herum im Orchesterraum, das andere ist auf der Bühne. Sie bilden ein Ganzes, und alle auf der Bühne müssen genauso reagieren wie das Orchester. Da gibt es keinen Platz für Stars; Sänger und Musiker müssen eine ideale Verständigung erreichen. Deshalb ist es unbedingt notwendig, so lange zu proben, bis alle dasselbe empfinden, bis alle zusammen atmen.

Wenn der Musik dies Leben eingehaucht ist, ist die Einheit hergestellt. Und das Publikum atmet auch mit der Musik.

»Spielen« kann nicht nur das Ergebnis mechanischer Gesten sein. Selbst wenn eine zweite Geige in einem Rezitativ nur eine einzige Note hat, darf sie nicht den Eindruck

Così fan tutte: Kiri Te Kanawa als Fiordiligi

erwecken, sie routinemäßig herunterzustreichen. Jeder Musiker soll das Gefühl haben, daß er seine Partie auf seinem Instrument singt. Von diesem Augenblick an erhebt er die Musik auf die Ebene des Atems. Es muß eine Kammermusik im höchsten Sinn des Wortes werden, und das Spiel des Orchesters muß mit dem Gesang der Sänger zu einer Einheit verschmelzen. Nur so spiele ich gern Mozart.

Alles muß transparent sein. Ich will die Stimmen, die in der Partitur sind, wirklich hören. Ich will nicht, daß das Einsetzen der Blechbläser die Streicher übertönt oder daß man plötzlich nicht mehr hört, was die Oboe oder die Klarinette spielen. Und ich sage immer wieder, wenn die Musiker wirklich atmen, wenn sie den Atem benutzen, wenn sie wissen und hören, was vorausgeht und was folgt, dann haben sie schon den richtigen Ausdruck gefunden.

Für die Sänger bedeutet das »Technik« haben, das heißt eine große Anpassungsfähigkeit, eine flexible Stimme besitzen. Wann ist eine Stimme flexibel? Wenn ein Sänger imstande ist, jeden Ton piano anzusetzen, zu crescendieren zum forte und wieder zurückzugehen ins pianissimo, ohne daß die Stimme bricht und daß er sagt: »Ich bin heut' schlecht bei Stimme.« Wann ist man denn gut bei Stimme, vielleicht einmal in fünf Jahren. Aber man muß diese Technik haben, um auch zu singen, wenn man nicht großartig bei Stimme ist.

Es genügt nicht, Stimme zu haben, um Sänger zu sein, so wie es nicht genügt, Geld zu haben, um Bankier zu werden.

An der Wiener Oper, wo ich 1931 als

Così fan tutte: Kiri Te Kanawa als Fiordiligi

Gastdirigent angefangen habe und seit 1933 ständiger Dirigent war, habe ich viel Erfahrung mit Mozarts Opern gewonnen, denn bis 1938 habe ich sie alle dirigiert. Zu jener Zeit hatte man eine ganz falsche Auffassung von Mozarts Musik. Man glaubte, aus Mozart Verdi machen zu können. Damals war die Erste Hochdramatische, also eine Brünhilde oder Isolde, gleichzeitig Donna Anna. Es war alles zu schwer. Erst nach dem Krieg hat man angefangen, Mozart mit etwas mehr Leichtigkeit zu interpretieren. Anfang der vierziger Jahre hat Karl Böhm zwar schon begonnen, die Spielweise etwas zu verfeinern. Aber ab 1945, als ich zunächst der einzige Dirigent der Wiener Oper war, hat sich der ganze Stil geändert. Wir haben leichtere Stimmen genommen. Man könnte sagen, Mozart wurde auf Kopfton gestellt. Ein Sänger, der keinen Kopfton hat und der nicht weiß, daß eigentlich jeder Ton eine Verbindung mit der Kopfresonanz haben muß, kann überhaupt nicht Mozart singen, kann das Tempo nicht einhalten und findet nicht den richtigen Ausdruck.

»Cosi« ist die schwierigste aller Mozart-Opern, viel schwieriger als »Don Giovanni« und »Figaros Hochzeit«. Das liegt daran, daß sich die ganze Komposition auf ein Vokalsextett stützt. Sechs Personen singen, und es dauert lange. Der Chor singt nur einige Minuten.

Mozart hat jedem seiner Sänger eine spezifische Musik gegeben. Er hat die Charaktere musikalisch geschildert, und das soll klar herauskommen.

Von Anfang an gibt es in »Cosi« ein genaues Zusammentreffen von Musik und Personen. »Cosi« ist eine Opera buffa mit seriösen Charakteren und mit Buffo-Charakteren. Die Dramaturgie, der Geist des Werkes, seine Ironie, stecken schon in der Partitur.

Nur durch ein genaues Beachten der kleinsten Details, der Verzierungen, der Durchführung und des Übergangs von den Rezitativen zu den Arien, durch den ständigen Zusammenklang von Bühne und Orchesterraum erreicht man schließlich eine einheitliche Form und echten gesungenen Ausdruck. *J. K.*

Così fan tutte: Tom Krause als Guglielmo, Kiri Te Kanawa als Fiordiligi, Richard van Allan als Don Alfonso, Jane Berbié als Dorabella und Horst Laubenthal als Ferrando

30. Mai 1974
Palais Garnier

ELEKTRA
Tragödie in einem Aufzug

Text von Hugo von Hofmannsthal
nach Sophokles
Musik von Richard Strauss

Musikalische Leitung: Karl Böhm
Inszenierung: August Everding
Bühnenbild und Kostüme: Andrzei Majewski

Nach dem Erfolg der »Salome« im Jahr 1904 hätte »Elektra« für Strauss eine Wende sein können. Er traf mit Hofmannsthal zusammen, der ihm ein Textbuch vorlegte, das sich zwar in den Grundzügen an Sophokles hielt, aber den Schwerpunkt auf eine psychoanalytische Interpretation legte – ein Zugeständnis an den intellektuellen Zeitgeschmack und an den Einfluß Freuds. Die Inspiration dieses Librettos trieb seine Komposition bis an die Grenzen des Tonalen, aber sie brachte ihn nicht dazu, jenen unwiderruflichen Schritt in die Welt der Erneuerer zu wagen. Wie abgestoßen von der Polytonalität der letzten Akkorde in »Elektra« wandte er sich wieder der Tradition zu und brachte 1911 den »Rosenkavalier« heraus. Im selben Jahr ließ Strawinsky »Petruschka« tanzen, und 1913 löste er mit seinem »Sacre du printemps« den Skandal des Jahrhunderts aus, nachdem Schönberg bereits 1909 die »Fünf Orchesterstücke«, op. 16, und das Monodram »Erwartung« komponiert hatte.

Mir als jungem Komponisten und überzeugtem Anhänger dieser neuen atonalen Welt der Dodekaphonie, bedingungslos für die Wiener Schule eintretend, hat dieser Rückzug in die Sicherheit des Publikumsgeschmacks und des Erfolgs die Ohren für das Genie von Strauss verschlossen. Heute, fünfzig Jahre später, keinen Stilkämpfen und Kabalen mehr verpflichtet, kann ich die einen bewundern, ohne die anderen zu verurteilen.

»Elektra« bleibt für mich immer mit der Erinnerung an den offiziellen Besuch des Bundespräsidenten Walter Scheel verbunden. Um ihn festlich zu ehren, hatte das Elysée einen Abend in der Oper vorgesehen. Wie immer war der Ablauf des Besuchs vom Protokoll auf die Minute genau festgelegt. Ich empfing die Staatsoberhäupter auf dem Trottoir des Vorplatzes, wie es in Frankreich Sitte ist, und zwei Minuten vor dem Beginn der Vorstellung nahmen diese eine höfliche Ovation des Publikums entgegen.

Ich kann jenen Abend gut nachvollziehen. Alle setzen sich. Der Vorhang hebt sich über dem Klageschrei Birgit Nilssons. Dann kommt die Szene, in der sie die Axt sucht, und plötzlich... tiefste Finsternis. Ich weiß, daß dies eine Katastrophe ist. Das Theater ist in völliges Dunkel getaucht, das nach und nach dem fahlen Licht einiger Notlampen weicht. Das Orchester verstummt. Böhm döst vor sich hin, abwartend. Die Staatsoberhäupter rühren sich nicht. Ich stürze aus der Loge und laufe zur Bühne. Ich begegne verstörten Offizieren vom Sicherheitsdienst des Präsidenten. Die Feuerwehrleute eilen herbei, für alle Fälle. Sabotage, Attentat? In den Kulissen herrscht Ratlosigkeit: kein Kurzschluß, nirgends Feuer! Ich kehre zur Präsidentenloge zurück, um mich zu vergewissern, daß die Staatschefs noch da sind. Sie plaudern miteinander, anscheinend ruhig, und tun so, als ob sie nichts bemerkten, während der Zuschauerraum vor Angst zittert. Zurück auf die Bühne. Dort verbindet man mich mit dem Direktor der Elektrizitätswerke, der mich beruhigt: Halb Paris sei ohne Strom, in der Provinz habe es einen Kurzschluß gegeben. Man müsse ihn nur finden. Ich eile mit der guten Nachricht zurück zur Loge und frage den französischen Staatspräsidenten: »Man sucht die Panne, was machen wir nun?« Frohgemut antwortet er: »Suchen Sie nach der Axt – wir warten!« Das Publikum, nicht informiert, beginnt den Saal zu verlassen. Die hohen Herren verharren geduldig. Zwanzig Minuten. Und nach zwanzig langen, angsterfüllten Minuten ist die Bühne plötzlich von Licht überflutet. Der endlich reparierte Verteiler in der Provinz gibt Orest eine Chance, seine Mutter zu töten. Das gefrorene Lächeln auf den Präsidentengesichtern entkrampft sich. Sie warten auf das Ende.

Elektra: Birgit Nilsson als Elektra

Elektra: Birgit Nilsson als Elektra und Leonie Rysanek als Chrysothemis

Elektra: Christa Ludwig als Klytämnestra

Elektra: Birgit Nilsson als Elektra

2. Juli 1974
Palais Garnier

MANON
Opéra en cinq actes

Text von H. Meilhac und Ph. Gille
nach dem Roman des Abbé Prévost
Musik von Jules Massenet

Musikalische Leitung: Serge Baudo
Inszenierung: Jean-Louis Thamin
Bühnenbilder und Kostüme: Matias
Choreographie: Michel Rayne

Manon: Yves Bisson als Lescaut und Ileana Cotrubas als Manon

28. Oktober 1974
Palais Garnier

LES CONTES D'HOFFMANN
Opéra fantastique

Text von Jules Barbier und Michel Carré
Musik von Jacques Offenbach
Bearbeitung von François Regnault und
Patrice Chéreau nach E.T.A. Hoffmann

Musikalische Leitung: Georges Prêtre
Inszenierung: Patrice Chéreau
Bühnenbilder: Richard Peduzzi
Kostüme: Jacques Schmidt

PATRICE CHEREAU: Es war mein Traum, ein sehr starkes Bedürfnis, mehr zu tun, weiter zu gehen; ich hatte Lust, »Oper zu machen«, weil ich dachte, das könnte theatralischer sein als Theater. Letzten Endes habe ich dieses Gefühl nicht bei »Hoffmanns Erzählungen« erlebt, sondern bei Wagner und mit »Lulu«.

Ich habe die Reihenfolge der Akte geändert, damit man sofort weiß, um was es geht und was auf dem Spiele steht. »Ich habe dein Spiegelbild, ich gebe es dir zurück, wenn du mir die Seele deiner Frau und deiner Kinder gibst«, sagt der Teufel zu Hoffmann. Man mußte also mit dem Verlust des Spiegelbildes beginnen. Darum habe ich Hoffmann in jedem Akt den Satz »Gib mir mein Spiegelbild zurück« sagen lassen.

Literarisch ist dieses Werk von mäßiger Qualität. Offenbach und die beiden Librettisten haben die Welt der deutschen Romantik nur kümmerlich verarbeitet. Darum mißbillige ich auch diese Musik. Man findet in ihr weder den Tiefsinn noch die Unruhe der Deutschen. Deshalb habe ich versucht, diese Unruhe zu schaffen, sie irgendwie einzuhauchen, und mit Riegel zum Beispiel ist es mir auch gelungen. In dieser Musik gibt es keine tiefgehenden Gefühle, von dem schrecklichen Spieleinsatz ist nichts zu spüren, außer im Terzett des Antonia-Aktes. Die Erzählungen sind viel eindrucksvoller als die Musik. Hoffmann ist größer als Offenbach, aber ich finde es irgendwie sympathisch, daß der Musiker am Ende seines Lebens nach diesem Thema gegriffen hat und sogar darüber gestorben ist.

Der ganze Aspekt 1881 mit der Muse und so weiter entspricht einer höchst kleinbürgerlichen Einstellung: Der Künstler muß sich von seinem privaten Leben lösen, der Mensch hört auf zu sein, um als Dichter wieder aufzuerstehen. Dieser von uns gestrichene Text ist eine Vulgarisierung der Idee Baudelaires, die hier Platitüde wird. Ich nehme Barbier übel, daß er Hoffmann banales Zeug in den Mund legt. Und da der Regisseur sich notgedrungen an die Geschichte halten muß, hat mich das fast verrückt gemacht. Der Giulietta-Akt sagt gar nichts aus, und ich habe es auch nicht geschafft, ihm mehr Gewicht zu geben. Mit

Hoffmanns Erzählungen: Szenenfoto

Hoffmanns Erzählungen: Nicolai Gedda als Hoffmann und Michel Philippe als Niklaus

Hoffmanns Erzählungen: Kenneth Riegel als Hoffmann

dem Automaten ist es mir besser gelungen. Die einzige schöne Szene ist das Duett: »Allein, allein wir zwei, ich habe dir etwas zu sagen«; wenn Hoffmann über das Seil steigt wie ein sexuell Besessener und wie verrückt mit seiner Maschine ist, sind das Sachen, die mir gefallen. Aber das Duett ist schön, weil es eben ein Automat ist; wenn es eine Sängerin oder eine Tänzerin wäre, würde sich da gar nichts abspielen. Der Antonia-Akt hat, dessen bin ich sicher, dramatischer Spannung, weil Offenbach, als er ihn schrieb, schon dem Tode nahe war und die Angst vor dem Tod ohne Zweifel in die Musik eingeflossen ist. Aber es bleibt noch genug dummes Zeug, Terzette, die in ihrer krassen Unzulänglichkeit pathetisch wirken: »Fort mit dir, Satan« oder »Ja, mein Vater«. Das ist einfach unmöglich.

Ich habe versucht, alles auszuschöpfen, mehr zu geben, doch diese Inszenierung geht mir auf die Nerven; sie ist ganz zwangs-

Hoffmanns Erzählungen: Christiane Eda-Pierre als Antonia, Michel Sénéchal als Franz und Kenneth Riegel als Hoffmann

läufig gefährlich, weil sie mehr aussagen will als Textdichter und Komponisten zusammen.

An manchen Stellen bin ich der Leidtragende; das Publikum, das an so etwas gewöhnt ist, stört es nicht. Darum bin ich über das Opernpublikum so verärgert. Man versucht, ihm eine etwas andere Geschichte, eine, die Hoffmann näher kommt, zu erzählen, und es sieht darin etwas, das mit seinen kulinarischen Konsumgewohnheiten übereinstimmt. Das ist das große Unglück der Oper. Darum will ich aufhören, Opern zu inszenieren. Man versucht, ernsthaft zu arbeiten, aber wer nicht sehen und hören will, sieht und hört eben nicht..., und die Leute haben keine Augen, haben keine Ohren.

P. C.

Hoffmanns Erzählungen: Tom Krause als Dr. Mirakel und Christiane Eda-Pierre als Antonia

Hoffmanns Erzählungen: Nicolai Gedda als Hoffmann

13. Februar 1975
Palais Garnier

DON CARLO

Dramma lirico in quattro atti

Text von J. Méry und Camille du Locle
Musik von Giuseppe Verdi

Musikalische Leitung: Georges Prêtre
Inszenierung: Margharita Wallmann
Bühnenbilder und Kostüme: Jacques Dupont

Diese Produktion, die aus den sechziger Jahren stammt, ist in ihrer Art genau das Gegenstück zur Arbeit Chéreaus an »Hoffmanns Erzählungen«. Margharita Wallmann hat jede Szene wie eine getreue Reproduktion eines Velázquez-Bildes gestellt, sich nur um Äußerlichkeiten, um die Form und die choreographische Bewegung des Chores und der Sänger bemüht. Das Resultat war die Verkörperung der kulinarischen Oper, wo jeder versucht, für seine Arie möglichst an die Rampe zu kommen, und wo die Person nur durch das Kostüm identifiziert wird.

Ich habe diesen »Don Carlo« nicht aus Neigung aus der Requisitenkammer hervorgezogen – wo er recht gut schlief –, sondern gezwungenermaßen. Die zu jenem Zeitpunkt vorgesehene Wiederaufnahme des »Don Quichotte« kam nicht in Frage, obwohl die Verträge mit den wichtigsten Sängern eingehalten werden mußten. Ghiaurov und Massard, beziehungsweise Don Quichotte und Sancho Pansa, hatte ich unter Vertrag. Also mußte ich ein Stück finden, um ihre Talente zu verwenden. Ohne Mittel für eine Neueinstudierung ergab sich die Wahl von »Don Carlo« wie von selbst: Ghiaurov als Philipp und Massard als Posa.

So werden die Entscheidungen eines Intendanten allzuoft nicht von künstlerischen Überlegungen, sondern von vertraglichen und finanziellen Zwängen diktiert.

Don Carlos: Nicolai Ghiaurov als Philipp II., Suzanne Sarroca als Elisabeth von Valois, Robert Massard als Rodrigo und Veriano Luchetti als Don Carlos

7. März 1975
Palais Garnier

DON GIOVANNI
Dramma semiserio per musica in due atti

Text von Lorenzo da Ponte
Musik von Wolfgang Amadeus Mozart

Musikalische Leitung: Georg Solti
Inszenierung: August Everding
Bühnenbilder und Kostüme: Toni Businger

Auch wenn es den Frauen nicht gefällt: sie interessieren Don Giovanni nicht. Er verführt nicht, er verachtet nicht, das Spiel der Kraft ist ihm so fremd wie das Ausnutzen der Schwäche. Er ist völlig gefühllos, kein Mann für Frauen. Ein Stück Holz würde ihm genügen, wenn er sich mit ihm an seiner eigenen Lust berauschen könnte. Don Giovanni, ein Symbol des Existenziellen, des Lebens und des Todes, erscheint als Erzeuger, als Verschwender, der stets aufs neue Sperma produziert. Die eigene Materie ist es, die er verliert, die er aussät. Ein solcher Substanzverlust schafft nach dem Naturgesetz neue Kräfte. Einem Prometheus ähnlich, ist er selbst der Urheber seiner Zerstörung, er verschlingt sich, um ständig wiederzuerstehen, er sucht den Tod, ohne jemals das Leben ganz zu verbrauchen.

Seit 1630 Don Juan in Spanien, dem so katholischen Land, der Phantasie eines Tirso de Molina entsprungen war, hat jedes Jahrhundert den Mythos an seiner eigenen Elle gemessen. Unter dem Druck der Moralisten, die wie Tartuffe den entblößten Busen ignorieren, liefert Molière seinen Don Juan den Flammen aus, zur Strafe für seine Fleischessünden. Anders im 18. Jahrhundert, dem Zeitalter Mozarts und da Pontes, das, lockerer, sehr wohl das Recht »primae noctis« akzeptiert und in dem Don Giovanni von Gott nicht mehr bestraft wird, weil er »tausendunddrei« Spanierinnen verführt, sondern weil er den Komtur getötet hat – einen Mann von höherem gesellschaftlichen Rang als er selbst. Wäre das Opfer sein Diener Leporello gewesen, wäre Gott sicher nicht in Erscheinung getreten.

Das 19. Jahrhundert verwandelt dieses Tier, diesen biologischen Überproduzenten, in ein dem philosophischen Zeitgeist entsprechendes metaphysisches Wesen. Don Giovanni wird zum unwiderstehlichen Übermenschen, der die Grenzen des Absoluten überschreitet. Hätte Mozart ihn nicht geschrieben, Wagner hätte es getan!

In der zweiten Hälfte des 20. Jahrhunderts, die von gewissen Tabus befreit ist und in der die Psychoanalyse eine so große Rolle spielt, kann Don Giovanni, der für die einen homosexuell und für die anderen impotent ist, auch als Zerstörer seiner eigenen Gesellschaft auftreten – wurde doch die Oper zwei Jahre vor der Französischen Revolution geschrieben. Das Genie Mozarts macht alle diese Interpretationen möglich, ohne daß der Musik des Werkes geschadet wird. Der Blick des Regisseurs, die Wiedergabe der Rollen, der Ort, an dem sich die Geschichte abspielt, velázquezartiges Spanien oder österreichischer Charme, können sich ändern, aber seit zweihundert Jahren ist nicht eine Note, eine Melodie, ein Rhythmus verändert worden. Darum halte ich die von Béjart ausgearbeitete Analyse gegenüber der instinktiven Auffassung Kiri Te Kanawas für bedeutsam. Die eine wie die andere Sicht reiht sich ein in die große Zahl der Interpretationen von Denkern wie Kierkegaard oder Künstlern wie Francesco d'Andrade, dessen Don Giovanni im 19. Jahrhundert von Max Slevogt verewigt worden ist, und vergrößert die Schar derer, die seit seiner Uraufführung diesen mythischen Monolithen, den Mozart errichtet hat, bewundern. Seit dem 29. Oktober 1787, dem Tag, an dem Mozart die erste Vorstellung an der Prager Oper dirigierte, gehört »Don Giovanni« zu den Werken, die alle Interpretationen zulassen und aushalten und die bis ans Ende der Tage unverändert bleiben werden wie das Urgestein.

Kiri Te Kanawa: Donna Elvira ist meine Lieblingsrolle. Ich analysiere sie nicht, sondern ich spiele sie so, wie ich wünsche, daß die andern sie sehen. Ich liebe sie sehr, sogar leidenschaftlich. Ich realisiere jedes Wort, das ich singe, ich weiß, warum ich auf diese Weise singe, warum ich allein sein will, verführerisch, warum ich mich manchmal wie eine Nymphomanin fühle.

Donna Elvira möchte von Don Giovanni lediglich angesehen und berührt werden, sie verlangt nicht mehr von ihm als dies, sie wartet auf die Brosamen und liest sie auf. Sie verhält sich sehr demütig. Sie setzt ihre ganze Kraft ein, alle ihre Mittel, nur um das zu erreichen.

Eines Tages würde ich gern auch Donna Anna singen, aber ich fürchte, zuviel von Donna Elvira in diese Rolle zu legen. Die Soli von Donna Anna und Don Ottavio sind ohne Leidenschaft zu singen. Donna Anna besitzt nicht viel Charme. Sie ist vielleicht nicht rein, aber sie ist sicher nicht emotional. Sie strahlt keine Sexualität aus, die braucht sie nicht.

Elvira hingegen hat ein starkes Bedürfnis danach. Warum es auch verbergen? Es ist ja das Schönste, was es gibt. Und wenn man das auf der Bühne zeigen kann, spürt man die Reaktion des Publikums. Ich sehe die Zuschauer im Saal nicht, aber ich sehe die Männer, die solche Frauen lieben. Mein Mann ist so. Er sagt, Elvira sei eine wunderbare Frau, und ich erwidere ihm: »Alles, was du willst, ist, mit einer einfältigen Frau verheiratet zu sein. Du bist es!«

Für Donna Elvira haben die Partner wenig Bedeutung. Sie ist isoliert, sie kann keinen Kontakt zu Don Giovanni finden, sehr wenig zu Leporello. Bei »Cosi« oder »Traviata« hingegen sind die Beziehungen zum Partner sehr wichtig... Elvira ist eine einsame Rolle, niemand ist von ihr betroffen. Sie eignet sich am besten für mich, und ich habe sie am meisten gesungen, überall.

K. T. K.

Maurice Bejart: Er ist vor allem ein Mythos und wie alle Mythen eine Gelegenheit zu unbegrenzter Projektion – daher auch die unzähligen Interpretationen, die zu seinen Lasten gehen.

Mich persönlich fasziniert an Mozarts

Don Giovanni: Kiri Te Kanawa als Donna Elvira

»Don Giovanni« am meisten, daß man bei ihm den Wesenskern der Figuren Mozarts findet, nämlich die Ambiguität. Mozart selbst ist übrigens ein Mensch, dessen Bild zweideutig ist, gleichermaßen engelhaft und sinnlich, voller Reinheit und voller Martialität. Dort, wo er sich am meisten engagiert, läßt er die Musik das Gegenteil von dem sagen, was im Textbuch steht. Nie weiß man, ob seine Personen aufrichtig sind oder ob sie Komödie spielen: Es handelt sich um ein einziges Spiel der Masken, der Verkleidung, der Komödie in der Komödie, von Personen, die sich gegenseitig betrügen... Die beiden großen Werke Mozarts sind »Così fan tutte« und »Don Giovanni« – und das ist kein Zufall. Es sind Stücke, in denen sich die Leute verkleiden, betrügen, nur aufrichtig sind, wenn sie betrügen, und indem sie betrügen, aufrichtig werden.

Der ambivalente Aspekt Don Giovannis muß bewahrt bleiben, man darf weder ein gutes noch ein böses Wesen aus ihm machen. Gerade das Undurchsichtige an ihm macht Figur und Werk so interessant und löst den Taumel aus, in den alle hineingezogen werden. Aber was ihn ebenfalls charakterisiert, ist seine ständige Gegenwart, die auf den anderen lastet wie ein quälendes Gewissen, das unablässig, schattengleich um sie herumschleicht und ihnen über die Schulter schaut.

Don Giovanni ist eine zeitlose Figur, aber dennoch durch die Epoche bestimmt, in der er sich ausdrückt. Natürlich ist er keine spanische Figur des 16. Jahrhunderts. Er ist

Don Giovanni: Ruggero Raimondi als Don Giovanni und Jane Berbié als Zerlina

zu sehr von der Musik Mozarts erfüllt, die aus ihm unzweifelhaft eine Figur des 18. Jahrhunderts macht, und zwar des italienischen 18. Jahrhunderts. Deshalb ist auch die Dekoration für »Don Giovanni« von da Ponte und Casanova vorgezeichnet: Venedig, aber das nächtliche Venedig – Symbol des Labyrinths. Denn Don Giovanni befindet sich in einem Labyrinth, in einem psychologischen Irrgarten der Gefühle, in dem sich die Menschen verlieren, in dem sie nicht mehr wissen, ob sie lieben oder hassen. Und in dem Venedig, wo die Schauplätze variieren wie die Modulationen eines musikalischen Satzes, geht Don Giovanni seinen Weg. Dieses Venedig ist sicher nicht das Venedig der Anekdote, der Kanäle, der Gondeln und des Markus-Platzes, sondern das Venedig der alten, übelriechenden, von Eidechsen bevölkerten Mauern, eine fast anonyme Stadt mit grünlich schimmernden Steinen und mit namenlosen Gassen, in denen die Menschen sich verfolgen und verlieren.

Für mich offenbart sich die Figur mit dem Duett »Là ci darem la mano«. Denn wer ist Don Giovanni? Er ist jemand, der Frauen verführt. Um Frauen zu verführen, muß man die Zauberkraft besitzen, die Verführung heißt. Aber man muß selbst an sie glauben. Don Giovanni muß an seine Verführungskraft glauben wie der Zauberer an seine Zauberkraft. Don Giovanni muß auch an seine Liebe glauben. Wenn er einer Frau sagt, er liebe sie, muß er sie wirklich lieben. Der Verführer ist jemand, der über eine solche Überzeugungskraft verfügt, daß er, wenn er andere überzeugt, sich selbst überzeugt. Wenn er sagt, daß er liebt, liebt er wirklich. In diesem Augenblick ist er grundehrlich. Darum ist »Là ci darem la mano« die Enthüllung Don Giovannis; es ist das einzige Mal, daß man ihn den Hof machen, wirklich verführen sieht. Man spürt diese Wahrheit, dieses Vibrieren, wenn er Zerlinas Hand nimmt. Don Giovanni ist ein vollkommen sinnliches Wesen. Seine sexuelle Faszination erreicht alles: Menschen, Tiere, Objekte. Eine Blume, ein Geruch – »odor di fèmmina...« – können ihm den Orgasmus bringen. Die Sexualität Don Giovannis ist unendlich, grenzenlos, fast metaphysisch. Trotzdem ist Don Giovanni ein sympathisches Wesen, ein großes Kind, dem man die Streiche verzeiht, weil man es gern hat. Ohne diese Sympathie kann es die komplexe Beziehung nicht geben, die zwischen Don Giovanni und dem hingerissenen Zuschauer vorhanden sein muß. Sonst gäbe es nur moralischen Manichäismus. Wir müssen Don Giovanni lieben.

Um ihn kreisen Leporello, sein Widerpart und Kumpan, sodann drei Frauen. Zuerst diejenige, die für ihn Vergangenheit ist: Donna Elvira. Für Don Giovanni ist die Liebe etwas Kontinuierliches, vom Objekt Unabhängiges, von einem Gegenstand zum anderen Übertragbares. Das Vergangene zählt nicht mehr. Für Elvira dagegen ist die Liebe ein Gefühl, das sich nur einmal offenbart und sich mit wachsender Macht auf ein einziges Objekt konzentriert. Je größer das Hindernis, um so größer die Liebe. Wir erleben also ein gänzlich auf die Zukunft orientiertes Wesen, Don Giovanni, konfrontiert mit einem Wesen, das die Zeit anzuhalten versucht, Donna Elvira.

Zerlina ist die Personifizierung des Entzückens, der Liebe mit all dem, was an ihr Zauberhaftes ist. Sie findet einen Mann, der schöner und reicher ist als ihr eigener, gesellschaftlich höher gestellt und anders sprechend, der ihr Worte sagt, die der eigene noch nie gesagt, der Dinge tut, die der eigene noch nie getan hat. Schwindelnd entdeckt sie, daß Liebe unendlich viel verführerischer sein kann als das, was sie bisher mit Masetto erlebt hat.

Donna Anna ist die undurchsichtigste, aber zugleich auch die wichtigste der weiblichen Figuren. Das Textbuch erlaubt keinen Zweifel: Sie liebt Ottavio und ihren

Vater. Sie ist eine traditionsgebundene Frau, Aristokratin und Puritanerin, in deren Augen Don Giovanni nichts als ein niederträchtiger Verführer ist. Und doch liebt gerade sie ihn am meisten. Aber das wird nur durch die Musik deutlich. In ihr hört man, daß Anna dank Don Giovanni sozusagen zu sich selbst gefunden hat. Am Anfang ist in der Nacht etwas für sie Erschütterndes geschehen; man weiß nicht genau, was. Da Ottavio sie noch nie geküßt hat, kann es nur ein Kuß Don Giovannis gewesen sein... Die Tatsache, daß sie Don Giovanni an seiner Stimme erkennt, beweist, daß er mit ihr gesprochen hat – er hat ja eine verführerische Stimme –, aber auch, daß sie ihn hat sprechen lassen.

Dann ist da der Komtur. Für mich ist er fast die wichtigste Figur. Ohne ihn gäbe es das Stück nicht. Er ist der Schlüssel, vom Anfang bis zum Ende. Einer tötet den anderen, sie töten sich gegenseitig – eine außergewöhnliche dramatische Konstruktion. Der Komtur ist der Vertreter des Gesetzes, jenes Gesetzes, das in uns ist und das wir manchmal »Gewissen« nennen. Wenn er endlich erscheint, weiß man, daß er sich selbst sucht. Don Giovanni weiß, daß er dem Tode entgegengeht, daß sein Weg beendet ist, dieser unausweichliche Weg zum Tod. Es ist kein Selbstmord, das wäre zu einfach, sondern der Ablauf eines Schicksals. Im Grunde sind Don Giovanni und der Komtur ein und dieselbe Person.

Das ganze Stück ist daher für mich ein langer Gang, auf dem nicht haltgemacht wird, eine ständige Bewegung der Menschen, der Elemente, der Straßen, der Dinge im Labyrinth, in dem sich alles in permanenter Verwandlung befindet: wie ein sich ausbreitender Irrgarten. Don Giovanni kann darin in fröhlichem Leichtsinn leben, unbeschwert von allen philosophischen Gedanken, gar kein Erzengel der Revolution. Don Giovanni kann kein Aufrührer sein, weil er nicht unglücklich ist. Hindernisse umgeht oder ignoriert er. Ständig in Bewegung, versucht er zunächst, sich zu zerstreuen – und das heißt, die Wirklichkeit nicht sehen. Zerstreuung suchen ist das Gegenteil von Bekehrung. Er will kein Gesetz, keine Ordnung. Er lehnt sich nicht gegen die Wirklichkeit auf. Wenn die Wirklichkeit ihn zu erdrücken beginnt, interessiert er sich für etwas anderes. Wenn eine Tür sich nicht öffnet, sucht er eine andere. Unablässig rennt er durch das Labyrinth. *M. B.*

RUGGERO RAIMONDI: Losey hat Don Giovanni zu einer mythischen Gestalt gemacht, außerhalb von uns, außerhalb der Zeit. Die Rolle ist präzise, sehr genau zugeschnitten, mit wenigen Worten definiert: kalt, zynisch, stahlhart.

Béjart als Kenner der Welt der Musik beläßt Don Giovanni die von Mozart geschaffene Ambiguität. Die Figur bleibt viel farbiger, weniger gespalten als die von Losey, aber ebenso interessant, wie ich hoffe. Béjart will ihr einen mysteriösen Aspekt geben, etwas Orientalisches, zum Beispiel durch Schminken (für die Perücke) und durch den Schnitt der Kostüme (venezianisches 18. Jahrhundert). Kein Spanier, sondern jemand, der über den ganzen mediterranen Raum gekommen ist, der in die Commedia dell'arte Eingang gefunden hat und den man sich in allen lateinischen Ländern vorstellen kann.

Béjarts Ballette zeigen, wie er die Musik interpretiert, und das beruhigt mich. Denn was mich sonst am meisten stört, ist, gegen die Musik anzugehen.

Auf der Bühne müssen wir Sänger von der Musik getragen werden, müssen im Gleichklang sein. Das ist die Basis unserer Arbeit. Jemand, der das nicht weiß, kann die musikalischen Ausdrucksprobleme nicht erahnen, genauso wie wir die Probleme desjenigen nicht kennen, der ohne Musik arbeitet.

Die Schauspieler können vielleicht einmal, wenn sie wollen, pausieren. Andererseits haben sie Probleme mit dem Tonfall, mit der Aussprache und mit dem Ausdruck von Gefühlen – Probleme, die für uns von der Musik geregelt werden. Vor einem Textbuch von da Ponte frage ich mich stets, ob die Worte für die Musik oder ob die Musik für die Worte geschrieben sind. Es gibt immer einen Zusammenhang zwischen dem, was die Musik ausdrückt, und dem, was man sagt; das macht die Beziehung Mozart – da Ponte so interessant, hebt den Doppelsinn des Textbuches hervor.

Im Terzett beim Tod des Komturs – »Ah! già cade il sciagurato« – entscheidet sich für Don Giovanni, ob er ein Lebemann wird, zynisch und häßlich. Die Zeile »Ah, schon fiel der Unglückselige« drückt Betroffenheit aus; man kann sie zynisch singen, aber auch mit der echten Verwunderung desjenigen, der zum erstenmal tötet. Es gibt unzählige Möglichkeiten der Interpretation. Bei jeder Inszenierung ist sie anders, denn für Don Giovanni gibt es keine allgemeingültige Richtlinie. Er hat keinen Charakter, keine Persönlichkeit. Don Giovanni, das ist eine

Don Giovanni: Kiri Te Kanawa als Donna Elvira und Gabriel Bacquier als Leporello

Don Giovanni: Ruggero Raimondi als Don Giovanni und Kiri Te Kanawa als Donna Elvira

große Leere in der Oper, ein Abgrund. Er existiert nur durch die anderen, er wird reflektiert von den Problemen der anderen. Seine Eigentümlichkeit besteht darin, daß die Zwänge und Nöte der anderen ihn überhaupt nicht berühren. Daher kommt die Kraft dieser mythischen Gestalt. Ich denke, jeder von uns möchte gern wie er sein: vorübergehen können, ohne sich betroffen zu fühlen. Aus der Interpretation Don Giovannis könnte eine psychoanalytische Studie werden, mit all dem, was in diese Figur hineinprojiziert wird, was man gern sein möchte und nicht ist. Man kann diese Rolle auf mannigfache Art singen. Alles hängt vom Regisseur ab. *R. R.*

2. Mai 1975
Palais Garnier

LA FORZA DEL DESTINO
Dramma lirico in quattro atti

Text von Francesco Maria Piave
Musik von Giuseppe Verdi

Musikalische Leitung: Julius Rudel
Inszenierung: John Dexter
Bühnenbilder und Kostüme: Jocelyn Herbert
und Andrew Sanders

John Dexter: Die größte Schwierigkeit bei diesem Werk ist seine Zersplitterung. Um eine zusammenhängende Erzählung zu erreichen, muß man szenische Mittel finden, die einen Ablauf der Handlung ohne Unterbrechung erlauben.

Das Libretto, das Drama, hat alle Züge eines Alptraums. Goya hätte diesen Alptraum zeichnen können, der Goya der »Desastres de la guerra«. Aber es ist nicht damit getan, Goya einfach für die Bühne nachzuahmen. Das Wesen seiner Kunst ist zu erkennen und ihre Atmosphäre durch dramatische Mittel darzustellen. Das Werk ist eine Art Collage von Goya, und seine Geschichte wird mittels Gefühlsaufwallungen erzählt.

Das Libretto stützt sich auf ein spanisches Drama des 19. Jahrhunderts, aber die wirklichen Quellen sind bei Calderón und Lope de Vega zu finden. Dort gibt es die gleiche Irrationalität, zumindest für einen Nordeuropäer. Für einen Spanier sind Handlung und Personen der »Macht des Schicksals« durchaus glaubwürdig, genauso wie in Calderóns »Das Leben ein Traum«. Spanische Dramen sind voller großartiger Unlogik, wie diese Oper, obwohl Verdi Italiener war. Man muß sich in die Psyche eines Südländers versetzen, um das Wesentliche zu verstehen.

Dieses Werk wird von der Gottesidee beherrscht. Schicksal und Gott sind eins. Alle Personen sind dieser Einheit unterworfen. Das Kreuz ist stets ebenso gegenwärtig wie der Schatten der Religion in Spanien. Für Leonores Familie ist Alvaro unzumutbar, ihr Ehrbegriff gestattet es nicht, einen Mann anderer Rasse zu akzeptieren. Don Carlos fühlt sich gezwungen, die Ehre der Familie zu rächen. Er ist besessen vom Begriff der Keuschheit seiner Schwester und bereit zu töten. Er spricht von Schicksal, aber es ist seine eigene Schwäche, die es ihm nicht gestattet, einen anderen Ausweg zu finden.

Alvaro erweist sich als stärker, er wird fähig, eine Entscheidung zu treffen. Er wählt ein kontemplatives Leben, fern jeglicher Sorge um Ehre.

Leonore, die interessanteste Figur des Werks, ist von Anfang an für die Einsiedlerhöhle bestimmt, durch ihre eigene Denkform dazu verurteilt, durch all das, was die Religion aus ihr gemacht hat. Sie ist hin und her gerissen zwischen Pflicht, Kreuz und Liebe. Ihre erste Reaktion nach dem Tod ihres Vaters ist die Flucht ins Kloster.

Sie will sich loslösen von der Welt, sie sucht Sicherheit und Frieden, sie will aller Verantwortung enthoben sein und keine Entscheidung mehr treffen, sie zieht das Leben in Einsamkeit vor. Sie bleibt sieben Jahre in der Höhle. Wenn wir sie am Ende der Oper herauskommen sehen, ist sie nicht mehr dieselbe Person. Sie hat fast den Verstand verloren. Das ist ein hochdramatischer Augenblick. Wenn sie singt »Pace, pace«, dann bittet sie wirklich um Frieden. Sie hat Jahre des Unbefriedigtseins durchlebt, die ihre Qualen nicht gestillt haben. Ihr Tod gleicht einem Opfertod. Don Carlos macht sich zum Arm Gottes auf Erden. Dieser Mann ist kein Bösewicht, er ist besessen von seinem Glauben, er ist rein, heilig, jedoch ohne Gefühl.

Das Publikum sollte, wenn es die Oper hört, nicht an bereits Gesehenes denken. Eine Inszenierung, die ihr Ziel erreicht, zwingt den Zuschauer, das Werk neu zu entdecken, so, als ob er es zum erstenmal sähe. Die Kritik spricht immer nur von der Leistung der Sänger, der Musiker oder des Chores, aber nie von der Leistung der Zuschauer. Für mich ist das Publikum ein wesentlicher Bestandteil der Oper. *J. D.*

Die Macht des Schicksals: Fiorenza Cossotto als Preziosilla

Faust: Nicolai Gedda als Faust und Nicolai Ghiaurov als Mephistopheles

3. Juni 1975
Palais Garnier

FAUST
Opéra en cinq actes

Text von Jules Barbier und Michel Carré
Musik von Charles Gounod

Musikalische Leitung: Michel Plasson
Inszenierung: Jorge Lavelli
Bühnenbilder und Kostüme: Max Bignens
Choreographie: George Balanchine

Es gibt eine »Faust«-Partitur. Aber welche? Ist sie das Original, ja oder nein? Wer hat es gesehen und in der Hand gehalten?

Fest steht, daß durch Aufführungsunarten das Originalmanuskript verfälscht worden ist, besonders im Duett Margarethe-Valentin, im Chor der spottenden Mädchen und in Margarethens Wahnsinnsszene. Was man heute zu hören bekommt, ist nicht mehr das Original. 1974 bestätigte mir Jean-Pierre Gounod, Urenkel des Komponisten, daß es ein Original gebe, das in einem Safe liege, dessen Schlüssel seine Mutter seit dem Tod ihres Mannes 1937 verwahre.

Ich denke: Man muß diesen Safe eben aufschließen! Der Sohn erklärte mir, daß die müde gewordene alte Mutter moralisch nicht in der Lage sei, eine Entscheidung zu treffen, und daß sie niemanden bevollmächtige, es für sie zu tun, da sie ihre Verantwortung bis zum Ende persönlich wahrnehmen wolle. Der Safe blieb verschlossen!

1975, einige Tage vor unserer Premiere – die Mutter war inzwischen gestorben –, schrieb mir der Erbe: »Die Erbfolge war langwierig. Trotz aller meiner Nachforschungen ist mir das Manuskript noch nicht unter die Hände gekommen.« Beim Öffnen des Geldschrankes der alten Dame hatte sich nichts finden lassen.

Für mich blieb die Alternative, dem Gerücht zu glauben, die Morgan Library in New York habe die Partitur erworben. Eine unwahrscheinliche Hypothese, weil eine amerikanische Stiftung sie den Wissenschaftlern zugänglich gemacht hätte.

Es bleibt ein Werk im Zeichen des Mephisto, besonders wenn man weiß, daß wegen eines Bühnenarbeiterstreiks »Faust« während der ganzen ersten Vorstellungsserie ohne Bühnenbilder gegeben wurde. Auch wenn man sich daran erinnert, daß Roger Soyer nach sechs Wochen Probe absagte und auf der Stelle von Nicolai Ghiaurov ersetzt wurde. Und ganz sicher, wenn man daran denkt, daß der für die Wiederaufnahme engagierte Ghiaurov krank wurde und seine Rolle Soyer überließ: natürlich die Rolle des Mephisto!

N. B. Mit Absicht habe ich den gewaltigen Theaterskandal, den die Inszenierung auslöste, nicht dem Teufel zugeschrieben.

JORGE LAVELLI: Es ist wichtig, sich klarzumachen, daß bei »Faust« zwei Kräfte zusammenwirken, die man, je nach dem moralischen Gesichtspunkt, positiv oder negativ nennt, wobei hier der christliche Geist der Epoche als Referenz dient. In jedem menschlichen Wesen gibt es einen Dämon: Das Gute und das Böse vermischen sich zu einer einzigen Substanz. Ich denke nicht, daß es dem Sinn der Musik widerspricht, wenn ich Faust und Mephisto immer zusammen zeige, in der körperlichen Erscheinung sich ähnlich wie zwei Aspekte ein und derselben Person. Mephisto ist der Suchende, der es wagt, Grenzen zu überschreiten und das Interdikt zu übertreten. Faust ist der Nachdenkliche, Sittsame. Dieser Einfall der Persönlichkeitsspaltung in zwei Doppelgänger macht das Auftreten eines verkleideten Dämons völlig überflüssig.

Man hat den Teufel erfunden und das Böse erschaffen, weil die Welt des Bösen besonders faszinierend ist. Man braucht Verbote, um sie überschreiten zu können.

Wenn man das Negative in der Gestalt des Mephisto als außerirdisches Fabelwesen darstellt, das über die Abgründe des Bösen herrscht, nimmt man diesem Begriff viel von seiner Faszination. Faust und Mephisto sind nicht voneinander zu trennen. Wenn man Faust zu einer isolierten Gestalt macht, ist sein anfängliches Verhalten unsympathisch. Er ist sorglos und ohne Verantwortungsgefühl, auf der Jagd nach Jugend und schönen Frauen, die er ohne Grund verläßt, sobald er sie gewonnen hat. In der Duellszene hat Faust eine erste Gelegenheit, sympathisch zu werden, positiv: Einerseits zeigt er seine Feigheit und Schwäche, andererseits seine Empfindsamkeit und seinen Wunsch, etwas gutzumachen und neu aufzubauen. Diese beiden Seiten seines Charakters müssen in

Faust: Die Kirmes

ihm selbst sein. Insofern ist dieses Duell kein echtes Duell. Mephisto ist nur eine Projektion Fausts, eine andere Seite seines Ich. Fausts Liebe zu Margarethe bringt ihn in Beziehung zu einer bestimmten sozialen Gegebenheit und führt zu einer Art Sichbewußtwerdens. Wir haben es jetzt mit einem Mann zu tun, der sein inneres Gleichgewicht verloren hat und statt der Oberflächlichkeiten nur noch sich selbst sucht.

Trotz ihrer Liebe zu Faust ist Margarethe eine völlig isolierte Gestalt, ganz in sich zurückgezogen. Im Libretto hat sie nicht die Bedeutung, die Goethe ihr gegeben hat; man macht sich nicht so tiefgehende Gedanken über sie, alles bleibt anekdotisch. Diese Beschränkung hat sicher nicht zu einer reicheren Entfaltung des Musikalischen beigetragen. Ein dramaturgischer Ansatzpunkt kann der Inspiration aufhelfen, ohne daß eine Weiterentwicklung möglich wäre.

Die Beziehungen Margarethens zu den anderen Personen wurden unterschlagen. Von Anfang an spricht man von ihr wie von einem Bollwerk der Reinheit, aber keiner hat versucht zu verstehen, was das bedeutet. Sie ist die Gefangene einer sehr strengen Moral und viel mehr Opfer einer sozialen Gegebenheit als Opfer von Betrug und Verführung. Sie wurde von der Gesellschaft ausgeschlossen, zuerst von ihrem Bruder und dann von den Bürgern der Stadt, die sich gleich zum Ankläger erheben und ihr keine Chance lassen. Alle ergreifen Partei für Valentin, der als sogenannter guter Bruder den Platz von Vater und Mutter eingenommen hat und die erstarrte und intolerante Moral vertritt. Er macht sich zum Vollstrecker ihrer Forderungen. Er ist die unsympathischste Person des ganzen Stücks. Doch in einer Ausnahmesituation sollte er auch Gelegenheit finden, weiterzukommen und von uns akzeptiert zu

Faust: Die Rückkehr der siegreichen Armee

werden. Frau Marthe, Margarethens Nachbarin oder ihre Freundin – wir wissen es nicht –, ermutigt sie, den Schmuck zu behalten. Diese Geste hat eine dramatische Funktion, die ein künstliches Element zu einem Aspekt von Margarethens Persönlichkeit macht. Das ist die übertriebene Seite der Situation, aber sie ist sehr interessant, denn ich denke, es gibt keine Person, die bloß negativ oder bloß positiv ist. Der Schmuck ist eine Falle, die denjenigen aus dem Gleichgewicht bringt, der sich von den Äußerlichkeiten der Welt zurückgezogen hat.

Die Intoleranz ihrer Umwelt hat Margarethe in die Einsamkeit getrieben und schließlich in den Wahnsinn. Im Gefängnis finden wir sie schon halb begraben. Das übersteigerte Ende ist lediglich eine Projektion Margarethens: Wir betreten ihre Traumwelt. Eingesperrt, von der Gesellschaft zum Tode verurteilt, hat sie sich an ein Bild der Reinheit geklammert, das ihrem ersten wahren Kontakt entspricht, den sie mit der Gefühlswelt gehabt hat.

»Faust« ist ein romantisches Drama, aber es ist auch ein soziales Drama in einer Gesellschaft, die weder Toleranz noch Verständnis kennt. In der Inszenierung müssen die Verhältnisse von Intoleranz und Leidenschaft klar genug sein, damit diese Begriffe verständlich werden und das Spiel bereichern.

In einer modernen Theaterkonzeption geht das Inszenieren über ein einfaches Plazieren der Spieler oder Sänger hinaus. Die dramaturgischen Entscheidungen offenbaren sich in der Wahl der Visualisierung. Die Arbeit des Bühnenbildners ist von der des Regisseurs nicht zu trennen. Beim »Faust« geht es um eine Synthese der angewandten Elemente und Materialien, die die Personen herausstellen. Das Vorhandensein gewisser Materialien und ihr repräsentativer Charakter verändern die Interpretation. Die Musik kennzeichnet bereits die Charaktere, aber im absoluten Sinn. Auf der Bühne nehmen sie konkrete Gestalt an. Der Bühnenbildner muß den adäquaten Spielraum erfinden und der Regisseur die dramatischen Situationen, die der Musik entsprechen. *J. L.*

Faust: Nicolai Gedda als Faust, Mirella Freni als Margarethe und Nicolai Ghiaurov als Mephistopheles

Faust: Mirella Freni als Margarethe

5. Juli 1975
Palais Garnier

ARIANE ET BARBE-BLEUE

Conte en trois actes

Text von Maurice Maeterlinck
Musik von Paul Dukas

Musikalische Leitung: Gary Bertini
Inszenierung, Bühnenbilder und Kostüme:
Jacques Dupont

JACQUES DUPONT: Dieses »musikalische Gedicht« ist von der ersten bis zur letzten Note der Partitur ein Kampf zwischen Licht und Schatten. Ariane ist das Licht: Ariane oder die Wahrheit, Ariane oder das Leben. Der Schatten, das ist die versklavte Welt oder der Tod, das sind die fünf Frauen Blaubarts. Die Bauern vertreten die revoltierende Menschheit. Ariane ist keine Anhängerin der Frauenbewegung oder was man heute darunter versteht. Sie will die versklavte Menschheit retten, die Menschheit, nicht allein die Frauen. Aber es genügt nicht, daß Ariane es will – die anderen müssen es auch wollen … »Besser befreit man sich selbst.« Die fünf Frauen sind nicht bereit zur Freiheit.

Eine ungewöhnliche Persönlichkeit, zugleich anspruchsvoll (sie geht bis zum Ende) und sehr zärtlich (alle ihre Taten sind Liebe). Es ist etwas Absolutes in ihr, sie will mehr wissen, als erlaubt ist, und damit reiht sie sich den großen Mythen ein, dem Prometheus-Mythos zum Beispiel.

Diese lange Dichtung hat nicht viel Handlung und kaum dramatische Vorgänge. Deshalb ist sie ziemlich schwer zu inszenieren. Man muß vor allem der Musik folgen und dem von Maeterlinck gewollten symbolistischen Klima treu bleiben.

Darum scheint es mir besonders wichtig zu sein, daß die Dekoration in enger Anlehnung an die Inszenierung konzipiert wird. Ich bin sehr froh, daß mir die Möglichkeit gegeben wurde, beides zu realisieren.

Bühnenbild und Kostüme sind nicht historisch bezogen: weder falsches Mittelalter noch Renaissance. Ich habe die Kostüme, lockeren und unbestimmten Schnitts, eher im Stil zwischen 1900 und 1910 erdacht, also im Stil der Zeit der Uraufführung des Werkes. Ich habe mich auch von einem Maler dieser Epoche beeinflussen lassen: von Gustav Klimt.

Warum Klimt? Weil Dukas' Musik sich zwischen zwei Polen bewegt: zwischen Wagner und Debussy. Und weil »Ariane« diejenige französische Partitur ist, die jenseits des Rheins die meiste Resonanz hatte. Und nicht zuletzt, weil es bei Klimt immer etwas Grausamkeit gibt, wie in dieser Legende.

Ariane und Blaubart: Grace Melzia Bumbry als Ariane

Da es sich um eine Dichtung voller Symbolik handelt, sind Ausstattung und Kostüme vor allem dazu bestimmt, ein Klima zu schaffen. So werden die Edelsteine nicht als Schmuck oder Beiwerk verstanden, sondern als Symbole. Aus den sechs Türen, welche die Amme mit den sechs Silberschlüsseln öffnet, die Blaubart Ariane anvertraut hat, sprühen Amethyste, Saphire, Perlen, Smaragde, Rubine, Diamanten. Ich lasse sie auf Statuen sichtbar werden, die aus dem Dunkeln heraustreten, denn es ist wesentlich, daß hinter diesen strahlenden Visionen Nacht und Tod herrschen. Nicht der körperliche Tod, sondern das Nichts. Die Schmuckstücke sind wie Ariane: ein Aufleuchten in der Nacht, ein Licht in der geistigen Dunkelheit dieser Frauen. *J. D.*

22. Oktober 1975
Palais Garnier

SAMSON ET DALILA

Opéra en trois actes et quatre tableaux

Text von Ferdinand Lemaire
Musik von Camille Saint-Saëns

Musikalische Leitung: Georges Prêtre
Inszenierung: Piero Faggioni
Bühnenbilder und Kostüme: Jacques Dupont
Choreographie: Georges Skibine

Samson und Dalila: Viorica Cortez als Dalila und Jon Vickers als Samson

23. Januar 1976
Palais Garnier

DER ROSENKAVALIER
Komödie für Musik in drei Akten

Text von Hugo von Hofmannsthal
Musik von Richard Strauss

Musikalische Leitung: Horst Stein
Inszenierung: Rudolf Steinböck
Bühnenbilder und Kostüme: Ezio Frigerio

Der Rosenkavalier: Yvonne Minton als Oktavian und Christa Ludwig als Marschallin

Der Rosenkavalier: Yvonne Minton als Oktavian und Lucia Popp als Sophie

Zur gleichen Zeit, als die Musik Mahlers und Schönbergs die Grenzen Österreichs überschritt, entstanden in Wien bedeutende literarische Werke, die in Frankreich größtenteils unbekannt geblieben sind. Während Apollinaires »Alcools« erschienen, verkam Georg Trakl im Elend. Robert Musil arbeitete an seinem Hauptwerk »Der Mann ohne Eigenschaften«, und während Paul Fort, der »Fürst der Dichter«, seine Zeitschrift »Vers et Prose« redigierte, bekämpfte Karl Kraus unermüdlich die Dekadenz der k.u.k. Gesellschaft, indem er in der »Fackel« heftige Pamphlete veröffentlichte und den Untergang dieser Gesellschaft in dem Drama »Die letzten Tage der Menschheit« voraussagte. Zu Anfang dieses Jahrhunderts fiel Wien die Rolle zu, die Paris in der zweiten Hälfte des 19. Jahrhunderts innehatte und die Berlin in den »tollen« zwanziger Jahren, zwischen den beiden Weltkriegen, spielen sollte. Man wird sich an Arthur Schnitzler erinnern, dessen »Reigen« Max Ophüls verewigte, an die »Schlafwandler« von Hermann Broch, an

Elias Canetti und an den »Turm« von Hugo von Hofmannsthal, der in der deutschsprachigen Literatur einen weitaus wichtigeren Platz einnimmt als nur den eines Textdichters für Richard Strauss.

Das literarische und dramatische Niveau des Librettos zum »Rosenkavalier« ist von so hoher Qualität, daß man es wagen konnte, den Text ohne Musik aufzuführen. Das Experiment wurde in den sechziger Jahren während der Wiener Festspiele unternommen und aufgezeichnet; die Platte ist heute unauffindbar. Die Inszenierung besorgte Rudolf Steinböck, Helmut Qualtinger spielte den Ochs, und die sanfte Käthe Gold war die Marschallin. Mit riesiger Überraschung stellte man fest, daß ein Operntextbuch sich selbst genügen konnte, daß es ein vollgültiges Theaterstück voller Charme und Eleganz war.

Mit dem »Rosenkavalier« profitierte Strauss zum zweitenmal vom Talent Hofmannsthals. Das sehr österreichische Thema gab dem Komponisten die Möglichkeit, einen Traum zu verwirklichen: Mozart nachzuspüren.

Der Rosenkavalier: Im Haus des Herrn von Faninal

EZIO FRIGERIO: Ich habe es vorgezogen, das Bühnenbild den Dimensionen der Musik anzupassen und nicht denen der Erzählung. Der Komponist und der Dichter hatten ihre eigene Vorstellung von dieser Zeit, sie sahen sie mit einer gewissen Liebe für die Vergangenheit, für den Zauber der Vergangenheit. Alles spielt sich ab wie im Traum, fern jeder Realität, und nimmt traumhafte Ausmaße an. Die Musik atmet großzügig und gestattet es nicht, diese Geschichte in ein kleines Zimmer zu sperren, wie es aus Gewohnheit üblich ist. Die Intimität der ersten Szene habe ich zu bewahren versucht, indem ich dem Schauplatz einen etwas mysteriöseren, geheimnisgeladeneren Charakter gab.

Der zweite Akt spielt traditionsgemäß in einem großen Salon, aber Faninal, sein Besitzer, gilt als Parvenü mit schlechtem Geschmack. Ich kenne kein Bauwerk des 18. Jahrhunderts, das schlechten Geschmack aufweist. Faninals Schloß ist vielleicht imposant und pompös, ähnlich seiner etwas auffälligen Kleidung, aber ich weigere mich, für ihn ein häßliches 18. Jahrhundert zu erfinden, zumal weder Musik noch Libretto häßlich sind. Damit würde man den Autoren einen schlechten Dienst erweisen.

Der dritte Akt sagt sich noch deutlicher von der Tradition los. Das kleine Gasthauszimmer paßt ganz und gar nicht zur Musik. Strauss selbst war mit der Idee, ihn ins Freie zu verlegen, einverstanden. Rudolf Steinböck, der den Komponisten noch gekannt

Der Rosenkavalier: Hans Sotin als Baron Ochs, Janine Boulogne als Marianne Leitmetzerin und Jane Berbié als Annina

hat, hatte bereits vorgeschlagen, diesen Akt in einem Gasthaushof spielen zu lassen. Wir sind noch weiter gegangen.

In dem riesigen Park einer verlassenen Villa treffen sich die reichen Wiener zum geheimnisumwitterten Rendezvous. Dort wird unter freiem Himmel ein letztes spätsommerliches Nachtmahl eingenommen.

Die Weinernte ist vorüber, die Fässer sind voll, tote Blätter bedecken schon den Boden. Die Herbstfarben sind sehr sanft, und alles ruht in goldenem Licht. Es ist das Ende eines Tages, der mit dem Erwachen der Marschallin begonnen hat, an einem lauen Morgen am Ende des Sommers – des Lebens –, an dem sie sich der dahinschwindenden Zeit bewußt wird. Wir erleben das Ende des Sonnenuntergangs. Die Nacht ist noch nicht angebrochen, aber wir spüren bereits das Ergreifende des Kerzenschimmers.

»Der Rosenkavalier« ist in erster Linie eine Liebesgeschichte zwischen einer Frau, der Marschallin, und dem Leben. Das Bühnenbild versucht im Rahmen einer modernen Szenographie das italienische Vorbild zu wahren. Nur wenige Teile sind gebaut, das meiste ist gemalt. Ich habe mit einem der wenigen Bühnenmaler, die es in Italien noch gibt, zusammenarbeiten können.

Die Kostüme drücken ebenfalls meinen Wunsch aus, eine Epoche als eine Art Traum zu beschwören. Ich habe größeren Wert auf das Material der Kostüme gelegt als auf deren Linie und Schnitt. So gut wie kein Stoff ist unbearbeitet geblieben. Ich habe alles nur Mögliche unternommen, damit er sein ursprüngliches Aussehen verlor und meiner Vorstellung von Kostümen des 18. Jahrhunderts entsprach.

E. F.

23. März 1976
Palais Garnier

DIE ENTFÜHRUNG AUS DEM SERAIL

Singspiel in drei Akten

Text von Gottlieb Stephanie nach einem Stück von Christoph Fr. Bretzner
Musik von Wolfgang Amadeus Mozart

Musikalische Leitung: Karl Böhm
Inszenierung: Günther Rennert
Bühnenbilder: Bernard Daydé
Kostüme: José Varona

Nichts Besonderes zu melden von der Generalprobe der »Entführung«, angesetzt für Christiane Eda-Pierre, die zum erstenmal die Konstanze singt. Böhm ist entzückt von ihr, und ich spüre, daß sogar mein immer skeptischer Freund Rennert relativ zufrieden ist. Ein einziger Schatten: Die Bühnenarbeiter haben für die Premiere einen Streik angekündigt.

Eine halbe Stunde, bevor der Vorhang aufgehen sollte, scheiterten die Verhandlungen. Die Premiere mußte ausfallen, ohne daß es möglich war, das Publikum rechtzeitig zu benachrichtigen. Und dies ausgerechnet bei einer Vorstellung, die ein Geschenk des Präsidenten der Republik, Valéry Giscard d'Estaing, für »tausendfünfhundert verdiente Franzosen« war, die aus allen Himmelsrichtungen herbeigeeilt waren.

Seit vielen Monaten hatte ich mit den Gewerkschaften verhandelt, wohl wissend, welche Gefahr das Projekt des Präsidenten bedrohte. Vierzehn Tage vor dem schicksal-

Die Entführung aus dem Serail: Kurt Moll als Osmin

Die Entführung aus dem Serail:
Christiane Eda-Pierre als Konstanze

haften Abend war es uns schließlich gelungen, eine Vereinbarung zu erreichen. Aber sie mußte, um in Kraft treten zu können, von den zuständigen Ministerien erst bestätigt werden. Und diese hatten die Unterschrift verweigert. Der Präsident machte mich für die geschlossenen Tore verantwortlich. Ich war in Ungnade gefallen.

Das Scheitern dieser Vorstellung war der Anlaß für eine verwaltungstechnische Umorganisation der Pariser Oper, die schon seit 1975 von einer Untersuchungskommission vorbereitet wurde: das Signal zum Halali! Nachdem ich den Schutz des Elysée verloren hatte, war ich den Bürokraten ausgeliefert.

An der Spitze wurden nach und nach dem Verwaltungs- und Finanzdirektor ein Personalchef und ein Generaldirektor beigegeben, die unmittelbar dem Präsidenten des Verwaltungsrates unterstellt sind. Dem Intendanten wurde jegliche Entscheidungsgewalt entzogen. Zum Trost ernannte man ihn zum Generalintendanten. Die Aufsichtsbehörden behalten alle ihre bislang schon ausgeübten Vorrechte, der Kontrolleur des Finanzministeriums hat nach wie vor das letzte Wort.

Es war nicht der Machtverlust, der mir Kummer bereitete, sondern konkreter die Auswirkung, die diese Bürokratisierung auf die Zielsetzung des Unternehmens hatte: die Qualität der Aufführungen.

Hier ein Beispiel unter hunderten: 1972 habe ich ein ganzes Jahr lang mit den Musikern diskutiert, um sie davon zu überzeugen, daß eine Oper internationalen Ranges mit Dirigenten von Format ihr Niveau nicht halten könne, wenn die Musiker nach eigenem Gutdünken bei jeder Vorstellung ein und desselben Werkes wechselten. Ich habe dann das Prinzip der Ausschließlichkeit einführen können und erreicht, daß jede Aufführung von denjenigen Musikern gespielt wurde, die von Anbeginn vorgesehen waren und sämtliche Proben mitgemacht hatten. Es ist klar, daß es Monate gab, in denen einige Orchestermitglieder Überstunden machten, und andere, in denen sie die tarifvertraglich vorgesehene Stundenzahl nicht erreichten. Eine solche Organisation kostet mehr Geld: den Preis der Qualität. Die Umorganisation machte jedoch diese einzige Konzeption zunichte, die ein erstklassiges Orchester gewährleistet. Der Schichtwechsel wurde wieder eingeführt. Von nun an passierte täglich in der Oper, was Bruno Walter als Pariser Anekdote erzählt hat: Bei der Generalprobe zu einem Konzert bedankt sich der Dirigent bei einem Musiker dafür, daß er bei jeder Probe anwesend war. Er bekommt zur Antwort: »Oh, Meister, es war ein großes Vergnügen für mich, mit Ihnen zu arbeiten, aber zum Konzert bin ich leider nicht frei.« Deshalb läßt Solti, eines Besseren belehrt, vertraglich festlegen, daß bei seinen Aufführungen kein einziger Musiker sich vertreten lassen darf.

Ein anderes Beispiel: Im Olympia-Akt in »Hoffmanns Erzählungen« zerfällt die Puppe, laut Libretto, in Stücke. Da man das ja mit einer Sängerin nicht machen kann, ließ Chéreau für seine Inszenierung eine Doppelgängerin der Olympia herstellen, einen Puppenautomaten, der aus der Kulisse ferngesteuert wurde. Man kann sich vorstellen, wie schwierig es ist, diese höchst empfindliche Puppe, die den szenischen Forderungen entsprechend mit der Sängerin ausgetauscht wird, zu handhaben. Diese Aufgabe war einem Korrepetitor anvertraut worden, der während der Proben mit dem Hersteller der Maschine zusammengearbeitet hatte, um das nötige Fingerspitzengefühl zu erwerben, damit der Puppe wie vorgesehen zunächst ein Arm, dann ein Bein und schließlich der Kopf abfiel. Um Überstunden dieses Korrepetitors zu vermeiden, verfügte die Verwaltung auch für ihn und seine Kollegen Schichtdienst. Den unerprobten Ersatzleuten gelang es nie, die Puppe zum Funktionieren zu bringen, und regelmäßig ruinierten sie den zweiten Akt, weil der Automat versagte. Die Situation war so hoffnungslos, daß Patrice Chéreau während der letzten Vorstellungen die Puppe selbst bediente; das war die einzige Möglichkeit, die hervorragende Vorstellung zu retten.

Auf diese Art lähmen tausend kleine Einzelheiten die Maschinerie, untergraben die Begeisterung, bewirken Nachlässigkeit, bringen nichts ein als neue Kosten und tragen dazu bei, einen schädlichen Geist zu verbreiten, das »französische Übel«, jenen administrativen Krebs, der 1970 zur Schließung der Oper geführt hatte.

Die Entführung aus dem Serail: Stuart Burrows als Belmonte, Christiane Eda-Pierre als Konstanze und Norma Burrowes als Blondchen

25. Juni 1976
Palais Garnier

OTELLO
Dramma lirico in quattro atti

Text von Arrigo Boito
Musik von Giuseppe Verdi

Musikalische Leitung: Georg Solti
Inszenierung: Terry Hands
Bühnenbilder: Josef Svoboda
Kostüme: Abd'elkader Farrah

GEORG SOLTI: Die Uraufführung des »Otello« am 5. Februar 1887 in der Mailänder Scala ist ein historisches Datum in der Entwicklung der Oper.

Verdi war über siebzig Jahre alt, als er dieses Werk zu komponieren begann. Er hatte schon seit mehreren Jahren nichts mehr geschrieben. Man war erstaunt, in »Otello« soviel Frische, Erfindungskunst und soviel dramatische Ausdruckskraft zu finden. Darüber hinaus entdeckte man einen neuen Stil: nicht Verdi, nicht Wagner, sondern eine Synthese zusammenwirkender Kräfte, welche die Oper einen großen Schritt vorwärts bringen sollte. Mit »Falstaff« und mit den vier »Pezzi sacri« schaffte es Verdi, noch weiter zu gehen.

Was charakterisiert diesen neuen Stil? Ich denke zunächst an die Orchesterfaktur und ihre Farbigkeit. Zum erstenmal hat Verdi eine Partitur geschrieben, in der das Orchester in seiner Unabhängigkeit und in seiner Virtuosität eine ebenso wichtige Rolle spielt wie die Solisten und der Chor. Daran erkennt man Wagners Einfluß, aber sein Einfluß ist diffus geblieben: keine Spur von Leitmotiven, abgesehen vielleicht vom Kuß-Thema, das man dreimal in derselben Tonart hört, am Anfang des Werkes, am Anfang des vierten Aktes und bei Otellos Tod. Verdi hat das Stereotype des Leitmotivs vermieden. Er hat eine Sprache gefunden, die deutsche Orchestrierung mit italienischer Musik vereinigt. Im Vorbeigehen hat er Berlioz gegrüßt, wie später im »Falstaff«. Mit »Otello« taucht bei Verdi plötzlich eine neue Welt auf: die Welt des Orchesters.

Hinzu kommen wichtige Neuerungen bei der Verwendung und Behandlung des Chores. Ein Beispiel ist der Chor zu Beginn des ersten Aktes, dessen Faktur einen Vorstoß ins 20. Jahrhundert bedeutet. Das Tonbild des Mittelmeersturmes, mit dem das Werk in medias res beginnt, ist eine völlig neue Konzeption bei Verdi, sowohl vom klanglichen als auch vom rein kompositorischen Standpunkt aus. Ich kenne kein anderes Beispiel, das eine derartige Virtuosität der Schilderung eines Naturphänomens aufweist. Das sind schon impressionistische Farben. Und die Komposition folgt, wie bereits im »Requiem«, einem strengen Kontrapunkt zwischen Orchester und Chor. In ihrer Vollendung finden wir dann diese Form in der großen Fuge des »Falstaff«. Das Finale des dritten Aktes mit seiner Gegenüberstellung von Solisten und Chor, in einem äußerst feinen Kontrapunkt, hat dieselben Qualitäten. Solche Begriffe sind entscheidend für die musikalische Sprache Verdis.

Vom Finale des dritten Aktes hat man oft gesagt, es sei zu lang. Ich habe nichts gekürzt, ich spiele jeden Takt, den Verdi komponiert hat; ich finde, daß die Architektur des Ganzen dabei gewinnt und besonders die des dritten Aktes, dessen Dimensionen an das »Requiem« erinnern.

Was die Form betrifft: Jeder Akt des »Otello« bildet einen großen Bogen. Der erste Akt beginnt fortissimo und endet pianissimo, der zweite geht von mezzoforte zum fortissimo, der dritte vom pianissimo zum gewaltigen fortissimo, und der letzte ist ein einziges zartes piano. Das Ganze bildet sehr klare architektonische Bögen, und ich wünschte, daß das Publikum sie nicht mit Applaus zerstörte, daß es diese unglaubliche Schönheit, die an Michelangelo erinnert, nicht entstellte, daß es sich nicht sofort nach dem Fallen des Vorhangs bemerkbar machte; die allerletzten Takte sind die schönsten.

Auch rein melodisch bedeutet der »Otello« einen Bruch in der Faktur Verdis. Es gibt keine Arien, es gibt nur gesungene Rezitative, wie das berühmte Credo, Jagos Philosophie (die Bezeichnung »Credo« stammt nicht von Verdi). Es ist aufgebaut wie ein Rezitativ. Und selbst wenn ein Arioso auftaucht, dann ist es nicht immer die große Arie des früheren Verdi. Die noch vorhandenen Duette sind gleichfalls als Bögen gestaltet. Ich weise immer wieder auf diese Elemente hin, denn ich möchte, daß man begreift, wie gewaltig diese Bögen sind. »Otello« verzichtet auf alle stereotypen Formen wie Arien, Duette, Terzette. Es gibt sie noch, aber nicht mehr als »Nummern«, als in sich geschlossene Einheiten. Sie gehen ineinander über und verlieren den konzertanten Charakter.

»Otello« ist ein außergewöhnliches Phänomen. Verdi hat etwas erfunden, was es bei Wagner nicht gibt. Wagner lehnte die polyphone Faktur der Stimmen energisch ab, er wollte nicht, daß mehrere Personen sich gleichzeitig ausdrücken. Es gibt einige wenige Stellen in der »Götterdämmerung« und im »Parsifal«, aber seit den »Meistersingern« hat er auf Ensembles verzichtet. Verdi dagegen behielt sie bei. Diese Begegnung des deutschen mit dem italienischen Stil eröffnete einen neuen Weg. Nicht zufällig hat das Finale des ersten Aktes von »Otello« Debussys »Pelléas und Mélisande« inspiriert.

G. S.

Otello: Szenenbild, 1. Akt

DIE MUSIK UND SHAKESPEARE

Das Spielen von Musik bei Shakespeare-Aufführungen beruht fast durchweg auf einem beinahe zweihundert Jahre alten Mißverständnis: Sie diente lediglich dazu, die Aufmerksamkeit des Publikums vom Bühnenbildwechsel abzulenken, mit anderen Worten, kurze Pausen zu überbrücken.

Ich habe meine eigene Komponistenkarriere 1939 in Zürich mit dem Auftrag begonnen, eine Bühnenmusik für »Wie es euch gefällt« zu schreiben. Fünfundzwanzig Jahre später habe ich sie mit der Musik zum »Sommernachtstraum« für das Hamburger Schauspielhaus beendet.

In diesem Vierteljahrhundert sind so manche Shakespeare-Stücke durch meine Hände gegangen. Das Prinzip war immer dasselbe: den Lärm der Bühnenarbeiter beim Umbau zu übertönen und den Zuschauern das Warten zu verkürzen, wenn die Rosalindes, Violas oder Titanias die Kostüme wechselten.

Zur Zeit Shakespeares aber hatte die Musik eine ganz andere Funktion: Sie war Bestandteil der Dramaturgie und diente keineswegs der Zerstreuung und der Ablenkung.

John B. Cutts weist in seinem Buch »Die Bühnenmusik der Shakespeare-Truppe« die Existenz einer ständigen Kapelle unter dem Namen »The King's Men« nach. Sie bestand aus einundzwanzig festangestellten Musikern. Ihre Instrumente waren: Trompeten, Kornette, Hörner, Violen, Blockflöten, Oboen, Posaunen und Lauten. Die Namen dieser Künstler sind bekannt, denn ihre Gehaltszettel befinden sich noch in den Archiven des Shakespeare-Instituts in Stratford-upon-Avon. Diese Männer waren für die Aufführungen so wichtig, daß der König eine Verfügung erlassen hatte, die ich hier wiedergeben möchte, weil sie zeigt, daß Musiker für den Ablauf der Handlung ebenso unerläßlich waren wie die königlichen Schauspieler und daß sie die gleichen Privilegien genossen. Da heißt es: »They are all employed by the King's Majesty's service during the time of the revels. In which time they are, nor any of them are to be arrested or detained under arrest, imprisoned, pressed for soldiers or any other molestation, whereby they may be hindered from doing His Majesty's service.«

Wie sah das nun aus? Entsprechend der dramaturgischen Funktion der Musik spielten die Künstler sowohl vor der Bühne, hinter, über und unter der Bühne als auch in den Kulissen. Sie waren praktisch überall. Außer den reinen Instrumentalstücken gab es Duette und Chöre. Die Schauspieler wurden während der ganzen Vorstellung von der Musik getragen. Diese wurde als Attribut der Handlung benutzt, etwa so wie heute Filmmusik dramaturgisch eingesetzt wird, um Gefühle oder Vorgänge einer Szene zu unterstreichen.

Die Musik war jedoch keineswegs auf Begleitung oder kurze Einlagen beschränkt, sie spielte im Gegenteil eine wesentliche Rolle im Ablauf einer Szene, mit Serenaden, Maskenspielen und mit gesungenen und getanzten Einlagen. Dazu wurden zahlreiche Instrumente vielfältig benutzt.

Die Originalmusik, die jetzt wiederentdeckt und veröffentlicht worden ist, war häufig anonymen Ursprungs. Möglicherweise ist sie von Mitgliedern der königlichen Familie komponiert worden, die sich ein Vergnügen daraus machten, Arien und Musikstücke beizusteuern, sie selbst zu interpretieren oder von ihren Musikern spielen zu lassen. Es ist anzunehmen, daß die Mitglieder des Hofes meist selbst die Musik der Masken spielten, während die Musik, die keine Masken verlangte, von den Musikern oder den Schauspielern auf der Bühne gespielt wurde; alle Schauspieler konnten singen und waren somit durchaus in der Lage, einen musikalischen Part zu übernehmen.

Wenn es heute möglich ist, einige musikalische Einlagen zu rekonstruieren, durch welche die bedeutende Rolle der Musik im Rahmen der Aufführungen bewiesen wird, so verdanken wir das zum Teil den Anmerkungen in erhalten gebliebenen Manuskripten, die vermutlich dem Souffleur gehört hatten.

Shakespeare und die Musiker

Otello: Margaret Price als Desdemona

Es war Voltaire, der Shakespeare dem Kontinent bekanntgemacht hat, wenn auch eingestandenermaßen mit gerümpfter Nase – schrieb er doch 1734: »Sein Genie war kraftvoll und fruchtbar, natürlich und sublim, ohne den geringsten Funken guten Geschmacks und ohne jegliche Kenntnis der Regeln.«

Rousseau begeisterte sich für Shakespeares »Othello« und komponierte eine erste Romanze von der Trauerweide. Merkwürdigerweise veröffentlichte auch Schubert einen »Othello«, aber nicht mit seinen eigenen Melodien, sondern mit denen von Johann Rudolf Zumsteeg, jenem Zumsteeg, der die Balladen des Ritters von Toggenburg komponierte und aus dessen Feder drei Shakespeare-Opern stammten: »Die Geisterinsel« (The Tempest), »Hamlet« und »Macbeth«.

Aber die Karriere des Textbuchlieferanten namens Shakespeare auf dem europäischen Kontinent und überall in der Welt ist eng liiert mit den Übersetzungen der Romantiker, durch die bei den Musikern das Interesse für eine völlig neue Form geweckt wurde. Das Theater des 17. und frühen 18. Jahrhunderts hatte sich noch auf strikte Regeln gestützt und stilisierte und symbolische Figuren auf die Bühne gestellt, die in die Enge der Alexandriner und die starre Einheit des Ortes, der Handlung und der Zeit eingesperrt blieben. Nun entdeckten die Komponisten mit Entzücken, worüber Voltaire sich empört hatte: »Keinerlei Regelmäßigkeit, keine Wohlerzogenheit, keine Kunst, Niedrigkeit und Größe, Groteske und Schreckliches.« Und sie begriffen, welchen phantastischen Schatz Shakespeare und das elisabethanische Theater ihnen hinterlassen hatten.

Schon im 17. Jahrhundert hatte sich jedoch ein hervorragender Musiker mit Shakespeare beschäftigt: Henry Purcell. Er hatte den »Sommernachtstraum« und den »Sturm« vertont. Doch abgesehen von ihm hat uns dieses Jahrhundert wenig hinterlassen. Ein amüsanter Sonderfall ist »Timon von Athen«. Das Stück wurde ein einziges Mal vertont, 1696 von Kaiser Leopold I. von Österreich, und in Wien unter dem Titel »Timon Misanthropo« uraufgeführt.

Im 18. Jahrhundert hat Mozart – man mag es bedauern – Shakespeare nicht beachtet. Wir wissen zwar dank seines »Büchels«, daß er einige Stücke gesehen hat und von ihnen beeindruckt war, aber wahrscheinlich nicht genug, um zu spüren, was eine solche Verbindung hätte ergeben können.

Shakespeares wirkliche Karriere als Librettist beginnt etwa um 1780 und ist heute noch lange nicht zu Ende; denn erst vor kurzem hat Aribert Reimann einen neuen »König Lear« komponiert, der in München uraufgeführt wurde. Es ist unmöglich, all das aufzuzählen, was nach Shakespeares Vorlagen vertont worden ist. Allein rund zweihundert Opern sind nach seinen Stücken geschrieben worden, ganz zu schweigen von ungezählten Sonetten, Elegien, Madrigalen, Romanzen, Liedern und symphonischen Dichtungen.

»Richard III.« wurde dreimal, »Die Komödie der Irrungen« viermal, »Der Widerspenstigen Zähmung« siebenmal vertont. Aber all das ist in den großen Abfallkorb der Kulturgeschichte gefallen und vergessen.

Dagegen inspirierten »Romeo und Julia« sechsundzwanzig Komponisten, und von deren Werken ist einiges geblieben: Bellinis »I Capuletti e i Montecchi«, Gounods »Roméo et Juliette« und aus dem 20. Jahrhundert drei Opern von Musikern internationalen Ranges: von Heinrich Sutermeister, Boris Blacher, Gian Franco Malipiero. Vergessen ist auch nicht Sergej Prokofjews berühmtes Ballett, von Leonard Bernsteins »West Side Story« ganz zu schweigen.

Der »Sommernachtstraum« wurde insgesamt zehnmal vertont, zweimal mit großem, jeweils englischem Erfolg: zunächst von Purcell und drei Jahrhunderte später von Benjamin Britten. Die wundervolle Aufführung der Oper Brittens in der Inszenierung Günther Rennerts in der Hamburgischen Staatsoper 1961 bleibt eine schöne Erinnerung. Und schließlich sollte man die herrliche Partitur Mendelssohns nicht übergehen, wenngleich sie in keine der vorgezeichneten Formen paßt.

Sieben Komponisten wagten sich an den »Kaufmann von Venedig«, darunter Reynaldo Hahn in Frankreich und Castelnuovo-Tedesco in Italien. »Viel Lärm um nichts« wurde sechsmal in Musik gesetzt. Eine Fassung stammt von Hector Berlioz und wurde unter dem Titel »Béatrice et Bénedict« in Baden-Baden uraufgeführt – »imité de Shakespeare«, wie Berlioz elegant im Untertitel vermerkt hat.

Zwölf Komponisten haben sich der Shakespeare-Dramen »Heinrich V.« und »Die lustigen Weiber von Windsor« bedient, um sich die Figur des Falstaff zu eigen zu machen, darunter Salieri und natürlich Verdi, aber auch Otto Nicolai, dessen »Lustige Weiber« in Deutschland häufiger gespielt werden als der großartige »Falstaff« Verdis.

»Julius Cäsar« diente Händel als Vorlage für ein Meisterwerk, das in einer Zeit uraufgeführt wurde – vermutlich 1811 –, die das allegorische Theater sehr pflegte.

Ein einziges musikalisches »Wie es euch gefällt« und ein Dutzend »Was ihr wollt« sind vor dem Vergessenwerden nicht zu retten. »Hamlet« war der Gegenstand von neun Partituren. Unter ihnen befindet sich ein selten gespieltes Stück: die dramatische Kantate »Der Tod der Ophelia« von Hector Berlioz. Im 18. Jahrhundert gab es einen

»Hamlet« von Scarlatti, im 19. Jahrhundert verarbeitete Ambroise Thomas dasselbe Sujet. In unserer Zeit wurde ein »Hamlet« von Humphrey Searle in Hamburg uraufgeführt. Ferner gibt es eine Oper »Troilus und Cressida«. »Macbeth« kennen wir siebenmal, darunter einmal von Verdi, »König Lear« ebenfalls siebenmal und sechsundzwanzigmal den »Sturm«, ebensooft vertont also wie »Romeo und Julia«. Unter den letzteren befindet sich ein schwaches Werk von Purcell und ein nicht vollkommen gelungenes von Frank Martin. Wie die Erfolge des »Sommernachtstraumes« von Purcell und Britten trennen drei Jahrhunderte auch zwei halbe Mißerfolge.

Nur ein Autor hat »Maß für Maß« vertont. Er hat sogar das Textbuch geschrieben. Das Werk ist 1836 in Magdeburg uraufgeführt worden: »Das Liebesverbot« oder »Die Novizin von Palermo«, Text und Musik von Richard Wagner. Ich kenne dieses Stück sehr gut, denn wir haben versucht, es in Hamburg aufzuführen, mit Hans Schmidt-Isserstedt und Günther Rennert, und wir haben lange an einer szenischen Wiedergabe gearbeitet. Tatsächlich hat Wagner nur etwa vier Fünftel des Werkes komponiert und dann sein Projekt fallenlassen. In dem Augenblick, in dem der Herzog Vizentio zurückkehrt und die Verbrechen seines Stellvertreters Angelo entdeckt, versiegt plötzlich die Inspiration, reißt der Faden ab, und wir stehen vor einem schwülstigen Schluß, unvorhergesehen und unrettbar. Es gibt noch einige Seiten mit unbedeutenden Fortissimo-Akkorden, die die Partitur beenden, aber nicht die Oper. Nach langen Diskussionen und nach einem Versuch, den Schluß neu zu komponieren, gaben wir das Vorhaben auf.

Interessant sind Wagners Überlegungen

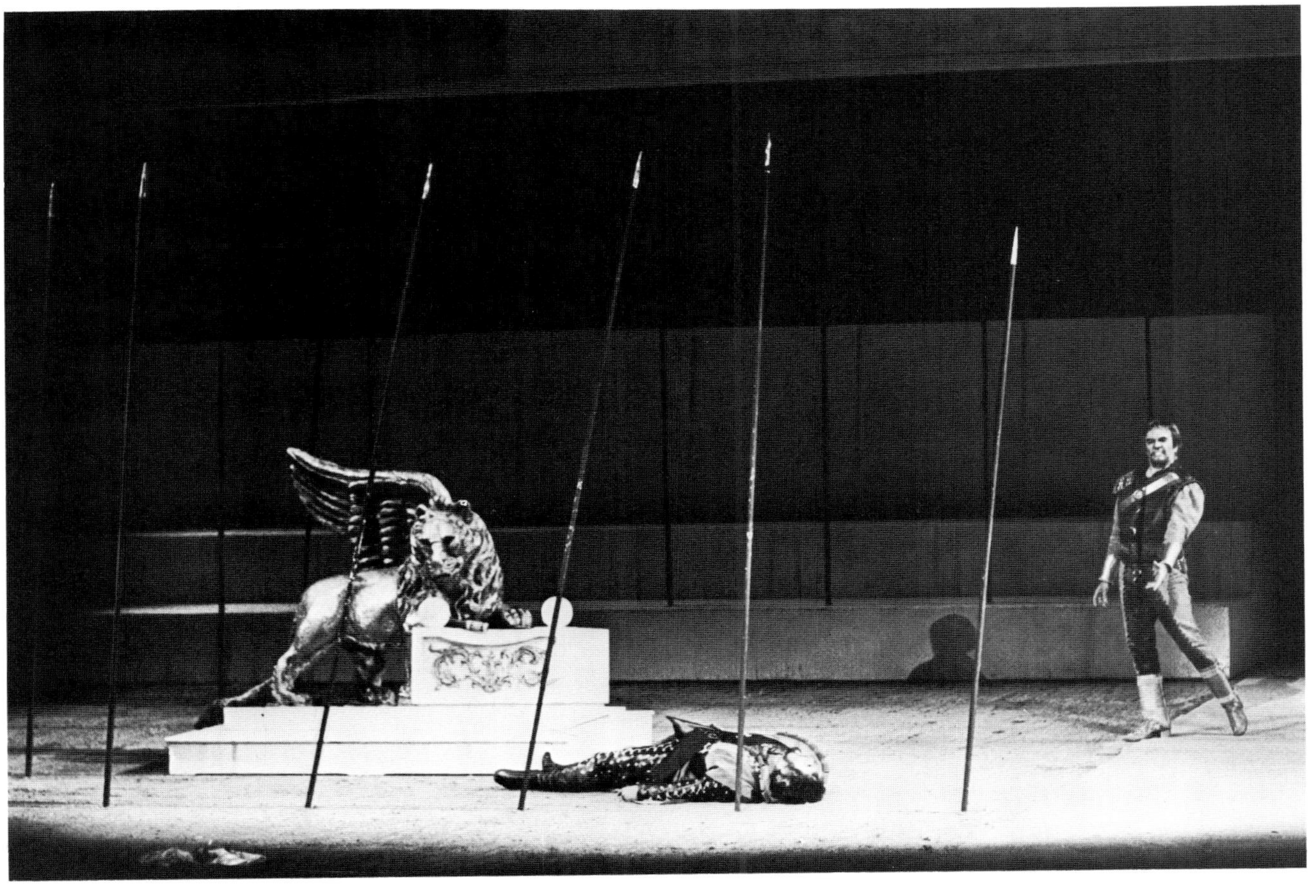

Otello: Placido Domingo als Otello und Gabriel Bacquier als Jago

zu Shakespeare im vierten Band der »Gesammelten Schriften und Dichtungen«. Für ihn war Shakespeare der erste, der den Roman auf das Drama übertragen hat. Der Roman liefert die physische und moralische Beschreibung von aufeinanderfolgenden Situationen, in denen sich Personen dem Handlungsablauf entsprechend bewegen. Das Genie Shakespeare besteht für Wagner darin, mit Erfolg Personen auf die Bühne gestellt zu haben, Könige und Volk, ohne ihre alltäglichen Lebensbedingungen zu übertünchen. Dabei geht es nicht um die Darstellung großer symbolischer und allegorischer Gefühle, sondern um Wesen aus Fleisch und Blut, die den Zuschauern eine konkrete Situation vorleben. Shakespeare hat aus der Gegenwart geschöpft und aus einer Geschichte, die seinem Publikum noch gegenwärtig war, um Dramen zu schaffen, die zur Sittensatire seiner Zeit wurden, sowohl für den Hof als auch für das Volk. Nach Ansicht Wagners hat es Shakespeare außer dem Geniestreich, den Roman zu dramatisieren, verstanden, das Drama dem Publikum verständlich zu machen.

Das Theater jener Zeit war ein »Volkstheater«, in dem Gaukler und Jongleure, Bauchredner und Seiltänzer mit Mimen wetteiferten. Die einen wie die anderen benutzten Klischees, die von den Leuten auch ohne Worte verstanden wurden. Die Theatertruppen bestanden in ihrer großen Mehrheit aus Fahrenden, die von der Polizei unter dem Vorwand, die Moral zu schützen, verfolgt wurden. Bis zu seinem fünfunddreißigsten Lebensjahr war auch Shakespeare wahrscheinlich das Los Molières beschieden: eine Wandertruppe ohne festes Haus, ohne Dach über dem Kopf. 1599 öffnete der »Globe« seine Pforten. In diesem historischen Augenblick legte Shakespeare, wie Wagner meint, die Grundlagen des modernen Theaters: Verschiedene Jahrmarktsnummern wurden von ihm in einem Stück zusammengefaßt, das eine Geschichte erzählte, die, ohne in die Falle des Hoftheaters zu geraten, ein populäres Empfinden bewahrte.

Wagner, der das Genie Shakespeares so gut erfaßt hatte, muß schon früh begriffen haben, wie sehr der Dichter seine musikalische Inspiration hemmte. Sein eigenes dichterisches Genie befahl ihm, nie wieder zu versuchen, das Werk des anderen zu adaptieren. Er hatte das Hindernis erkannt, das den meisten, die sich an Shakespeare versuchten, den Weg versperrte.

Woher kommt die geheimnisvolle Anziehungskraft, die das Werk Shakespeares auf so viele Musiker ausübt, woher diese Besessenheit, seine Texte zu vertonen?

Ich denke, es gibt nirgends soviel latente, unformulierte Musik wie in einem Vers von Shakespeare. Da liegt das Problem! Die Musiker fühlen sich berührt von der musikalischen Poesie Shakespeares, ein unwiderstehliches Verlangen drängt sie, ihre Gefühle durch den Gesang des Dichters auszudrükken. Daher der Pleonasmus! Die zusätzliche Musik vermindert die ursprüngliche dichterische Kraft. Sie ist überflüssig, beschwert nur, unfähig, eine neue künstlerische Dimension zu schaffen.

Ein Beispiel: »It was the nightingale, and not the lark – Es war die Nachtigall und nicht die Lerche« ist im Munde Julias soviel Zärtlichkeit, soviel Liebessehnsucht, daß nur ein musikalisches Genie noch etwas zu dieser musikalischen Vollkommenheit des Verses hinzuerfinden kann. Diese Verse klingen bereits ohne Musik, und daher ist Shakespeare für Musiker so gefährlich. Man darf sich nicht einbilden, sich von ihrem Rhythmus, ihrer Schönheit, ihrem lyrischen Gehalt tragen lassen, sich ihrer ungestraft bedienen zu können, um sicheren Halt zu finden. Die trügerische Hoffnung, von Shakespeares Poesie zu profitieren, hat das traurige Schicksal der fast zweihundert Opern, die wir kennen, besiegelt.

In Wahrheit bleiben, wenn nicht Nachsicht geübt werden soll, sechs Opern, die das Werk des Dichters bereichern: die »Sommernachtsträume« von Purcell und Britten, »Roméo et Juliette« von Gounod, »Béatrice et Bénedict« von Berlioz sowie Verdis Meisterwerke »Otello« und »Falstaff«.

Im Gegensatz zu den meisten seiner Kollegen hat Verdi begriffen, daß man Shakespeare nicht in Musik setzen kann, sondern daß sein Drama nur als Grundlage dienen darf. Sein Textdichter Arrigo Boito ist von einer Synopsis des »Otello« ausgegangen und hat ein neues Stück geschrieben, nach dem dann Verdi seine Oper komponierte. In gleicher Weise hat Boito um die Gestalt des Sir John aus »Heinrich V.« und den »Lustigen Weibern von Windsor« das Textbuch für »Falstaff« geschrieben. Verdis hochentwickelter kritischer Geist und sein durchdringender Instinkt haben ihn vor dem Irrtum bewahrt, den Originaltext zu vertonen. Dadurch ist eine dritte künstlerische Dimension entstanden: die Summe zweier Genies, Shakespeares und Verdis. Um sich davon zu überzeugen, genügt es, an das Liebesduett Otello-Desdemona zu denken, mit dem Verdi seinen ersten Akt beschließt. Bei Shakespeare gibt es diese Szene nicht, aber für Verdis lyrisches Empfinden war sie notwendig. Das Duett wird gesungen nach der Ankunft Otellos auf Zypern und nach dem Zweikampf Cassio-Montano. Der erste Akt des Shakespearischen Dramas ist ganz gestrichen. »Venga la morte! E mi colga nell'estasi di quest'amplesso il momento supremo – Nun komme der Tod und lasse uns in diesem Kuß die letzte Seligkeit genießen« heißt es bei Boito. Im Munde Otellos ist es die Vorahnung des Schicksals, das ihn und Desdemona vernichten wird.

Die Zeitgenossen haben Verdi dieses Duett vorgeworfen, denn sie haben nicht verstanden, warum er Boito Szenen einfügen ließ, die es bei Shakespeare nicht gibt. Arrigo Boito wurde ungemein unterschätzt. Er war selbst Komponist, unter anderem einer so

Otello: Gabriel Bacquier als Jago und Placido Domingo als Otello

bedeutenden Oper wie »Mefistofele« nach Goethe. Er hat in Italien die dramaturgisch-musikalischen Ideen Wagners verbreitet und den »Tristan« ins Italienische übersetzt. Es war auch Boito, der den siebzigjährigen Verdi zu überreden vermochte, nach zehnjährigem Schweigen wieder zu komponieren, indem er ihm das Textbuch des »Otello« vorschlug, sechs Jahre später übrigens den »Falstaff«. Gegen Ende von Verdis Leben spielte er für diesen die gleiche entscheidende Rolle wie da Ponte für Mozart und Hugo von Hofmannsthal für Richard Strauss in der so wichtigen ersten Hälfte seiner Karriere. Fasziniert vom Komponisten, hat Boito sein eigenes Werk vernachlässigt, um sein Talent

Otello: Placido Domingo als Otello

Otello: Jon Vickers als Otello und Margaret Price als Desdemona

ganz in den Dienst des Genies zu stellen. Ich weiß aus eigener Erfahrung, wie schwer es für einen Komponisten ist, erstrangige Textdichter zu finden; denn große Schriftsteller haben gar keine Lust, ihre Tantiemen mit einem Komponisten zu teilen. Alle meine Bemühungen, meinen Freunden Frisch und Dürrenmatt auch nur eine Zeile abzuringen, sind erfolglos geblieben.

Vornehmlich die französischen Kritiker waren gegen Verdi aufgebracht, so wie sie auch gegen Wagner aufgebracht waren. Sie hatten nicht begriffen, daß Verdi nur indem er aus den Zwängen ausbrach, die Shakespeares Originaltext ihm auferlegt hätte, Schöpferisches leisten konnte, genauso wie Shakespeares Genialität einst die literarischen Regeln durchbrochen hatte. Im Grunde definieren solche Akte unbewußter, aber absolut zwingender Befreiung von Konventionen jede wirklich originale, schöpferische Tätigkeit.

Otello: Jon Vickers als Otello und Margaret Price als Desdemona

5. September – 4. Oktober 1976

TOURNEE DER OPER IN DEN VEREINIGTEN STAATEN

Für die Tournee in den Vereinigten Staaten, die Frankreich den Amerikanern anläßlich ihrer Zweihundertjahrfeier offerierte, hatten wir unter anderem unsere letzte Pariser Neueinstudierung, den »Otello«, vorgesehen.

Für die Aufführung waren wir in Paris derart mit Kartenwünschen überfordert, daß ich nach technischen Möglichkeiten suchte, um das Platzangebot zu verdoppeln. Ich bat Jean Castex, den Präsidenten des Centre International de Paris, mir bei der Realisierung der ersten Live-Übertragung durch das Eidophor-Verfahren in den großen Saal des Kongreßgebäudes an der Porte de Maillot behilflich zu sein. Es wurde ein Ereignis! Die Eintrittspreise waren niedrig, und die Zuschauer hörten vor einem hundert Quadratmeter großen Bildschirm eine direkte Stereo-Übertragung; sie sahen die Aufführung wie von den ersten Reihen der Großen Oper aus.

Das Unvorhersehbare geschah, als Solti, Domingo, Margaret Price und Bacquier vor den Vorhang traten, um sich zu verneigen: Mit derselben Erregung und der gleichen Begeisterung wie im Theater brachte das Publikum des Kongreß-Gebäudes den Künstlern eine Ovation dar.

Der Erfolg dieser Aufführung blieb uns in New York und in Washington treu. Einzige Katastrophe: Am Morgen vor der letzten »Otello«-Vorstellung wurde Solti krank und sagte ab. Wo jetzt für den Abend eine Vertretung finden? Natürlich gibt es viele Dirigenten, die den »Otello« im Repertoire haben, doch das Publikum erwartete einen großen Star. Zunächst hielten wir Soltis Abwesenheit geheim. Martin Feinstein, der damalige Direktor des Kennedy Center, rief in Cleveland an und fragte seinen Freund Lorin Maazel: Was machst du heute abend?

Nichts Besonderes. (Ganz arglos)

Du weißt also noch nicht, daß du heute abend mit den Parisern den »Otello« dirigierst? (Ganz großes Schweigen)

Wer hat geprobt und dirigiert?

Nur Solti, ich schwöre es dir.

Wenn ich sicher sein kann, daß nur Solti und sonst niemand das Orchester angerührt hat, nehme ich unter einer Bedingung an:

Otello: Aufführung während der Tournee in den Vereinigten Staaten

Man darf nichts von dem Wechsel erfahren, bevor der Vorhang aufgeht. Weder das Orchester noch die Sänger, die vor allem nicht!

In einer derartigen Situation braucht ein Dirigent entweder drei Tage Proben, oder er verzichtet gänzlich darauf, vorausgesetzt, er hat Vertrauen in den Apparat.

Während Martin Feinstein vor dem Vorhang mit dem Mikrophon in der Hand das enttäuschte Publikum beruhigte, indem er die Katastrophe in allen Einzelheiten erzählte, brachte die Polizei Maazel, bereits im Frack, mit Blaulicht vom Flughafen zum Theater, wo er gerade rechtzeitig eintraf, um den Applaus des Publikums, das ihn nach der langen Spannung begeistert willkommen hieß, entgegenzunehmen. Man muß sich die Verblüffung vorstellen, die auf den Gesichtern der Chorsänger stand, als sie zu Beginn des ersten Aktes, beim »Una vela, una vela«, ein unbekanntes Gesicht vor sich sahen. Damals hatte Maazel noch nie an der Pariser Oper dirigiert.

War es die übergroße Spannung aller Beteiligten, die Aufregung, die das Improvisieren mit sich brachte, war es Maazel, der sich schon nach wenigen Minuten so sicher fühlte, daß er den Sängern die Zügel locker ließ? Jedenfalls war das Publikum, im Bewußtsein, etwas Außergewöhnliches zu erleben, ganz hingerissen von dieser Aufführung.

Am Schluß der Vorstellung wurde ein leicht verwirrter Maazel von zwei gerührten Direktoren umarmt und abgeküßt; sie hatten dem Whisky schon reichlich zugesprochen und waren hoch erfreut ob der wunderbaren Wendung, die der Abend genommen hatte.

3. Dezember 1976
Opéra-Comique

LE COMTE ORY
Opéra en deux actes

Text von E. Scribe und Delestre-Poirson
Musik von Gioacchino Rossini

Musikalische Leitung: Michel Plasson
Inszenierung: Robert Dhéry
Bühnenbilder und Kostüme: Bernard Daydé

Der Graf Ory: Michel Sénéchal als Graf Ory

6. Dezember 1976
Palais Garnier

DAS RHEINGOLD
Handlung in einem Aufzug und vier Bildern

Text und Musik von Richard Wagner

Musikalische Leitung: Georg Solti
Inszenierung: Peter Stein
Bühnenbilder: Karl-Ernst Herrmann
Kostüme: Moidele Bickel

Man kann ein Theater auf zweierlei Art zugrunde richten: durch kleine verwaltungstechnische Sticheleien, die gefährlich sind, weil sie wie schädliche Termiten die Atmosphäre der Solidarität und der Zusammenarbeit unterhöhlen, die unerläßlichen Voraussetzungen für den Erfolg und den guten Ablauf eines Unternehmens mit künstlerisch-schöpferischer Tätigkeit; und durch ein direktes Eingreifen der Staatsgewalt, die mit blinder Brutalität, einem Panzerwagen gleich, die Konzeption, den Zusammenhang und die Logik eines kreativen Produktionsplanes zerstört und den Verantwortlichen zum Verrat an dieser Konzeption zwingt.

Im Haushaltsjahr 1976/77 war es möglich, Wagners »Ring« neu herauszubringen. Ende 1976 »Rheingold« und »Walküre« und Ende 1977 »Siegfried« und »Götterdämmerung«. Gänzlich unerwartet kürzte jedoch der Premierminister zweimal, im Laufe des Sommers 1977 und im Dezember desselben Jahres, den Haushalt der Oper um mehr als fünf Millionen. Unmittelbare Folge: Der »Ring« mußte »amputiert« werden. Das Gesamtwerk ist drei Jahre im voraus geplant gewesen – eine unumgängliche Notwendigkeit in der Welt der großen Wagner-Sänger. »Siegfried« und »Götterdämmerung« wurden also gestrichen. Der Terminkalender der Sänger machte die Neueinstudierung erst für 1981 möglich.

Im Rahmen der auferlegten Sparmaßnahmen benutzte ich die für die beiden gestrichenen Produktionen bereits unterschriebenen Verträge für zusätzliche Vorstellungen von »Rheingold«, »Walküre« und »Elektra«.

Dieser »Gnadenstoß« wurde nicht allein für das Jahr 1977 gegeben, er blockierte vielmehr die Höhe der Subventionen bis zum Ende meines Mandats. Da man den Preisanstieg nicht unter Kontrolle hat und selbstverständlich nicht an die Löhne rührt, mußte notgedrungen die künstlerisch-schöpferische Tätigkeit reduziert werden. So wurden die »Trojaner«, für die Collin Davis bereits einen Vertrag unterschrieben hatte, und »Tristan und Isolde«, von Solti dirigiert, geopfert, so daß sie sich im Pariser Opern-Orkus dem halben »Ring« zugesellten.

Auf Bitten von Pierre Boulez hatte sich Wolfgang Wagner an Peter Stein gewandt,

Das Rheingold: Peter Stein während einer Probe

Das Rheingold: Helga Dernesch als Freia, Christa Ludwig als Fricka und Theo Adam als Wotan vor der Hand Fafners

Das Rheingold: Der Kopf Fasolts

Das Rheingold: Donald Shanks als Fafner, Helga Dernesch als Freia, Kurt Moll als Fasolt und Theo Adam als Wotan

damit der den »Ring« zur Jahrhundertfeier von Bayreuth inszeniere. Stein arbeitete einige Monate an dem Projekt, ertrug dann aber die Bayreuther Atmosphäre nicht und ging. Boulez schlug daraufhin sofort Chéreau vor, der noch ganz vom Glanz seines Erfolges mit »Hoffmanns Erzählungen« an der Pariser Oper umgeben war. Und ich, wissend, daß Stein schon ein großes Stück Arbeit für den »Ring« geleistet hatte, eilte nach Berlin, um ihn davon zu überzeugen, daß dieser in Paris nicht denselben psychologischen und politischen Beigeschmack habe. Stein war einverstanden, den »Ring« in Zusammenarbeit mit seinem Freund Grüber zu inszenieren, im Team, wie sie es in Berlin gewohnt sind, wo abwechselnd einer des anderen Dramaturg ist.

Das Rheingold: Heribert Steinbach als Froh, Theo Adam als Wotan, Helga Dernesch als Freia und Christa Ludwig als Fricka

Das Rheingold: Theo Adam als Wotan, Christa Ludwig als Fricka, Heribert Steinbach als Froh, Helga Dernesch als Freia, Marc Vento als Donner und Robert Tear als Loge

Das Rheingold: Jane Berbié als Wellgunde, Christiane Eda-Pierre als Woglinde und Anna Ringart als Floßhilde

Das Rheingold: Franz Mazura als der gefangene Alberich

18. Dezember 1976
Palais Garnier

DIE WALKÜRE
Handlung in drei Aufzügen

Text und Musik von Richard Wagner

Musikalische Leitung: Georg Solti
Inszenierung: Klaus Michael Grüber
Bühnenbilder: Eduardo Arroyo
Kostüme: Moidele Bickel

Die Walküre: Peter Hofmann als Siegmund

Die Walküre: Theo Adam als Wotan

Die Walküre: Christa Ludwig als Fricka

Die Walküre: Peter Hofmann als Siegmund

Die Walküre: Gwyneth Jones als Brünnhilde

18. März 1977
Palais Garnier

PELLEAS ET MELISANDE
Drame lyrique
en cinq actes et douze tableaux

Text von Maurice Maeterlinck
Musik von Claude Debussy

Musikalische Leitung: Lorin Maazel
Inszenierung: Jorge Lavelli
Bühnenbilder und Kostüme: Max Bignens

Da der französische Gesetzgeber die finanziellen und moralischen Rechte der Erben bis in die vierte oder fünfte Generation nach dem Tod eines Künstlers schützt, muß sich ein Theaterdirektor mit persönlichen Erinnerungen, Ansprüchen und Forderungen von Personen auseinandersetzen, die von Kunst und künstlerischem Schaffen zumeist nichts verstehen. Ohne Zustimmung der Erben kann er kein Werk aufführen, solange dieses nicht nach Erlöschen des Urheberrechts – siebzig Jahre nach dem Tode – Allgemeingut geworden ist.

Im Frühjahr 1976 gab ich meine Absicht bekannt, Jorge Lavelli die Inszenierung des »Pelléas« zu übertragen. Sofort erhielt ich einen besorgten Brief von Madame de Tinan, einer Tochter der zweiten Frau Debussys. Angesichts der Auffassung, die Lavelli bei »Faust« bekundet habe – hieß es darin –, könne natürlich keine Rede davon sein, auch nur im geringsten von der Atmosphäre des »Pelléas« abzuweichen; das Klima müsse gewahrt werden, das Maeterlinck geschaffen und auf das Debussy jede Note seines Meisterwerks so genial abgestimmt habe.

Auffassung – Atmosphäre – Klima – Stimmung: die Subjektivität hielt Einzug in die Arena, ein langer Kampf begann.

Postwendend antwortete ich – noch sehr höflich – mit einer ersten Richtigstellung des Sachverhalts. »Ja«, schrieb ich, »Lavelli hielt für ›Faust‹ eine Atmosphäre des 19. Jahrhunderts für richtig und nicht die eines falschen germanischen Mittelalters, an das man sich so gewöhnt und das überhaupt nichts mit Gounods Musik gemein hat!«

Dann schlug ich vor, sich mit Lavelli über die Angelegenheit bei Tisch zu unterhalten, betonte aber, »daß ich es keinesfalls dulden werde, diesen Künstler wie einen Abiturienten behandeln zu lassen«. Außerdem fügte ich hinzu, daß auch ich das moralische Recht beanspruchte, Debussy und Maeterlinck vor Unfug zu bewahren.

Auf meinen Vorschlag eines gemeinsamen Essens ging Madame de Tinan nicht ein, suchte mich statt dessen aber in meinem Büro auf. Ich fand mich einer zarten alten Dame gegenüber, die gleich ihren Anwalt mitgebracht hatte. Im Anschluß an diesen Besuch erhielt ich einen Brief der Société des

Auteurs, der uns im Ton verletzender Arroganz jegliche Aufführung unter der Leitung Lavellis untersagte.

Noch nicht entmutigt, schlug ich Madame de Tinan einen Besuch des Théâtre des Champs-Elysées vor, damit sie sich bei einer Aufführung von Mozarts »Idomeneo« eine Meinung über das Genie Lavellis bilde. Im Juni fand sie diese Inszenierung interessant, »ganz besonders das Schiff und den Angriff des Ungeheuers, doch was für ein Thema der Mythologie möglich ist, geht keinesfalls bei einem so zutiefst menschlichen Stück wie ›Pelléas‹, für das auch eine so spärlich dekorierte Bühne und die grelle Beleuchtung ungeeignet sind, und« – setzte sie hinzu – »Sie fühlen das sicher ebenso wie ich: Eine Mélisande ohne Haare, wie Sie sich das vorstellen, kann ich einfach nicht akzeptieren!«

Anfang Juli bat ich Lavelli um die Entwürfe für die Bühnenbilder, um diese unserer lieben Madame de Tinan vorlegen zu können. Am 15. zeigte sie sich unsicher. Lavelli beteuerte zwar, daß Mélisande nicht haarlos sein werde, aber die Erbin wollte ganz genau wissen, ob sie das Haar haben werde, das für sie so unerläßlich – weil symbolisch – sei. Darüber hinaus war sie besorgt, sie könnte mit leeren Händen dastehen in dem Augenblick, da sie sagt: »Seht, ich habe die Hände voll Blumen...« Sie bat um ein Gentleman's Agreement, ein Mitspracherecht.

Ich stimmte dem zu und informierte Lavelli, der nun seinerseits zur Feder griff:

Pelléas und Mélisande: Richard Stilwell als Pelléas und Frederica von Stade als Mélisande

Aix-en-Provence, 29. Juli 1976

Verehrter Herr Liebermann,

ich bin ebenso bekümmert wie empört! Ich kann wirklich nicht akzeptieren, daß diese Dame bei den Proben anwesend ist, um nachzuprüfen, ob Mélisande Blumen in den Händen hat, und so »Gewagtheiten zu verhindern, die von Debussy wahrscheinlich nicht geduldet worden wären«. Armer Debussy! Man hat ihn im widerlichen Staub einer Pappmaché-Romantik begraben und ihn aller Leidenschaft, aller menschlichen Wärme, jeglichen Fortlebens in unserer Zeit beraubt. Man hat ihn auf Ansichtskartenniveau degradiert, seine Phantasie beschnitten, und zu allem möchte man ihn noch erster Klasse beerdigen – Gentleman's Agreement!
Wenn man einmal den stählernen Blick der Dame de T. gesehen hat, in dem sich auch nicht ein Funken von Sensibilität zeigt, wird man verstehen, daß dieses »Mitspracherecht«, dieses »Recht auf Einsichtnahme« mir wie ein Laserstrahl durchs Rückenmark geht.
Mein lieber Herr Liebermann, Sie wissen jetzt, wie ich denke, und ich überlasse die Entscheidung Ihnen. Ich bin ehrlich betrübt über Ihren Brief und wünsche Ihnen (und mir) mehr Glück in dieser Sache.
Ich verbleibe mit den besten Grüßen

Ihr Jorge Lavelli

Ein P.S. mit Galgenhumor: Ich sehe nur zwei Möglichkeiten (gewöhnlich sehe ich mehrere):

a) Sie engagieren Madame de T. für die Inszenierung;

b) Sie engagieren Madame de T. für die Rolle der Mélisande. Die Lösung wäre brutal, würde aber das Problem der Persönlichkeit ein für allemal klarstellen: Mélisande wäre eine Hexe, von Blaubart zum Teufel gejagt – und vom lieben Gott!

Pelléas und Mélisande:
Frederica von Stade als Mélisande

Ich schickte Madame de Tinan den Brief Lavellis nicht zu, gab ihr jedoch zu verstehen, daß seine Antwort »deutlich und unmißverständlich« sei, daß ich ihr sofort nach Fertigstellung die Entwürfe Bignens' für Bühnenbilder und Kostüme vorlegen würde, daß sie zu den Proben auf der Bühne mit dem Orchester (in der letzten Woche vor der Premiere) geladen werde und daß ich noch vor dem 1. September 1976 ihre ausdrückliche Zustimmung zu diesen Bedingungen erwarte, da ich mich sonst endgültig veranlaßt sähe, auf den »Pelléas« zu verzichten.

Doch nein! Jetzt wollte sie unter anderem die schriftliche Zusage, daß Mélisande ihre gewohnte Haartracht beibehalte und daß keine modernen Kostüme verwendet würden.

Von New York aus, wo die Pariser Oper mit dem »Faust« von Lavelli Triumphe feierte, antwortete ich ihr:

New York, 5. September 1976

Madame de Tinan
34, rue Scheffer
75016 Paris

Sehr geehrte Madame de Tinan,
es ist Ihnen jetzt endgültig gelungen, uns die ganze Freude an einer Neuinszenierung von »Pelléas et Mélisande« und unseren Enthusiasmus dafür zu nehmen. Ich flehe Sie heute an: Zwingen Sie uns nicht zu einer Inszenierung aus Pflichtgefühl statt aus Freude, und nehmen Sie uns nicht die geistige Freiheit und das Recht auf Phantasie.
Die Garantien, die Sie von uns verlangen, sind schwer zu präzisieren. Was zum Beispiel verstehen Sie unter »modern«, und wo beginnt man, die Figuren »der jetzigen Tendenz entsprechend« zu verfälschen?
Sie verlangen von Herrn Lavelli, daß er den allgemeinen Geist des Werkes berücksichtigt. Ich halte das für eine beleidigende Unterstellung, auf die ich nicht eingehen möchte.
Weiter sagen Sie, er »solle sein Talent und seine Erfahrung in den Dienst des Werkes stellen, statt es dazu zu benutzen, seine eigenen Vorstellungen auszudrücken«. Aber ich bitte Sie – das ist ja gerade seine Pflicht als Regisseur, das ist sogar sein Beruf. Wenn er dafür nicht alles tut, dann tut sich überhaupt nichts!
Wir können Ihnen versichern, Herr Lavelli und ich (und wir werden diesen Brief auch gemeinsam unterzeichnen), daß wir »Pelléas et Mélisande« von Debussy mit dem Text von Maeterlinck aufführen und weder ein Wort noch eine Note daran ändern werden.
Ab sofort versprechen wir Ihnen, daß Mélisande nicht glatzköpfig sein wird, daß sie nicht in Bluejeans auftritt noch mit irgendwelchen anderen Accessoires, die der Poesie dieser Gestalt in irgendeiner Weise Abbruch tun könnten.
In jedem Fall wird die Inszenierung aber der heutigen Zeit entsprechen und nicht eine Rekonstruktion der Vergangenheit sein.
Ich bin jetzt gezwungen, Sie inständig zu bitten, den Präsidenten der Société des Auteurs Dramatiques zu veranlassen, das Aufführungsverbot unverzüglich aufzuheben, und zwar noch vor dem 15. September, da ich sonst den »Pelléas« durch ein anderes Stück ersetzen muß.
Ich möchte doch hoffen, daß Sie uns schließlich das notwendige Vertrauen schenken und uns die künstlerische Freiheit gewähren, das Werk so aufzuführen, wie es verdient, aufgeführt zu werden.
Mit vorzüglicher Hochachtung!
Jorge Lavelli Rolf Liebermann

PS: Wir befinden uns zur Zeit in New York, möchten Sie aber bitten, alle Korrespondenz an die Oper in Paris zu richten.

Am 13. September fing Madame de Tinan erneut mit den alten Themen an: mit den Haaren, den modernen Kostümen und den Händen voll Blumen. Wieder folgten Briefe und Telegramme, aber schließlich – am 15. Oktober, nach sechs Monaten »Schwerarbeit« und einem ungeheuren Zeitverlust – erhielten wir die Genehmigung der Société des Auteurs et Compositeurs Dramatiques, mit dem ausdrücklichen Hinweis, daß wir verpflichtet seien, »die bekannte Haartracht der Mélisande beizubehalten und keine der heutigen Tendenz entsprechenden ›modernen‹ Kostüme zu verwenden«.

Pelléas und Mélisande: Frederica von Stade als Mélisande und Richard Stilwell als Pelléas

Pelléas und Mélisande: Gabriel Bacquier als Golo und ein Solist des Pariser Kinderchores als Yniold

Das war jedoch nicht das Ende des Briefwechsels mit Madame de Tinan. Nach den Haaren kam die Grotte, dann der Turm, dann die Zwischenmusik, dann das Kleid der Mélisande ... Zur Abwechslung war ich einmal ihrer Meinung und schickte eine Notiz an Lavelli mit Kopie an Bignens: »Ich finde, daß das violette Kostüm der Mélisande wirklich ein bißchen zu nüchtern ist für die Figur. Meiner Meinung nach verlangt der Text ›Noch nie hab' ich eine so schöne Frau gesehen ...‹ etwas Weiblicheres, sogar Marilyn Monroe würde in diesem Kleid wie ein Mann aussehen. Bitte überlegen Sie sich diese Sache noch einmal. Ich werde inzwischen die Kostümabteilung bitten, mit der Fertigung des Kostüms zu warten, bis wir miteinander gesprochen haben.«

Der Vorhang hob sich schließlich am 18. März 1977, nachdem zweiundvierzig Briefe gewechselt worden waren – von den zahlreichen Besprechungen ganz zu schweigen. Es war ein triumphaler Erfolg!

Darf ich mich hier an die Herren Abgeordneten und Senatoren wenden mit dem Vorschlag, das Urheberrecht einmal neu zu überdenken? In seiner heutigen Form erstickt das Gesetz jedes kreative Schaffen.

Ich bin durchaus damit einverstanden, daß den Erben Tantiemen gezahlt werden, obwohl ich diesen Schutz weit über das Grab hinaus ein wenig übertrieben finde. Das amerikanische Beispiel, das mir wirklichkeitsnaher zu sein scheint, hat natürlich auch seine Nachteile. In den USA wird ein Werk für die Dauer von fünfzig Jahren nach der ersten Anmeldung des Copyrights geschützt. Das kann zur Folge haben, daß dem Künstler ein Werk noch zu Lebzeiten entgleitet und Gemeingut wird. So war Strawinsky gezwungen, Jugendwerke wie den »Feuervogel« oder »Sacre du printemps« und »Petruschka« neu zu orchestrieren, um ein neues Copyright zu erwerben und weiterhin Anspruch auf Tantiemen erheben zu können.

Auf diese Weise verfeindeten sich zwei Jugendfreunde, die in der großen Epoche Diaghilews eng miteinander verbunden waren – Strawinsky und Ansermet –, im hohen Alter, da Ansermet stets die Originalfassungen dirigierte, weil er sie künstlerisch bevorzugte, was der Komponist, der seine Tantiemen verlor, dem Dirigenten nie verziehen hat.

Ganz unerträglich aber ist, von der finanziellen Seite einmal abgesehen, das moralische Recht, das ungemein gefährlich ist und auf das die Erben so großen Wert legen. Ich selbst erkenne nicht einmal einem lebenden Künstler das moralische Recht zu, Einfluß auf die künstlerische Wiedergabe seines Werkes zu beanspruchen, das ihm vom Augenblick seiner Veröffentlichung an entgleitet und der Allgemeinheit gehört.

Wir stehen hier vor einem europäischen Problem, das von den Gesetzgebern unter allen Umständen aufgegriffen werden sollte. Überall behindern Erben und Rechtsnachfolger die künstlerische Neuinterpretierung und ersticken das Werk, das sie zu verteidigen behaupten. Wie in Frankreich die Stieftochter Debussys ein lediglich auf falschen Pietätsvorstellungen begründetes Mitspracherecht in Anspruch nahm, verhinderte in Österreich die Witwe Alban Bergs die Vollendung seiner »Lulu« und untersagte man in Deutschland einem ebenso begabten wie umstrittenen Regisseur die Inszenierung der »Salome«, ganz so, als ob irgendjemand den kulturgeschichtlichen Rang dieses seit fast achtzig Jahren weltweit etablierten Meisterwerks schmälern könnte.

Hut ab vor den Wagner-Enkeln, die seit dreißig Jahren verstehen, das Werk des Großvaters wieder und wieder in Frage zu stellen, und die durch ihre mutige Politik nicht nur beweisen, daß das Genie Wagners alle Interpretationen überdauert, sondern auch Bayreuth vor der Gefahr der Sterilität bewahren und zum lebendigsten Festspiel Europas machen.

LORIN MAAZEL: Die Musik von »Pelléas und Mélisande« ist außergewöhnlich lebendig, ergreifend, einfach »echt«. Wenn Debussy so lange an dieser Partitur gearbeitet hat, fast zehn Jahre lang, so weil sich ein derartiges Werk nicht anders komponieren läßt. Diese Musik mußte sich langsam entwickeln. Sie ist »echt«, weil Debussy jede einzelne Figur begriffen hat, jede liebte und jeder gab, was er ihr ohne diese Sympathie nicht hätte geben können.

Pelléas ist ein zu junger Mann. Er spielt mit dem Geschehen, ohne Hintergedanken, verantwortungslos. Er sagt es auch.

Mélisande, Spiel des Lichtes im Wasser, vibrierend von Gefühlen und Impulsen. Ohne Zweifel begreift sie mehr als Pelléas, ohne Zweifel hätte sie auch den Lauf der Dinge aufhalten können. Welcher Dinge? Sie wollte sich amüsieren. Golo ist zu alt, zu solide, zu überlegt. Pelléas dagegen kam an wie ein Faun, auch er wollte spielen im Licht. »Was für Kinder...«

Debussy bedient sich einfacher Mittel, einer auserlesenen Sprache. Der Begriff musikalischer Raffinesse ist natürlich relativ. Debussys Mittel müssen mit denen seiner Zeit verglichen werden. Heute kennt man sehr gut die Charakteristika seiner musikalischen Sprache. In der Tat wäre es richtiger, von »Wahrheit« zu sprechen als von Raffinesse. Nur eine einzige Note zu ändern, hieße die Musik verletzen. Jede Gestalt hat ihren Platz, wie jedes Ding in der Natur, wie jede Note in dieser Musik.

Sie trifft den richtigen Ton, weil sich Debussy beim Schreiben Zeit ließ, ohne abzuschweifen, und dies mit gleichbleibender Intensität. Deshalb ist seine Musik »echt«, ungekünstelt, wie die Musik aller Genies.

Pelléas und Mélisande hätten nie eine Dauerlösung für ihr Leben finden können, weil sie Halbwesen sind. Golo ist solide, Golo hat klare Gedanken, er hat Prinzipien. Der Tod seiner ersten Gemahlin hat ihn verstört. Ihm bleibt sein kleiner Sohn. Er geht aus dem Haus, auf die Jagd, sucht Zerstreuung, Ruhe, und was findet er? Ein feenhaftes Wesen, Mélisande, von der man nicht weiß, woher sie kommt, unglaublich schön, jung, mitten im Wald. Es ist wie ein Märchen.

Das Werk braucht eine große Bühne. Die Figuren stehen verloren im Raum. Auf einer großen Bühne mit sehr spärlichem Dekor bewegen sich die Gestalten langsam, auf der Suche nach einer Oase, auf der Suche nach einem Wesen, das verstehen kann ... Die menschliche Wärme liegt in der Musik, in der Liebesszene, in der letzten Liebesszene und im Tod Pelléas'.

Die Ereignisse werden das Märchen zerstören! Golo, der zunächst nur Zerstreuung sucht, will plötzlich unbedingt verstehen. Er verlangt die Wahrheit! »Laß doch, du verstehst das menschliche Leben nicht«, sagt ihm Arkel.

Dieses Leben zerbricht an einer banalen Liebesgeschichte, an einer Leidenschaft, die von vornherein zum Scheitern verurteilt ist.

Zwischen Pelléas und Mélisande gibt es keine Liebesszene, es gibt nur Bruchstücke einer fragmentarischen Leidenschaft. Mélisande bleibt traurig, auch wenn sie behauptet, glücklich zu sein. Sie ist traurig über eine Liebe, die nicht bestehen kann, über eine Glückseligkeit, die sie von sich weist. Pelléas überlegt nicht; er ist glücklich, so fröhlich wie ein Vogel in der Luft. Debussy hat das genauso verstanden.

Mélisandes Musik ist bruchstückhaft, mit nervösen Rezitativen, aus kleinen Stücken zusammengesetzt. Sie ist um das Wort herumgeschrieben, sie schwebt, und wie Mélisande sagt sie dauernd etwas anderes aus. Gegenüberstellung von Noten und Text, Pausen zwischen den Notengruppen, sehr langsame oder sehr rasche Rede – die Musik geht weit über den Text hinaus.

Mélisande ist ein kleiner tropischer Fisch in schwarzen Gewässern, sie glitzert in diesem farblosen Wasser, das sie gefangenhält.

Die Musik gibt den Zustand dieser Welt

Pelléas und Mélisande: Frederica von Stade als Mélisande und Gabriel Bacquier als Golo

Pelléas und Mélisande: Frederica von Stade als Mélisande

wieder, in der ein Mensch seine Wurzeln findet oder finden kann, eine ganze Welt, das Unbewußte, das Schicksal, den Wald, die Wahrheit. Es ist dieses Fließen, das von innen heraus zu hören ist, wobei das wahrnehmbare Geschehen nicht viel Bedeutung hat. Dieses Fließen trägt die Figuren, vermittelt auch das Gefühl der Gleichgültigkeit und der Zeitlosigkeit der Kräfte in der Natur.

Immer ist der Wald da. Die Noten wiederholen sich in einem fast gleichmäßigen Rhythmus, auch die Akkorde. Diese rhythmische Regelmäßigkeit ist kein besonderes Ausdrucksmittel wie in den Opern Verdis oder Wagners, der mit dem Rhythmus Atmosphäre schafft. Bei Debussy wird der Rhythmus zum Fluß der Zeit, zu der Ewigkeit, von der man sagen könnte, sie sei unbeweglich, zum Fluß des ewig Gegenwärtigen.

Manchmal zeichnet Debussy »programmatische« Ereignisse sehr klar. Im allgemeinen bilden Harmonie und Rhythmus jedoch eine zeitlose Atmosphäre. Zu Beginn des »Pelléas« finden wir diese fast neutrale Harmonie mit ihren ansteigenden Quinten, die nicht einfach ausdrückt: »...das ist es, es handelt sich um eine musikalische Tragödie«, sondern die die Zuhörer langsam einer Stimmung zuführt, einer seelischen Verfassung, damit sie verstehen können. Viel passiert nicht: ein Kontrapunkt, fast nichts, eine zurückhaltende Orchestrierung. Ein ungewöhnliches Trompetensolo in C bildet das Ende, ein seltsamer Abschluß. Wichtig ist weder der Tod von Pelléas noch der von Mélisande. Wichtig ist, was übrigbleibt. Und für Golo ein Laut: Verzweiflung!

L. M.

21. April 1977
Opéra-Comique

PLATEE

Comédie-ballet en trois actes et un prologue

Text von Autreau und Ballot de Sauvot
Musik von Jean-Philippe Rameau

Musikalische Leitung: Michel Plasson
Inszenierung: Henry Ronse
Bühnenbilder und Kostüme: Beni Montresor
Choreographie: Pierre Lacotte

Platée: Michel Sénéchal als Platée

Zeichnung Arik Brauers zur Zauberflöte

13. Mai 1977
Palais Garnier

DIE ZAUBERFLÖTE
Oper in zwei Aufzügen

Text von Emanuel Schikaneder
Musik von Wolfgang Amadeus Mozart

Musikalische Leitung: Karl Böhm
Inszenierung: Horst Zankl
Bühnenbilder und Kostüme: Arik Brauer

Die Zauberflöte: Horst Laubenthal als Tamino und Kiri Te Kanawa als Pamina

Die Zauberflöte: Kiri Te Kanawa als Pamina

Die Zauberflöte: Horst Laubenthal als Tamino

Die Zauberflöte: Kiri Te Kanawa als Pamina und William Workman als Papageno

Die Zauberflöte: William Workman als Papageno, Kiri Te Kanawa als Pamina und Martti Talvela als Sarastro

8. Juli 1977
Palais Garnier

LA CENERENTOLA
Melodramma giocoso in due atti

Text von Jacopo Ferretti
Musik von Gioacchino Rossini

Musikalische Leitung: Jesus Lopez-Cobos
Inszenierung: Jacques Rosner
Bühnenbilder und Kostüme: Max Schoendorff

Angelina (La Cenerentola): Probenfoto

Angelina (La Cenerentola): Michael Cousins als Don Ramiro, William Workman als Dandini, Eliane Lublin als Clorinde und Francine Arrauzau als Tisbe

MAX SCHOENDORFF: Alidoro, der Philosoph, versucht die Welt auf rationelle Weise zu organisieren. Für diesen Gelehrten à la Jules Verne kann eine bessere Welt nur eine technische Welt sein. Es geht dabei um eine Perfektionierung der Wissenschaft und gar nicht um ein gründlicheres Denken oder um eine Neuordnung der gesellschaftlichen Verhältnisse.

Wenn alle vorhandenen Mittel richtig eingesetzt werden, läßt sich das Leben ändern. Der Philosoph hilft Cenerentola, von einer Seite zur anderen hinüberzuwechseln, von einer Situation zur anderen, vom Hause des Magnifico zum Palast des Ramiro. Die Transportmittel sind in diesem Stück außerordentlich wichtig, man benutzt das Fahrrad, die Kutsche, den Ballon, den Aufzug.

Alle Schauplätze sind gleichzeitig vorhanden, um so die Ganzheit und Beständigkeit der Welt zu demonstrieren und um zu zeigen, daß die Verhältnisse ein für allemal geregelt sind.

Um Ort und Stil des Dekors zu finden, erinnerte ich mich an jene »Sünden meines Alters«: diese kleinen Stücke mit den eigentümlichen Titeln, die Rossini gegen Ende seines Lebens für seine Freunde gespielt hat. Bei diesen Titeln dachte ich an Erik Satie und an die Ironie eines Marcel Duchamp,

Angelina (La Cenerentola): Teresa Berganza als Angelina

Angelina (La Cenerentola): Frederica von Stade als Angelina

der vierzig Jahre lang Schach spielte, bis man entdeckte, daß er in zehnjähriger Arbeit ein sehr bedeutendes Werk geschaffen hat.

Bei Rossini ist ein gewisser Dadaismus zu finden, das heißt eine Art bejahender Ironie und positiven Zweifels, Distanz den Dingen gegenüber.

Die Konzeption des Bühnenbildes war damit gegeben. Es ist konstruiert worden wie jene mechanistischen Darstellungen um die Jahrhundertwende, welche absolut kein Akt der Unterwerfung unter die Mechanisierung des Lebens bedeuten sollten, sondern eher eine Verhöhnung des industriellen Geistes. Dieser Dekor soll eine Art unnötiger Maschine darstellen.

Die Kostüme und mit ihnen die Personen sind Collagen. Sie wurden aus Farbdrucken jener Zeit ausgeschnitten. Die Idee des Prinzen, mit seinem Diener die Rollen zu tauschen, führt zu einer ganz konventionellen Situation. Die Referenz auf den Dadaismus läßt an die ersten Collagen von Max Ernst denken. Er benutzte Drucke aus dem »Magazine Pittoresque« oder Illustrationen von Jules Verne und stellte sie in ein anderes Umfeld als jenes, für das sie ursprünglich gedacht waren. Diese etwas surrealistische Ausnutzung des zeitlichen und räumlichen Abstandes verstärkt den Eindruck einer gewissen Bizarrerie.

Der Dekor stützt sich auf zwei Elemente: Einmal gibt es die großen geometrischen Räume wie die Pyramide des Kamins, den roten Zylinder des Weinkellers, den käfigartigen Palast, die spiralförmige Treppe, alles mehr gezeichnet als gemalt, linear und schwerelos. Und dann die Personen, diese Farbdrucke, die in einen Raum gestellt werden, der so leer und neutral wie möglich ist, mit einigen wenigen Festpunkten und gerade dem Wesentlichen. *M. S.*

13. März 1978
Opéra-Comique

WERTHER
Drame lyrique en quatre actes et cinq tableaux

Text von Edouard Blau, Paul Millet und
Georges Hartmann nach Goethe
Musik von Jules Massenet

Musikalische Leitung: Pierre Dervaux
Inszenierung, Bühnenbilder
und Kostüme: Dominique Delouche

Werther: Szenenfoto

Nach dem »Comte Ory«, einer jener Opern, die Rossini in französischer Sprache komponiert hat, und nach »Platée« des großen Rameau habe ich mit dem Lieblingskind der Franzosen, mit »Werther«, zum drittenmal versucht, der Opéra-Comique Leben einzuhauchen. Ich konnte es nicht ertragen, daß ein Haus, das zur Oper gehörte, als Schule diente und seiner eigentlichen Bestimmung, dem Theater, entzogen war.

Damit diesem »Werther« eine neue Aussagemöglichkeit und eine persönliche Lesart zuteil würde, wollte ich das Werk einem Filmregisseur anvertrauen, der zum Meister einer modernen Darstellung des alltäglichen Lebens geworden war: Claude Lelouch.

Eines Tages empfing ich einen äußerst liebenswürdigen Mann bescheidenen Auftretens, dem ich zu erkennen gab, wie sehr mich sein Schaffen berührt habe, für wie begabt ich ihn hielte und wie es mich freuen würde, wenn er bereit wäre, diese Inszenierung zu übernehmen. Zu meiner größten Überraschung gab er mir ohne Zögern seine Zustimmung. Auf der Stelle beglückwünschte ich mich, daß er für die Proben frei war und daß kein Filmprojekt meine Pläne in Frage stellte.

Unsere zweite Unterredung galt dem Bühnenbild. Überraschung: Lelouch schlug mir keinen Bühnenbildner vor, sondern zeigte mir seine eigenen Entwürfe, die in ihrem der deutschen Romantik entlehnten Konformismus längst überholt waren. In mir keimte ein schrecklicher Verdacht ... Nach dieser Unterredung rief ich Annick, meine Sekretärin, herein, um ihr mein Erstaunen und meine Enttäuschung kundzutun. »Ich hätte nie gedacht, daß mir Lelouch eine solche Konzeption vorschlagen würde!« – »Aber, Monsieur«, sagte sie, »Sie haben nicht Lelouch engagiert, sondern Delouche.«

Alles hatte 1923 auf dem Gymnasium in Zürich begonnen. Schon damals litt ich an demselben Unvermögen: Entweder brachte ich die Leute durcheinander, oder ich identifizierte sie nicht. Jeden Samstagnachmittag machte ich mit dem Vater eines meiner Kameraden Musik, einem Mathematikprofessor, liebenswert, lustig, mit langen, leicht ergrauten Haaren, in Hausschuhen und Strickjacke. Er auf der Geige, nicht genial, aber begeistert, ich am Klavier, nicht umwerfend, aber anständig. Mein Freund hieß Teddy, den Vornamen seines Vaters kannte ich nicht. Nur seinen Namen: Einstein.

Die Krönung der Poppea: Jon Vickers als Nero und Gwyneth Jones als Poppea

17. März 1978
Palais Garnier

L'INCORONAZIONE DI POPPEA

Opera in un prologo e due atti

Text von Francesco Busenello
Musik von Claudio Monteverdi
Fassung von Raymond Leppard

Musikalische Leitung: Julius Rudel
Inszenierung: Günther Rennert
Bühnenbilder: Ita Maximowna
Kostüme: José Varona

»Die Krönung der Poppea« aufzuführen ist zunächst eine musikalische Entscheidung. An welche Fassung soll man sich halten? Die erste ist sicher die der Uraufführung in Venedig im Jahr 1642. Die beiden Manuskripte, die wir kennen, wahrscheinlich schon Bearbeitungen des Originals, das eine in der Bibliothek von San Marco in Venedig, das andere in der Bibliothek von San Pietro a Majella in Neapel, weisen schon erhebliche Unterschiede auf. Aber der Ton ist gegeben. Und wenn es, soviel ich weiß, zwischen 1642 bis zum Beginn des 20. Jahrhunderts nur wenige Aufführungen gegeben hat, so häufen sich die Varianten seit der Fassung von Vincent d'Indy, die konzertant 1905 in der Schola Cantorum in Paris und 1913 dort im Théâtre des Arts gegeben worden ist. Die Auseinandersetzungen zwischen den Anhängern der einen und denen der anderen Fassung sind ungemein heftig und kommen zu keinem Ende.

Man findet eine neue Bearbeitung im Jahr 1926 in den Vereinigten Staaten, aber die wirkliche Karriere Monteverdis beginnt erst 1937. Es gibt Fassungen von Křenek, dann von Malipiero, von Ghedini und schließlich die von Walter Goehr, die der Hamburger Aufführung von 1957 gedient hat.

Für Paris wählte ich die Fassung, die der englische Musikologe und Dirigent Raymond Leppard 1969 in Glyndebourne aufgeführt hatte. Ich glaube, daß die von Leppard geleistete Arbeit die meisten Möglichkeiten für eine dramatische Interpretation bietet und dem Regisseur ein Höchstmaß an Freiheit läßt. Konsequent entschloß ich mich ebenfalls dazu, dem Drama aus Fleisch und Blut Vorrang zu geben und den Charakteren in ihrer geschichtlichen und menschlichen Wahrheit zur Existenz zu verhelfen. Ich opferte die Musikwissenschaft dem dramatischen Ausdruck. Keine Suche nach alten Instrumenten und vor allem keinen faden Nero durch die Verwendung eines Mezzosoprans oder eines Contratenors, entsprechend der alten Kastratentradition. Wie kann man an die Liebeskraft, an die Brutalität, an die Maßlosigkeit Neros glauben, wenn er von einem hybriden Wesen gespielt wird, dessen künstlichem Gesang jegliche Aggressivität mangelt? Ich ging noch weiter und schlug für alle Protagonisten Sänger vor, deren starke Persönlichkeit den Dimensionen der Figuren gerecht wurde. Und so sangen Tristan und Isolde das herrliche Liebesduett auf der Hochzeit Neros und Poppeas.

Die Krönung der Poppea: Christa Ludwig als Ottavia

Die Krönung der Poppea: Jocelyne Taillon als Arnalta

Die Krönung der Poppea: Jon Vickers als Nero

23. Juni 1978
Palais Garnier

MADAMA BUTTERFLY
Tragedia giapponese in tre atti

Text von Luigi Illica und Giuseppe Giacosa
Musik von Giacomo Puccini

Musikalische Leitung: Georges Prêtre
Inszenierung: Jorge Lavelli
Bühnenbilder und Kostüme: Max Bignens

Produktion der Mailänder Scala

Im Monat Juli 1974 nahm ich, wie alle, die von Rostropowitsch und seinem Exil erfahren hatten, sofort Kontakt mit ihm auf. Das war für mich das Natürlichste der Welt, denn ich liebte nicht nur seine Herzlichkeit, seinen Humor, sein umwerfendes Lachen – von seinem hervorragenden Können als Künstler ganz zu schweigen –, sondern ich wollte auch wissen, ob seine neuen Lebensbedingungen akzeptabel waren und ob er etwa Hilfe benötigte.

So trafen wir uns denn in einem Zimmer des Hotels »Royal-Monceau«, und natürlich fingen wir an, Pläne zu schmieden. Als erstes wollten wir unserem Freund Schostakowitsch helfen und im März 1978 »Katerina Ismailowa« herausbringen und anschließend, Mitte Mai 1978, die bei Henri Dutilleux in Auftrag gegebene Oper – beides unter der Leitung Rostropowitschs.

Acht Monate später teilte ich ihm schriftlich mit, daß Dutilleux seine Oper nicht rechtzeitig zu Ende bringen werde und daß die Scala »Katerina Ismailowa«, die für den Austausch vorgesehen war, bereits in ihrem Spielplan habe. Ich schlug als Ersatz »Pique Dame« vor. »Einverstanden«, ließ mich Rostropowitsch in einem Brief wissen.

Im Januar 1976 sahen wir uns wieder, in einem vietnamesischen Restaurant. George Soria begleitete Rostropowitsch seltsamerweise als sein Impresario, obwohl Soria offizieller Leiter der Agence Littéraire et Artistique ist, die die kulturellen Interessen der Sowjets in Paris vertritt. Wir legten die endgültigen Daten und die Rollenverteilung fest: Am 23. Juni 1978 sollte Premiere der »Pique Dame« sein!

Am 14. Juni 1976 schickte ich die Verträge für Galina Wischnewskaja und Rostropowitsch an George Soria.

Vier Monate später erfuhr ich aus der Presse, daß das Orchestre National de France ein Konzert auf seinen Spielplan gesetzt hatte, bei dem unter der Leitung von Rostropowitsch die »Pique Dame« mit fast derselben Besetzung aufgeführt war, die wir gemeinsam festgelegt hatten, und daß von diesem Konzert eine Schallplattenaufnahme gemacht werden sollte.

Ich ging an die Decke. Das war doch einfach nicht möglich! Jetzt plötzlich begriff

Madame Butterfly: Franco Tagliavini als Linkerton und Michel Sénéchal als Goro

ich, weshalb er seinen Vertrag noch nicht unterzeichnet hatte. Und ich Schwachkopf hatte in freundschaftlichem Vertrauen alle Informationen gegeben, die er zur Durchführung seines Planes benötigte.

Ich forderte ihn auf, das Konzert abzusagen und mir die Verträge unterzeichnet zurückzuschicken, da sonst unser Projekt fallengelassen werde.

Zehn Tage später begegnete ich Rostropowitsch in der Oper. Er beschuldigte mich, unter dem Druck der Sowjets zu stehen – ein völlig absurder Vorwurf. Ich schlug ihm vor, entweder sein Konzertprogramm zu ändern oder für die Oper zu einem anderen Termin ein anderes Stück zu suchen. Am nächsten Tag bestätigte ich ihm mein Angebot telegrafisch und versuchte, obwohl ich sehr verärgert war, eine Freundschaft und eine Zusammenarbeit zu retten, die mir aus künstlerischem Interesse sehr am Herzen lag: »Du bist gestern weggegangen ehe die Situation klargestellt war stop Hier also die beiden möglichen Varianten primo keiner der für Picdame in Frage kommenden Sowjets wurde bisher verpflichtet oder unter Vertrag genommen stop Im Prinzip ist alles für Dich und Galina offen vorausgesetzt Du sagst das öffentliche Konzert bei Radio France ab secondo müssen für die Zukunft ein anderes Stück und andere Daten festlegen stop Muß trotzdem daraufbestehen daß Du mich nicht über die Konzerte informiert hast sondern nur über die Schallplatte und daß wir ausreichend über das Problem gesprochen hatten so daß Du die Möglichkeit dazu gehabt hättest stop Außerdem haben wir im Juni die Verträge für Galina und Dich abgeschickt die nicht unterzeichnet wurden vor der groß herausgebrachten Anzeige des Konzerts von Radio France stop Ich bin der Meinung daß ich reichlich Grund habe verärgert zu sein wäre aber trotzdem zufrieden wenn Du Dich mit Radio arrangieren und anderes Programm vorschlagen würdest stop Freundlichen Gruß Rolf Liebermann«

Trotzdem mußte ich erfahren, daß Rostropowitsch überall erzählte, ich hätte diese »Pique Dame« annulliert auf Druck der sowjetischen Regierung, mit der ich sehr gute Kontakte unterhalte, die ich nicht durch die Verpflichtung eines Emigranten aufs Spiel setzen wolle. Jetzt waren alle Brücken abgebrochen!

Noch heute frage ich mich, was Rostropowitsch dazu getrieben hat, so mit mir zu verfahren. Die Naivität des Neulings? Die Angst, ohne Geld dazustehen? Der Griff nach dem noch unbekannten Reichtum? Die Verlockung einer großen Schallplattenfirma? Oder ganz einfach kein Verlangen, ein gegebenes Wort zu halten ... Was immer auch der Grund gewesen sein mag – ich empfand jedenfalls eine tiefe Enttäuschung.

Ich hatte Rostropowitsch drei weitere Wochen Zeit gelassen, um seine Einstellung zu ändern, und die Vertragsentwürfe erst am 15. Dezember 1977 annulliert. Erst dann erinnerte ich mich wieder der kostbaren Stunden, die ich in Moskau im Taganka-Theater erlebt hatte, und beschloß, den Direktor dieses Theaters, Ljubimov, für die Inszenierung nach Paris zu holen und Rostropowitsch durch Roschdestwenskij, den berühmten sowjetischen Dirigenten, zu ersetzen. Ich wandte mich also an die Sowjetische Botschaft und an den Kulturminister in Moskau, um die erforderlichen Genehmigungen zu erhalten.

Zwei Monate später erreichte mich aus Moskau folgendes Telegramm: »Sehr geehrter Herr Liebermann ich benutze diese Gelegenheit um die fruchtbare und umfangreiche Zusammenarbeit zu begrüßen die sich zwischen der Pariser Oper und dem Bolschoi-Theater in Moskau ergeben hat wobei ich die Hoffnung ausdrücken möchte daß sich diese gegenseitigen Beziehungen auch in Zukunft mit Erfolg weiterentwickeln werden stop Gleichzeitig möchte ich in Beantwortung Ihrer Anfrage die mir über die Sowjetische Botschaft in Paris und über

Herrn Gall zuging unsere Zustimmung dazu bekanntgeben daß 1978 durch Juri Grigorowitsch das Ballett Romeo und Julia und durch die Herren Ljubimov und Roschdestwenskij die Oper Pique Dame in Ihrem Theater aufgeführt werden stop Ich hoffe auch daß wir 1979/80 die Truppen des Bolschoi und der Grand Opéra de Paris austauschen werden stop Mit freundlichen Grüßen gezeichnet Popow Stellvertretender Kulturminister der UdSSR«

An diesem Tag, dem 15. Februar 1977, begann ein seltsamer Dialog zwischen der Pariser Oper und dem Kulturministerium in Moskau, den ich genau festhalten möchte.

10. März 1977 – Schreiben von Rolf Liebermann an George Soria, in dem er sich für die Zustimmung der sowjetischen Regierung bedankt und ihn bittet – da er ja die Interessen der russischen Künstler wahrnehme –, die Verträge auszuhandeln.

Im Mai, auf der Rückreise aus der Sowjetunion, wo das Ballett der Oper in Moskau und Leningrad Triumphe feierte, traf ich mich in Stockholm mit Roschdestwenskij, dem Leiter des Philharmonischen Orchesters von Stockholm, der mir die mit Ljubimov festgelegte Konzeption erklärte. Es ging dabei darum, das schlechte Libretto von Modest Tschaikowsky besser dem Werk Puschkins anzupassen und eine gewisse Anzahl von Passagen in diesem Text zu streichen, was Meyerhold bereits 1935 im Mali-Theater in Leningrad unter der musikalischen Leitung von Samossud gemacht hatte. Wir beschlossen, damit Alfred Schnittke zu beauftragen, den derzeit besten sowjetischen Komponisten, der Schwierigkeiten genug hat, seine avantgardistischen Vorstellungen dem Staat schmackhaft zu machen, obwohl er vom Publikum geschätzt wird. Er sollte sich um die Übergänge an den gestrichenen Stellen kümmern.

12. Mai 1977 – Brief von Rolf Liebermann an Popow, mit welchem er die Moskauer Gespräche bestätigt und die Teilnahme von Schnittke beantragt.

Schließlich, am 7. November, waren Ljubimov und sein Bühnenbildner Borowskij in meinem Pariser Büro zur Besprechung der »Pique Dame«. Ich hatte den Eindruck, einen ganzen Berg versetzt zu haben, so kompliziert, langwierig und schwierig verliefen die Verhandlungen. Trotzdem hatte ich nicht das Gefühl, nur aus Eigensinn gehandelt zu haben, denn schließlich ist Ljubimovs Taganka in Moskau das einzige Theater der Welt, das fünf Vorstellungen pro Tag gibt, um dem unerhörten Publikumsandrang zu genügen; schon für die Mittagsaufführung stehen die Leute Schlange.

Das Theater beschäftigt ein festes Ensemble von etwa hundert Schauspielern. Obwohl er keine Subventionen erhält und bei der Regierung nicht gern gesehen ist, hat Ljubimov dank seiner Ausstrahlung und seiner kühnen künstlerischen Einfälle eine populäre, antikonformistische Institution geschaffen. Ich freute mich, ihn endlich hier in Paris zu haben, wo er einige Tage mit dem technischen Stab der Oper die Aufführung vorbereitete.

23. November 1977 – Brief von Liebermann an Soria, in dem er seiner Sorge Ausdruck gibt, immer noch keine Verträge für das sowjetische Team erhalten zu haben.

Ich war Alfred Schnittke noch nie begegnet, aber ich kannte seinen Namen und seine Musik, und außerdem haben wir denselben Verleger. Nach einem ausgiebigen Telegrammwechsel mit der allerhöchsten Instanz, dem Kulturminister Demitschew, war der Komponist am 12. Dezember in Paris, und wir besprachen zusammen die Änderungen, die er an der Partitur vorgenommen hatte. Es handelte sich im wesentlichen um Streichungen und Änderungen des Textes, die durch das schwachsinnige Libretto von Tschaikowskys Bruder erforderlich geworden waren und die er durch Puschkins Text ersetzt hatte.

12. Dezember 1977 – Die Verträge sind endlich ausgearbeitet, von der Pariser Finanzkontrolle abgezeichnet und werden George Soria zur Weiterleitung nach Moskau zugestellt.

Zweite Reise Ljubimovs nach Paris am 23. Dezember. Nach dem Abschluß weiterer Arbeitssitzungen beschlossen wir, die »Pique Dame« wie folgt anzukündigen:

PIQUE DAME
Oper in zwei Aufzügen von Pjotr Iljitsch Tschaikowsky
nach einer Erzählung von
Alexander Puschkin
Libretto von Modest Tschaikowsky
überarbeitet von Juri Ljubimov und
Gennadi Roschdestwenskij
Musikalische Bearbeitung von
Alfred Schnittke
Das Werk wird in russischer Sprache gesungen
Gesprochener französischer Text von
Prosper Mérimée

16. Februar 1978 – Ljubimov und Borowskij, die in Paris zur Überwachung der Atelierarbeiten und zur Festlegung eines endgültigen Probenplans erwartet werden, rufen aus Mailand an, wo sie die Reprise der Oper von Luigi Nono vorbereiten, sie müßten ihre Paris-Reise verschieben, Moskau verlange ihre sofortige Rückkehr und erwarte eine Erläuterung ihrer Konzeption.

Am selben Tag geht ein Telegramm von Popow an Liebermann ein: »Lieber Herr Liebermann im Anschluß an Telegramm bezüglich Unterzeichnung des Vertrags für Oper Pique Dame müssen wir mitteilen daß die künstlerischen Vorstellungen von Ljubimov die auf mehreren Streichungen und Transpositionen beruhen schließlich zu Veränderung der Oper Tschaikowskys führen die auf großen Widerstand von Spezialisten aus musikalischen Kreisen stößt sowie auf offiziellen Protest des Komponistenverbands der UdSSR stop Haben Ljubimov entsprechend unterrichtet und werden am 20. und 21. Februar gemeinsam in Moskau aufgeworfene Probleme prüfen stop Unterrichten Sie über Resultat stop Rechnen mit Ihrem Verständnis für unsere Bemühung um Wahrung nationalen Kulturguts aber versuchen gleichzeitig Situation Oper Paris nicht zu komplizieren da Zusammenarbeit sehr geschätzt stop Mit vorzüglicher Hochachtung gezeichnet Stellvertretender Kulturminister UdSSR W. Popow«

Für die Neueinstudierung des Balletts »Romeo und Julia« von Prokofjew hatte ich den Leiter des Balletts des Bolschoi, Juri Grigorowitsch, und als Dirigenten Algis Juraitis verpflichtet, der mich sehr beeindruckt hatte, als das Bolschoi-Ballett in Paris auf Tournee war. Zu meiner Überraschung zeigte sich dieser Herr sehr an den Vorbereitungen zur »Pique Dame« interessiert und wollte unbedingt die Streichungen und Änderungen sehen. Wir lehnten das ab und erklärten, was durchaus der Wahrheit entsprach, daß es sich bisher nur um einen ersten Entwurf, eine Arbeitsunterlage, handele und noch nichts Endgültiges feststehe. Bei einem Aufenthalt in der Notenbibliothek wiederholte er seine Bitte. Die Partitur wurde ihm aber nicht gezeigt, statt dessen ließ man ihn wissen, daß er sich nicht um ein Projekt zu kümmern habe, das ihn nichts angehe.

1. März 1978 – Telegramm von Rolf Liebermann an Popow: »Exzellenz habe zu gegebener Zeit Ihr Telegramm erhalten mit Mitteilung über Verzögerung der für 20./21. Februar geplanten Reise der Herren Ljubimov Schnittke Roschdestwenskij und Borowskij zur Weiterarbeit an Neuinszenierung der Pique Dame an Oper Paris weil Ihnen dies erforderlich schien stop Zweifelsohne wurden fragliche Punkte inzwischen aufgeklärt und ich rechne deshalb mit möglichst baldiger Ankunft dieser Herren damit Vorbereitung fortgesetzt werden kann da

bereits erheblich verspätet stop Rechne mit Ihrer wohlwollenden Unterstützung damit unsere bisher so fruchtbare Zusammenarbeit in Zukunft nicht zu leiden hat durch Beschlüsse die das Projekt Pique Dame in Frage stellen könnten stop Erwarte deshalb von Ihnen in allernächsten Tagen Mitteilung über Ankunft der Herren sowie den von Gos-Koncert unterzeichneten Vertrag dessen Bedingungen von mir selbst in Moskau vor fast einem Jahr ausgehandelt wurden und der – ich erinnere daran – Ihre persönliche Zustimmung fand stop Mit vorzüglicher Hochachtung gezeichnet Rolf Liebermann Intendant Oper Paris«

Am 11. März 1978 veröffentlichte Juraitis in der »Prawda« einen Artikel von außergewöhnlicher Aggressivität mit Anschuldigungen gegen die Konzeption und den Verrat am russischen Kulturgut. Diese Attacken stützten sich auf die Kenntnis des von Ljubimov und Schnittke in Paris ausgearbeiteten Arrangements, über die es keinen Zweifel geben konnte. Ich war überzeugt, daß Juraitis einmal die Abwesenheit des Verantwortlichen der Opernbibliothek nutzte, um ohne unser Wissen die Partitur einzusehen mit der Absicht, seinen Kollegen Roschdestwenskij und Ljubimov zu schaden, indem er ihre intelligente Arbeit als ein Massaker Tschaikowskys darstellte. Die Angelegenheit wurde von der internationalen Presse aufgegriffen.

13. März 1978 – Telegramm von Rolf Liebermann an Ljubimov: »Sind beunruhigt da ohne Nachricht von Ihnen stop Bühnenbilder sind in Endphase alle Künstler haben Vertrag unterzeichnet und wir erwarten Sie mit Ungeduld für Inszenierung Pique Dame stop Wäre dankbar wenn Sie mitteilen würden was vorgeht und weshalb plötzlich jeder Kontakt unterbrochen stop Haben unmögliche Attacke Juraitis in Humanité gelesen und erwarten Stellungnahme von Roschdestwenskij als Verantwortlichem für Musik stop Besitze schriftliche Zusage Herrn Popows über Prinzip des Projekts und kann nicht glauben daß uns sowjetischer Kulturminister nach derart offizieller Zusage drei Monate vor Premiere hängen läßt mit Kosten die sich bereits auf vier Millionen Francs belaufen stop Erwarte schnellstens Antwort entweder durch Gos-Koncert oder durch Botschaft Paris stop Freundlichen Gruß gezeichnet Rolf Liebermann«

Madame Butterfly: Franco Tagliavini als Linkerton und Teresa Zylis-Gara als Madame Butterfly

21. März 1978 – Telegramm von Popow an Rolf Liebermann: »Sehr verehrter Herr Liebermann muß Sie zu meinem großen Bedauern informieren daß Probleme die Kulturministerium Sorge machen keine positive Lösung fanden da erhebliche Veränderungen im Text der Oper Pique Dame Teil nationalen Kulturerbes berühren stop Wie bereits bekanntgegeben beschäftigt Problem öffentliche Meinung stop Konzeption Inszenierung und auch musikalischer Fassung heftig angegriffen von bedeutenden Spezia-

listen des Komponistenverbandes wie Sie sicher aus Presse wissen stop Mitglieder der Gruppe Inszenierung haben Kulturministerium mitgeteilt daß Weiterarbeit in derzeitiger Situation an vorgesehener Inszenierung der Tschaikowsky-Oper Pique Dame nicht möglich stop Kulturministerium UdSSR sieht weder Möglichkeit noch Grund auf andere Entscheidung zu dringen und kann deshalb Vertragsabschluß zwischen Gos-Koncert und Oper Paris nicht zustimmen stop Erteilten seinerzeit auf Ihre Anfrage grundsätzliches Einverständnis für Arbeit von Ljubimov und anderen für Inszenierung Pique Dame aber hatten natürlich anderes Ergebnis erwartet stop Schätzen sehr derzeitige Zusammenarbeit mit Oper Paris die in letzter Zeit hohen Grad erreicht hat bestes Beispiel Inszenierung Iwan der Schreckliche Romeo und Julia und anderes wie Sie genau wissen stop Sind bereit mit Ihnen über andere Möglichkeiten zu verhandeln sogar andere sowjetische Opernkünstler für vorgesehene Inszenierung Pique Dame zu schicken stop Mit vorzüglicher Hochachtung gezeichnet Stellvertretender Kulturminister UdSSR W. Popow«

Kommt einem dabei nicht etwas anderes in den Sinn? Sind das nicht vertraute Töne? Die Tageszeitung »Le Monde« brachte am 24. März 1980 unter dem Titel »Die Société des Auteurs gegen das Recht auf Extravaganz« die Meldung von der Weigerung der Erben Paul Claudels, eine Tournee mit »Tête d'Or« in der Inszenierung von Daniel Mesguich zu genehmigen. Dazu veröffentlichte die Société des Auteurs et Compositeurs Dramatiques ein von dreihundert Autoren unterzeichnetes Kommuniqué, in welchem sie behauptet, »das moralische Recht der Erben« sei ein »regelrechter Auftrag, der Erinnerung des verstorbenen Autors, aber auch seinen geistigen Interessen die Treue zu wahren«. Unterzeichnet hatten unter anderem Georges Auric vom Institut de France, Serge Ganzl, Maurice Genevoix von der Académie Française, Eugène Ionesco, Armand Lanoux, Serge Lifar und Nathalie Sarraute.

Welcher dieser »ehrenvollen Bürger« wird es noch einmal wagen, die sowjetische Kulturpolitik anzugreifen, über die Unterdrükkung der Intellektuellen zu jammern, zum »Gulag« etwas zu sagen und Solschenizyn zu bewundern, wenn in Frankreich wie in der Sowjetunion die reaktionären Achtzigjährigen alle Kreativität verhindern, die die einzige und wahre Quelle menschlicher Werte ist?

Die Russen verboten Ljubimov, Tschaikowsky zu überarbeiten, die Franzosen untersagen Mesguich eine neue Sicht von Claudel. In der UdSSR, in der es kein Urheberrecht gibt, verteidigt die Gemeinschaft ihr kulturelles Erbe über den Staat, und das Verbot wird von der öffentlichen Hand ausgesprochen. In Frankreich, wo das Recht des Einzelnen gewahrt werden muß, werden Urheberrechte vom Gesetzgeber gewahrt, und das Verbot ist juristisch. Aber in der UdSSR wie in Frankreich braucht die politische Ordnung auf der einen und die moralische Ordnung auf der anderen Seite eine Unterstützung, die nicht in Frage gestellt werden kann: die der Spezialisten! Kollektivistenstaat wie Kapitalistenland wendet sich an die so »verdienstvolle« Gilde der Experten. Die »Verdienstvollen« der Sowjets gehen mir dabei nicht mehr auf die Nerven als die »Verdienstvollen« der Franzosen! Mit ihren Erklärungen säen sie den Tod alles Kreativen.

Ein Werk, das immer wieder neu interpretiert wird, ist wie ein Spiegel: Es muß die Zeit, in die man es hineinprojiziert, nicht nur reflektieren, sondern auch integrieren, so wie die Persönlichkeit derer, die es gewählt haben, um es neu zu interpretieren und wiederzugeben. Noch nie hat ein Meisterwerk durch zeitweiligen Mißbrauch bleibenden Schaden genommen. Wenn es einer ständigen Interpretation nicht standhält,

Madame Butterfly: Teresa Zylis-Gara als Madame Butterfly

stirbt es – auch wenn die Erben es einbalsamieren. Nur ein Werk, das immer wieder neu geboren, immer wieder von außen bereichert wird, kann Anspruch auf Allgemeingültigkeit, auf Unsterblichkeit erheben.

Drei Monate vor der angesetzten Premiere der »Pique Dame« gab es für mich nur einen Ausweg: Ich mußte die Scala um Hilfe bitten, die soeben eine neue Konzeption der »Madama Butterfly« von Lavelli aufgeführt hatte. Ich reiste also nach Mailand, um zu retten, was zu retten war, und setzte Carlo-Maria Badini, den großen Chef der Scala, ins Bild. Er erklärte sich sofort einverstanden, folgendes Kommuniqué zu veröffentlichen:

»Carlo-Maria Badini, Intendant der Mailänder Scala, und Rolf Liebermann, Intendant der Pariser Staatsoper, tief verbunden mit Juri Ljubimov und voller Bewunderung für seine Leistungen, geben hiermit ihrer Sorge Ausdruck angesichts des gegen diesen Künstler bestehenden Verbotes, sich außerhalb der sowjetischen Grenzen frei zu äußern. Sie bedauern diese Kritik und diese Zensur der Arbeit eines schaffenden Künstlers, ehe seine Konzeption überhaupt voll ausgearbeitet und durchgeführt werden konnte. Sie verurteilen die so schwerwiegende Unterstellung unlauterer Absichten, da es sich hier um einen nicht hinnehmbaren Eingriff in die Freiheit künstlerischen Ausdrucks handelt, eine Freiheit, die von beiden genannten Opernhäusern seit Jahrhunderten hoch in Ehren gehalten wird.«

Badini lieh mir also seine Produktion. Ich konnte für diese Oper zudem die meisten Sänger einsetzen, die ich für die »Pique Dame« verpflichtet hatte. Welch ein Glück, daß mir mit einer Produktion ausgeholfen werden konnte, die ein Beispiel ist für neue, kreative Interpretation!

6. Oktober 1978
Opéra-Comique

LE MEDECIN MALGRE LUI
Opéra-comique en trois actes

Text von Jules Barbier und Michel Carré
nach Molière
Musik von Charles Gounod

Musikalische Leitung: Sylvain Cambreling
Inszenierung: Jean-Louis Martin-Barbaz
Bühnenbilder und Kostüme: Pierre-Yves Leprince
Choreographie: Michel Rayne

Mit Werken wie »Le Comte Ory«, »Platée« und »Werther« hatte ich schon dreimal die Mittel des Palais Garnier für die Opéra-Comique eingesetzt, um das zu erreichen, was mir besonders wichtig erschien: einen Ausgleich zu schaffen zum Spielplan des Großen Hauses mit Aufführungen auf einer räumlich kleineren Bühne, auf der Experimente möglich sind. Ohne allzu großes Risiko und mit geringem Kostenaufwand konnte man dort avantgardistische Stücke herausbringen, aber auch die so oft verlangten französischen Opern, für die das Große Haus zu imposant ist. Für eine konsequente Politik in diesem Sinne, die sich nicht nur auf einzelne Aufführungen beschränkte, benötigte ich aber ein Budget. Das Geld war da – es mußte mir nur zurückgegeben werden.

Meine so oft beanstandete Haushaltsführung hatte mir Ersparnisse zu machen erlaubt. Weil die Kasseneinnahmen des Palais Garnier den Haushaltsvoranschlag, der mit einem schwächeren Besuch gerechnet hatte, weit überschritten und da auch die Ausgaben unter der geschätzten Höhe blieben, erreichte der Überschuß mehr als dreißig Millionen Francs. Dieser Betrag, Betriebskapital also, lag brach. Er wird nur mit Genehmigung der beiden Aufsichtsbehörden, des Kultur- und des Finanzministeriums, in ganz besonderen Fällen freigegeben. Wenn beispielsweise infolge eines Streiks die Vorstellungen ausfallen und die im Budget vorgesehenen Kasseneinnahmen nicht eingespielt werden, dient dieses Betriebskapital dazu, das Funktionieren des Hauses zu gewährleisten.

In der Überzeugung, daß Geld, das durch künstlerisch-schöpferische Arbeit verdient

Der Arzt wider Willen: Jean-Philippe Lafont als Sganarelle und Jocelyne Taillon als Jacqueline

wurde, wieder in schöpferische Tätigkeit investiert werden sollte, bin ich ins Finanzministerium gegangen, wo der Direktor des Budgets, der liebenswerte, leider viel zu früh verstorbene Paul Deroche, mein Projekt sofort unterstützte: mit Hilfe unseres Geldes die Opéra-Comique wieder zu bespielen, um somit die Möglichkeit zu haben, auf einer zweiten Bühne französische Stücke auf französisch für Franzosen zu spielen, gleichzeitig aber auch in diesem Saal zeitgenössische Werke aufzuführen.

Kurz nach diesem Besuch genehmigte der Premierminister, für zwei Spielzeiten vierzehn der dreißig Millionen Betriebskapital des Palais Garnier für die Bespielung der Opéra-Comique zu verwenden. Zur Wiedereröffnung dieses Theaters spielten wir Gounods »Der Arzt wider Willen«.

Der Arzt wider Willen: Robert Dumé als Lucas, Danièle Perriers als Lucinde, Jules Bastin als Géronte, Jocelyne Taillon als Jacqueline und Jean-Philippe Lafont als Sganarelle

25. Oktober 1978
Palais Garnier

SIMON BOCCANEGRA
Melodramma in un prologo e tre atti

Text von Francesco Maria Piave
Musik von Giuseppe Verdi

Musikalische Leitung: Claudio Abbado
Inszenierung: Giorgio Strehler
Bühnenbilder und Kostüme: Ezio Frigerio

Produktion der Mailänder Scala

Es ist begreiflich, daß die erste Fassung von Piave und Sommer keinen Erfolg hatte: Ihr Text ist unverständlich. Trotz der Überarbeitung des Librettos durch Arrigo Boito, der die dramaturgischen Unzulänglichkeiten beseitigt hatte, wurde das Werk nicht beliebter. Warum also »Simon Boccanegra«? Hätten die schlechten Erfahrungen mit diesem Stück uns nicht warnen müssen? Ich hatte gute Gründe, »Boccanegra« in Paris aufzuführen. Da war zunächst der Wunsch zu informieren, da das Werk in Paris noch nie gespielt worden war; dann, ganz zufällig, die ideale Besetzung, die allein schon das Unternehmen gerechtfertigt hätte; und schließlich die Neueinstudierung der Scala, für die Abbado die Partitur sorgfältig überarbeitet, das Werk vom Fluch befreit und die übliche Ablehnung in Begeisterung verwandelt hatte. Die extreme Sensibilität Abbados in Verbindung mit Strehlers schöpferischer Intelligenz hat alle Facetten des Werkes, die bis dahin unter dem Schutt schlechter italienischer Operngewohnheiten verborgen lagen, erstrahlen und eine verkannte Oper des jungen Verdi auferstehen lassen.

Der Vertrag über dauernde Zusammenarbeit, den Paolo Grassi und ich 1975 abgeschlossen hatten, erlaubte mir, diese großartige Aufführung nach Paris zu holen.

GIORGIO STREHLER: Im Grunde genommen versteht niemand »Simon Boccanegra« ganz richtig. Die Geschichte scheint unklar zu bleiben. Für mich ist sie sehr einfach.

Sie handelt von einem politischen Drama. Der Gang der Handlung ist mit Worten und Musik auf die Bühne gebracht; und wenn es fürchterliche Komplikationen gibt, dann eben deshalb, weil die Dialektik der Geschichte nie einfach ist. Die Guten sind nie absolut gut, die Bösen nie absolut böse. Genauso wie die politische Linke nie so ganz eindeutig ist, die Rechte übrigens auch nicht. Das Verworrene in »Simon Boccanegra« kommt in erster Linie aus der Komplexität der politischen Beweggründe.

In einer Stadt, in Genua, streben Parteien zur Macht. Die Guelfen und die Ghibellinen,

Simon Boccanegra: Mirella Freni als Amelia und Piero Cappuccilli als Simon

oder die Rechte und die Linke, um Ausdrükke von heute zu benutzen, oder die Halb-Rechte und die Halb-Linke – alles geht in einer gewissen Verwirrung durcheinander. Sieht man sich näher bei uns um, weiß man auch nicht immer, wo die ideologischen Grenzen verlaufen. Nur Dogmatiker können glauben, die Geschichte sei eindeutig.

In Genua also empfängt ein Mann, Simon Boccanegra, die Macht aus der Hand des Volkes, eines Teiles des Volkes. Er ergreift sie mit Widerwillen, er will sie gar nicht, denn die politische Situation ist schwierig. Und wenn ich »Volk« sage, dann muß man nicht glauben, daß dieses nur aus Heiligen bestehe. Vom Augenblick der Übernahme der Regierung an versucht Simon Boccanegra die Macht demokratisch auszuüben. Es gibt eine Szene, in der man sieht, wie sich die Adligen in einer Volksversammlung gegenüberstehen und wie der Doge, die zentrale Macht, nach Mitteln zur Versöhnung sucht. Diese Szene geht natürlich über den politischen Rahmen der Epoche hinaus, sie weist auf die Einheit des italienischen Volkes im 19. Jahrhundert hin. Insofern spielt die Handlung nicht nur in Genua, sondern in Rom wie in Venedig.

Simon Boccanegra möchte die Bevölkerung mit demokratischen Mitteln für seine Sache gewinnen. Das Volk teilt seine Meinung nicht immer. Manchmal gibt es keine Rechte und keine Linke mehr, beispielsweise im Haß, den Adlige und Volk gegen Venedig empfinden. Und doch muß der Doge in diesem ungeheuren Durcheinander den öffentlichen Angelegenheiten mit Recht und Billigkeit vorstehen.

Schließlich wird er der Macht überdrüssig. Er möchte auf die Macht, die er nicht gewollt hat und die er nicht zu benutzen weiß, verzichten, um einen Fortschritt herbeizuführen. Um ihn herum tragen die Menschen Verkleidungen. Die Rebellen verbergen sich hinter falschen Namen wie wir in der Widerstandsbewegung; wir hatten falsche Namen: Der eine hieß Pedro, der andere Walter ... Nur der Doge bleibt Doge. Und diese Verworrenheit im Textbuch des »Simon Boccanegra« erleben wir heute noch.

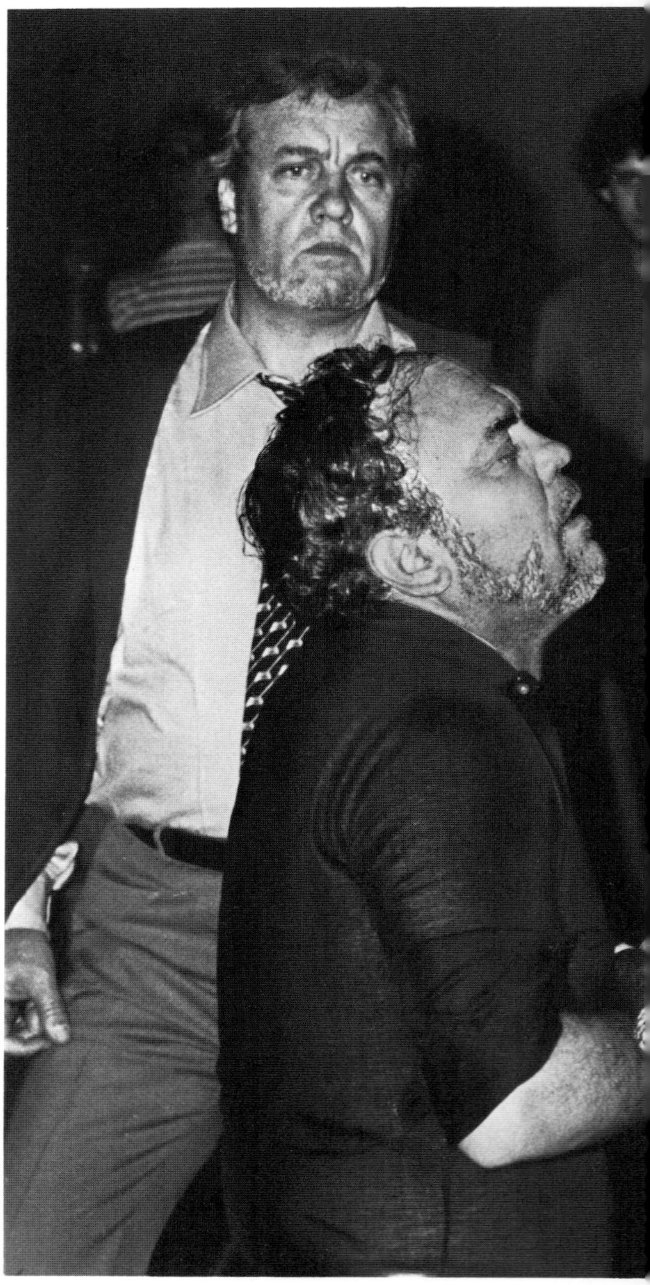

Die Geschichte wird dadurch noch komplexer, daß zu dem politischen Drama menschliche Gefühle hinzukommen: Vaterliebe, Liebe zwischen Mann und Frau, Freundschaft, Haß. Es gehört zu den grund-

Simon Boccanegra: Nicolai Ghiaurov als Fiesco, Felice Schiavi als Albiani und Giorgio Strehler

legenden Überzeugungen Verdis, daß es abstrakte Macht nicht gibt, daß Geschichte von Menschen gemacht wird. Sie geht darüber hinaus, aber man kann sie auch beherrschen. Es gibt also keine reine, aseptische Politik.

Simon Boccanegra ist als Doge ein Vater, ein Mann, der den Tod seiner Liebe erlitten hat: ein Vater, der seine von Piraten entführte Tochter entdeckt und sie wiedererkennt. Sie liebt einen Mann, der zur dogenfeindlichen Partei gehört. Soll er den Rebellen, der ihn töten will, bestrafen, oder soll er ihm aus Liebe zu seiner Tochter verzeihen? Alle diese leicht melodramatischen Kunstgriffe gehören noch zur großen romantischen Oper, aber nichts ist unmotiviert. Liebesthemen und politische Themen vermischen sich in sehr moderner, sehr realistischer Weise.

»Simon Boccanegra« ist kein absolutes Meisterwerk. Doch was unklar am Libretto ist, erklärt die Musik. Sie gibt den Gefühlen Gestalt, sie lenkt die Handlungen, die die dialektische Bewegung des Dramas übermitteln. Man muß zugeben, daß bei Verdi – und das macht sein Genie aus – die Musik die unmöglichsten Libretti rettet. Seine dramatische Begabung ist so groß, daß es ihm gelingt, selbst Hampelmännern noch Gewicht zu verleihen.

Oper – das ist nicht eine mehr oder weniger gut gelungene Geschichte, das ist vor allem Musik. Und ich bin nicht dazu da, Ungereimtheiten zu korrigieren. Es ist meine Aufgabe, das Werk zu verstehen und dafür zu sorgen, daß es verstanden wird.

G. S.

HUMBERT CAMERLO: 9. Oktober 1978. Es ist 9.50 Uhr. In zehn Minuten fängt die erste Bühnenprobe für »Simon Boccanegra« an. Auf allen Gesichtern ist eine ungewöhnliche Spannung zu lesen. Die Bühnenarbeiter haben gerade die Dekoration für das dritte Bild aufgebaut und überlassen nun die Bühne den Solisten, dem Chor, den Statisten, Inspizienten und Korrepetitoren. Die Requisiteure prüfen noch einmal, ob der Thron des Dogen am richtigen Platz steht, sechzig Zentimeter vor den oberen Stufen des Ratssaales.

Punkt 10.00 Uhr kommt Giorgio Strehler mit seiner Reisetasche auf die Bühne. Er hat die Sympathie und den Respekt des gesamten Personals der Pariser Oper. Zehn Minuten vergehen in herzlicher Wiedersehensfreude, jeder will dem großen Maestro di teatro die Hand schütteln, dem Regisseur der Lieblingsproduktion des Hauses, der »Hochzeit des Figaro«.

Für fünf Minuten verschwindet Giorgio in seiner Loge. Während ich ihm den Arbeitsplan für den Tag vortrage, zieht er die schwarze Probenkleidung an. Ich spüre innerlich, daß für mich eine der schönsten Erfahrungen in meinem Theaterleben beginnt: als Assistent Giorgio Strehlers drei Wochen lang intensiv mit ihm zu arbeiten.

Dann, 10.15 Uhr, hat Strehler seinen Auftritt auf der Bühne. Die Chorsänger sind an ihren Plätzen: Links tagt der Volksrat, rechts sind die Patrizier, in der Mitte thront Piero Cappuccilli als Simon Boccanegra. Eine spannungsgeladene Stille bemächtigt sich der Bühne und der Kulisse. Zweieinhalb Stunden wird diese aufregendste Probe dauern, an der ich je habe teilnehmen können.

Strehler, ein Meister des Wortes und der Handlung, ist überall; die Bühne lebt von ihm. Sofort aktualisiert er die hier herrschenden Machtverhältnisse. Wie ein Volkstribun läßt er sich auf Vergleiche mit den Tagesgeschehnissen ein. Der blutige Bürgerkrieg im Libanon sorgt für Schlagzeilen. In einer ähnlichen politischen Landschaft läßt Verdi die Ratssitzung mit dem Dogen der Republik Genua abrollen. Draußen grollt der Volkszorn. Simon Boccanegra, der erste Doge plebeischer Herkunft in der Geschichte, ein großer Visionär und Politiker, entschließt sich, dem aufständischen Volk die Tore zur Ratsversammlung zu öffnen. Dieses Volk bemächtigt sich sofort der Bühne. Drei Jahrhunderte im voraus erleben die Genuesen eine Debatte wie zur Zeit der Französischen Revolution.

Strehler hilft uns, Verdi zu verstehen, der hier ein Thema behandelt hat, das ihm am Herzen lag. Er erweckt unsere Begeisterung, indem er uns offenbart, was wirkliches Theater ist, aus welchen Quellen es schöpft. Unermüdlich, kraftvoll und einfühlsam entlockt er der schwerfälligen Opernmaschinerie die belebende Dynamik.

Ich glaube, daß die Bretter der Bühne des Palais Garnier anders knarren, seit wir auf ihnen den einzigartigen Schritt Giorgio Strehlers vernommen haben.

H. C.

Simon Boccanegra: Piero Cappuccilli als Simon und Mirella Freni als Amelia

16. November 1978
Opéra-Comique

MUSIKTHEATER I
In Zusammenarbeit mit dem Ensemble Intercontemporain

»Mots croisés«
Kreuzworträtseloper von Claude Prey

»Tryptique«
Oper von Alexander Goehr

Musikalische Leitung: Lucas Vis
Inszenierung: Jean-Marie Simon
Szenographie: Georges Lafay

In meiner ersten Pressekonferenz hatte ich angekündigt, daß ich die Politik der Uraufführungen, die meine Arbeit in Hamburg gekennzeichnet hatte, nicht würde fortsetzen können, da ich zunächst fünf Jahre benötigen würde, um ein Repertoire aufzubauen, jenes lebendige Opernmuseum, in dem die Hauptwerke Mozarts, Verdis, Debussys, Strauss', Gounods, Puccinis einander ablösen würden, alle zwei bis drei Jahre im Rhythmus der Wiederaufnahmen.

Allerdings hatte ich schon lange vor dem Ablauf dieser Frist, die ich mir selbst gesetzt hatte, drei Opern bei anerkannten französischen Meistern in Auftrag gegeben: bei André Jolivet, dessen Arbeit der Tod abbrach; bei Henri Dutilleux, der, unbefriedigt von der traditionellen Textvertonung, einen Weg suchte, den sprachlichen Ausdruck in eine neue, in die Musik integrierte Sprache umzusetzen; und bei Olivier Messiaen, der einen »Heiligen Franziskus von Assisi« wählte, der die letzte Produktion meiner Amtszeit sein sollte. Henri Dutilleux ist noch immer auf der Suche nach der Quadratur des Kreises, und Olivier Messiaen hat seine Partitur nicht beendet, so daß deren Uraufführung unlängst auf den Herbst 1983 verschoben wurde – ein Geschenk Bernard Leforts an seinen Nachfolger!

Nachdem vierunddreißig Repertoire-Werke herausgebracht waren, konnte ich mich endlich an Arbeiten junger Avantgarde-Musiker wagen. Um sie zur Aufführung zu bringen, habe ich Pierre Boulez eine Koproduktion mit dem Ensemble Intercontemporain vorgeschlagen. Die erste Vorstellung bestand aus zwei Werken. Ich überlasse es Claude Prey, selbst in sein »Kreuzworträtsel« einzuführen:

»›Kreuzworträtsel‹ ist aus der Idee eines Triptychons entstanden, dessen zwei Seitenteile schon geschrieben waren: ›Der erschlagene Mann‹ (L'Homme occis), 1952, und ›Das Diktat‹ (La Dictée), 1961. Im ersten Teil versucht eine Personengruppe, mit einem unsichtbaren und stummen Gesprächspartner Verbindung aufzunehmen. Umgekehrt zeigt der andere Teil einen Mann, der allein ist und sich an eine unsichtbare Zuhörerschaft wendet. In beiden Seitenteilen ergibt sich ein symmetrisches

Musiktheater I: Jean Babilée in Triptychon

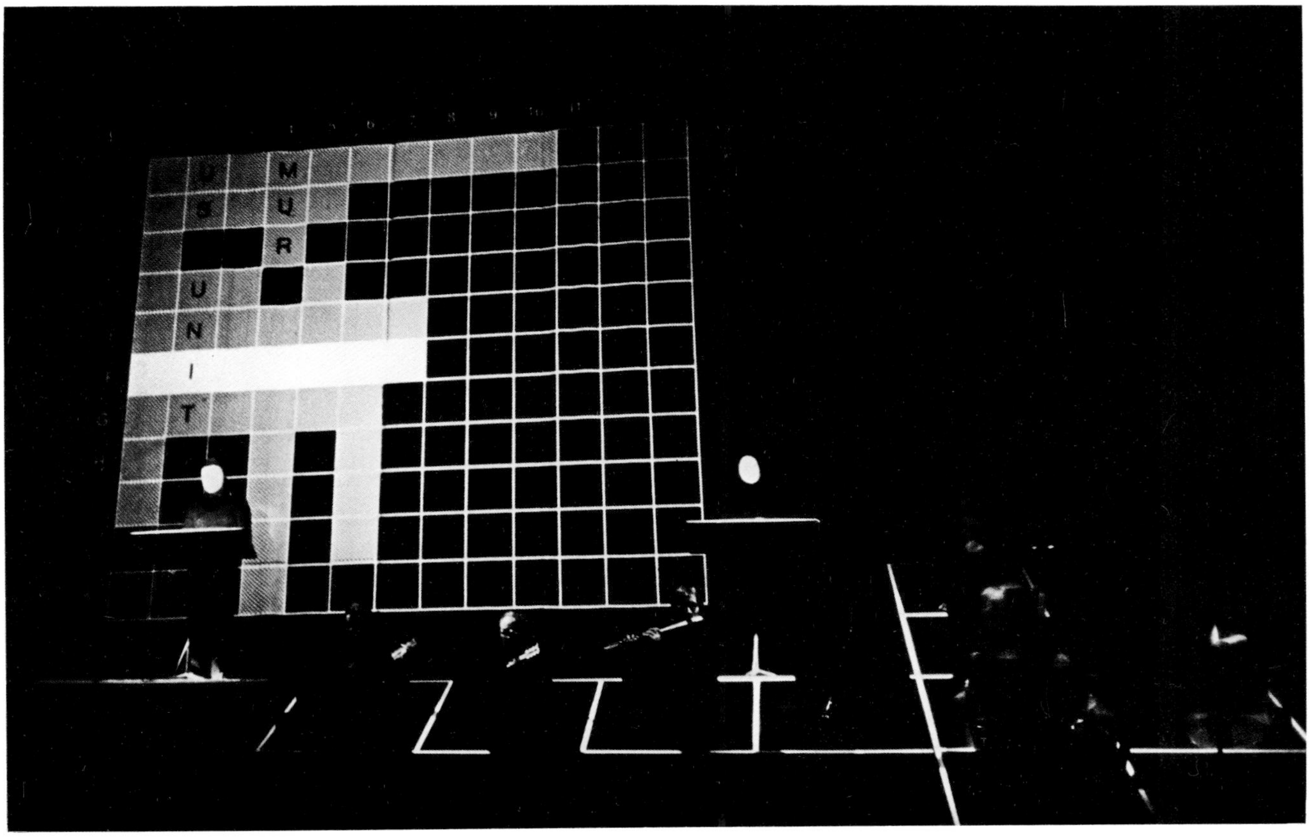

Musiktheater I: Kreuzworträtseloper

Scheitern der Kommunikation. Zwischen ihnen erscheint ›Kreuzworträtsel‹ wie ein Liebesduett, eine letzte Hoffnung auf Mitteilbarkeit. Von der durchkreuzten Rede der beiden Seitenteile bis zur durchkreuzten Rede des Gitterfeldes, selbst Symbol des sozialen Zwanges, war es nur ein Schritt.

Das Libretto sieht genau wie ein Kreuzworträtsel aus. Der horizontale Teil gehört der weiblichen Stimme. Jedes Geschlecht gibt sich dem anderen als Rätsel auf, und nach und nach füllt sich das Gitterfeld. Der Übergang vom Buchstaben zum Ton findet nach einem eigens hierfür erfundenen Schlüssel statt. Jeder Buchstabe gewordene Ton hat so dem ›Kreuzworträtsel‹ zu seiner Musik verholfen. Jede der beiden Stimmen fügt sich in eine unterschiedliche Instrumentalgruppe ein, die ihren eigenen Dirigenten hat. Die Dirigenten sind übrigens vertauscht: eine Frau dirigiert die vertikale Gruppe, deren Vokalpartie ein Mann innehat.«

Das zweite zur Aufführung gekommene Werk, »Triptychon«, hatte in England schon großen Erfolg gehabt. Alexander Goehr, Sohn eines nach England emigrierten deutschen Vaters und einer russischen Mutter, Wunderkind der neuen englischen Musik, steht mir persönlich sehr nahe. Man kann nicht enger befreundet sein: Wir haben in Hamburg gemeinsam einen riesigen Skandal anläßlich der Uraufführung seiner Oper »Arden must die« erlebt. Ich habe ihn schon als Kind gekannt; sein Vater, Walter Goehr, war einer meiner engsten Freunde. Von ihm stammt die in Hamburg gespielte Fassung der »Krönung der Poppea«. Nach dem Krieg ist er als Dirigent bei der BBC, vor allem aber als Komponist eines berühmten Walzers jener Zeit, »The expectation Waltz«, bekanntgeworden. Heute noch höre ich ihn sagen: »Ich verstehe nichts von der Musik meines Sohnes. Aber er hat ein Publikum... er ist sogar Professor für Komposition geworden.«

Überzeugt davon, daß die Musik keiner Erklärung bedarf, hat Alexander Goehr es abgelehnt, auch nur den kleinsten Text über sein »Triptychon« zu schreiben.

7. Dezember 1978
Opéra-Comique

ARS NOVA

»Les Chants de Maldoror«
Musik von Marius Constant
nach Gedichten von Lautréamont

»Formes«
Ballett von Roland Petit
Musik von Marius Constant

»My-Chau Trong-Thuy«
Opéra vietnamienne
Musik von Nguyen Thien Dao
(Welturaufführung)

Musikalische Leitung: Marius Constant
Bühnenbilder und Kostüme: Le Ba Dang

Der Abend stand unter der musikalischen Leitung von Marius Constant und begann mit zwei bekannten Werken von ihm. Ihnen folgte die Uraufführung der Oper von Dao, ein Auftragswerk der Pariser Oper und Hauptanziehungspunkt der Vorstellung. Nguyen Thien Dao, ein Komponist, der westliche Wissenschaftlichkeit und östliche Klangwelt vereint, ist gebürtiger Vietnamese, in Paris Schüler Messiaens, dessen Unterricht seinen Orientalismus geprägt hat.

Daos Arbeit gilt hauptsächlich drei Gebieten: dem außermenschlichen, nicht vom Herzschlag ausgehenden Rhythmus, der sich auf eine orientalische Konzeption des Kosmos und auf zeitgenössische technische Verfahren stützt; der aufschiebenden Frequenz, wo die Höhe eines jeden Tones in den sehr hohen und sehr tiefen Lagen ständig veränderlich ist; und schließlich dem Gebiet der Stille, der Meditation. »Ich bemühe mich«, erklärt Dao, »mich von der Zeit und dem Raum, in denen ich lebe, freizumachen. Überall, wo ich bin, versuche ich, nicht genau diese Zeit und diesen Raum zu leben. Die Stille erlaubt es mir, mich in einen anderen Raum zu begeben, anderswo zu sein.«

Dao hatte sich als Bühnenbildner einen seiner Landsleute ausgesucht, Le Ba Dang, seit 1939 in Frankreich ansässig, ehemaliger Schüler der École des Beaux-Arts de Paris. »Ein Dekor«, sagt er, »ist nicht unbedingt die statische Illustrierung einer Opernszene. Für ›My-Chau Trong-Thuy‹ habe ich eine Beweglichkeit gesucht, die es ermöglicht, in jedem Augenblick dem Verlauf der Musik zu folgen. Große Pflanzenplastiken, von Personen in Bewegung gesetzt, die eine Einheit mit diesen Elementen bilden, erwecken die Illusion von Leben auf der Bühne. Ihnen ist zu verdanken, daß die Dekoration sich ständig bewegt und Form und Tonart wechselt, wie die Musik. Gewisse Zusammenstellungen erinnern an fernöstliche Schriftzeichen, obwohl ich allen Exotismus vermeiden wollte. Diese Plastiken sind nur Träger der Schat-

Ars Nova: Christiane Chateau als Prinzessin und Anna Ringart als Prinz in der vietnamesischen Oper My-Chau Trong-Thuy

17 février 1978

à Rolf Liebermann

Mon cher Maître et Ami,

Ce petit mot au sujet de Nguyen Thien DAO —
J'ai appris qu'il était question de monter un opéra de sa composition au nouvel Opéra-Studio (Opéra Comique). Je m'en réjouis et vous en félicite ! Sans doute savez-vous déjà que DAO a eu autrefois un premier prix dans ma classe de composition au Conservatoire, qu'il a encore eu un premier prix au "Concours Messiaen" (organisé par le Prix Erasme d'Amsterdam) : mais ce n'est pas assez. Il faut que vous sachiez aussi que je tiens DAO pour un vrai grand musicien, un des compositeurs les plus originaux de notre époque ! Il y a quelques années, j'ai entendu son "Koskom" (communauté cosmique) pour grand orchestre : j'en ai été bouleversé. Et tout ce qu'il a écrit depuis n'a fait que confirmer ce premier émerveillement…

Croyez, je vous prie, mon cher Maître et Ami, à tous mes sentiments bien affectueux et toujours profondément dévoués.

Olivier Messiaen

tenspiele, die die Aufmerksamkeit der Zuschauer in Anspruch nehmen sollen. Der Gegensatz zwischen Kostümen und Dekor ist kein Hindernis für die Einheitlichkeit des Ganzen. Wie in meiner Malerei suche ich zuerst eine Grundfarbe, einen allgemeinen Ton, dem ich eine Farbschicht hinzufüge und Licht. Für ›My-Chau Trong-Thuy‹ wollte ich vor allem zwischen Musik, Legende und Bühne eine Einheit schaffen.«

Brief an Rolf Liebermann

17. Februar 1978

Mein lieber Meister und Freund,
Nur ein Wort in bezug auf Nguyen Thien DAO. Ich habe erfahren, daß die Rede davon ist, eine Oper, die er komponiert hat, im neuen Opernstudio (Opéra-Comique) herauszubringen. Das freut mich sehr, und ich gratuliere Ihnen dazu! Zweifellos wissen Sie schon, daß DAO seinerzeit einen ersten Preis in meiner Kompositionsklasse in der Musikhochschule gewonnen hat und daß er noch einen ersten Preis beim »Concours Messiaen« (der im Rahmen des Erasmus-Preises in Amsterdam vergeben wurde) erhalten hat; aber das ist nicht genug. Sie müssen auch noch wissen, daß ich DAO für einen sehr großen Musiker halte, für einen der originellsten Komponisten unserer Zeit! *Vor einigen Jahren habe ich sein »Koskom« (kosmische Gemeinschaft) für großes Orchester gehört: Ich war erschüttert davon. Und alles, was er seitdem geschrieben hat, hat diese erste Bewunderung nur bestärkt...*
Glauben Sie bitte, mein lieber Meister und Freund, an meine freundschaftlichen Gefühle, und immer tief ergeben

Olivier Messiaen

22. Dezember 1978
Opéra-Comique

VERONIQUE
Opéra-comique en trois actes

Text von Albert Vanloo und
Georges Duval
Musik von André Messager

Musikalische Leitung: Pierre Dervaux
Inszenierung: Jean-Laurent Cochet
Kostüme: Rosine Delamare
Choreographie: Michel Rayne

Véronique: Danièle Chlostawa als Hélène und François Le Roux als Florestan

24. Februar 1979
Palais Garnier

LULU
Oper in drei Akten
(Welturaufführung des 3. Aktes)

Text nach den Tragödien »Erdgeist« und
»Die Büchse der Pandora« von Frank Wedekind
Musik von Alban Berg
Orchestrierung des 3. Aktes vollendet
von Friedrich Cerha

Musikalische Leitung: Pierre Boulez
Inszenierung: Patrice Chéreau
Bühnenbilder: Richard Peduzzi
Kostüme: Jacques Schmidt

Ich wäre gern bei allen Proben für »Lulu« dabeigewesen. Ich habe es nicht gewagt. Aus Erfahrung weiß ich, daß ein fremdes Auge, auch das meine, für Chéreau eine unnötige nervöse Spannung bedeutet hätte. Ich habe gelernt, nicht auf etwas zu bestehen, das ich in gutem Glauben für mein Recht und meine Pflicht als Operndirektor hielt. In Hamburg litt Rennert so sehr unter der Vorstellung, heimlich beobachtet zu werden, daß er während der Proben auf der Bühne im Saal einen schwarzen Vorhang aufhängen ließ, um sich vor den gleichgültigen Blicken der Putzfrauen zu schützen. Eines Tages setzte ich mich ganz naiv in die erste Reihe, um mir eine »Don Carlo«-Probe anzusehen. Rennert stand mit dem Rücken zu mir und arbeitete weiter, bis er plötzlich, ohne sich nach mir umzusehen und ohne ein Wort zu sagen, den Tisch Philipps II. packte und diesen wuterfüllt in den Orchestergraben warf. Er hatte meine Anwesenheit gespürt.

Bis zur Hauptprobe zu »Lulu« war von der Arbeit nur ein Echo bis zu mir gedrungen; den berühmten dritten Akt, dessen Par-

Lulu, Prolog: Gerd Nienstedt als Tierbändiger und der Zwerg Roberto

Lulu, 2. Akt: Teresa Stratas als Lulu und Franz Mazura als Dr. Schön

titur ich gelesen hatte, hatte ich noch nie gehört. Die letzte Probe vor der Generalprobe ist immer der Augenblick, in dem man Farbe bekennen muß. Für den Direktor besteht dann noch die buchstäblich letzte Möglichkeit einzugreifen. Er befindet sich in einer privilegierten Lage: Er sieht als erster die Produktion und kann mit seinem unverdorbenen Blick Änderungen vorschlagen und über die Zweckmäßigkeit eines Details diskutieren, das manchmal ausschlaggebend ist. Aber diese Lage hat auch ihre Nachteile, denn wenn diese Vorschläge von den Verantwortlichen für die Produktion abgelehnt werden und der Direktor autoritär auf seinem Recht besteht, läuft er Gefahr, Regisseur und Bühnenbildner verschwinden und die Aufführung zusammenbrechen zu sehen. Das richtige Verhältnis zwischen Bewunderung und Kritik zu finden ist mehr eine Frage des Taktes und des Fingerspitzengefühls als der Macht.

Wenn auch das erste Gefühl, das mich nach dieser Hauptprobe überkam, Befriedigung darüber war, das Unmögliche verwirklicht zu haben, so drängte sich mir doch sofort der Gedanke auf, daß am Komponisten dreißig Jahre lang Verrat geübt worden war, indem man sein Werk verstümmelt aufgeführt hatte, da nur der unbekannte dritte Akt dem Torso gestattet, sich in seiner Gänze zu entfalten. Von diesem Augenblick an sah ich die Richtigkeit unserer Arbeit bestätigt. Aber es blieb die Angst vor der einstweiligen Verfügung.

Es war eine lange Geschichte, der Kampf mit Helene Berg, der Witwe und Erbin, der nach ihrem Tod noch heftiger entbrennen sollte. Zwei Lager standen sich gegenüber. Auf der einen Seite Bergs Wiener Verleger

Lulu, 3. Akt: Franz Mazura als Dr. Schön

mit einem vom Autor unterschriebenen Vertrag über eine dreiaktige Oper und einem Klavierauszug des dritten Aktes, orchestriert von dem vorzüglichen österreichischen Musiker Friedrich Cerha; Parteigänger dieses Lagers waren Pierre Boulez und ich, beide Autoren und Freunde des Verlegers Alfred Schlee. Auf der anderen Seite die Alban-Berg-Stiftung, gegründet von der Witwe des Komponisten, der Erbin und Verwalterin der Autorenrechte. Helene Berg hatte testamentarisch die Vollendung und Veröffentlichung des dritten Aktes verboten, ja, sie hatte sogar die Einsicht in das Particell verboten. (Particell: Partiturskizzen auf zwei oder drei Notenlinien unterhalb der Singstimme, die nicht nur Änderungen in Phrasierung, Artikulation, Tempo und Instrumentierung enthalten, sondern auch Nuancen und Anweisungen zur Inszenierung.)

Der Verleger, der sich durch den Vertrag abgesichert fühlte, hatte uns die Genehmigung zur integralen Wiedergabe des Werkes erteilt. Also hatten wir beschlossen, das Risiko einzugehen und »Lulu« aufzuführen, trotz der Opposition der Stiftung, die, obwohl sicherlich an unserer Initiative interessiert, an das Testament gebunden und daher juristisch verpflichtet war, sich uns entgegenzustellen.

Während wir in Paris ruhig probten, stritt sich in Wien der Verleger mit der Berg-Stiftung vor den österreichischen Gerichten. Meine Angst war also kein Hirngespinst. Zwar hatten wir die erste Runde gewonnen, aber die Stiftung war in die Berufung gegangen, und in der zweiten Instanz riskierten wir von neuem das Aufführungsverbot für den dritten Akt. Die Musikwelt blickte gespannt nach Paris. Die abwegigsten Gerüch-

Lulu, 1. Akt: Teresa Stratas als Lulu und Robert Tear als Maler

te kursierten in den Kulissen und Theatergängen und wurden in dieser und jener Form von der Presse aufgegriffen. Österreich schmollte, und die Stiftung schwieg.

Am meisten beunruhigte mich die Zerbrechlichkeit der kleinen Teresa Stratas; ich fürchtete, sie würde die gewaltige Rolle nicht durchhalten, weder physisch noch psychisch. Ich kannte Teresa gut und wußte, daß sie alles gab – und in »Lulu« alles geben heißt Gefahr laufen, aus dem Lot zu kippen.

Aber heute weiß ich, daß wir letzten Endes recht hatten, denn in der ganzen Welt steht jetzt die vollständige »Lulu« auf den Spielplänen...oder beinahe! Sie ist nämlich »rationiert« worden, wie der »Süddeutschen Zeitung« vom 28. Mai 1980 zu entnehmen war. Offenbar haben Stiftung und Verleger einen Vergleich geschlossen, der die juristischen Auseinandersetzungen beendet. Danach darf der Verleger das Werk in seiner kompletten Fassung pro Jahr an drei Theater vergeben. Sollten mehr als sechs Neuaufführungen in zwei Jahren geplant werden, behält sich die Stiftung ein Vetorecht vor.

Ein bizarrer Kompromiß: Er schädigt die Interessen aller – diejenigen des Komponisten und selbst die der Stiftung. Diese und der Verleger verlieren ihre Daseinsberechtigung, da es ja ihre Aufgabe nicht sein kann, Aufführungen der Werke Bergs zu verhindern. Ganz zu schweigen vom Anspruch der Musikwelt, die schon vergessen hat, daß sie sich dreißig Jahre lang mit einer verstümmelten Fassung abfinden mußte.

Lulu, 1. Akt: Teresa Stratas als Lulu und Franz Mazura als Dr. Schön

Lulu, 2. Akt: Teresa Stratas als Lulu und Gerd Nienstedt als Athlet

Lulu, 3. Akt: Teresa Stratas als Lulu

Brief Alban Bergs vom 17. Oktober 1935 an die Universal Edition in Wien. Der Komponist starb wenige Wochen später, am 24. Dezember 1935.

17. 10. 35

Lieber Doktor Heinsheimer,
Dank für Ihren Brief vom 15. Hoffentlich sind Sie über das ergebnislose Verhandeln mit Dr. Eger nicht allzu enttäuscht. Ich bin es auch nicht. Es wäre doch nur eine 2t klassige Aufführung geworden u. eine 3t klassige Bezahlung und dem kann man die Ur*aufführung der »Lulu« nicht aussetzen. Da warten wir lieber noch eine Saison ab: es* kann *nicht sein, daß sich nicht der* richtige *Mann findet, der die geistigen und materiellen Voraussetzungen aufbringt, dieses Werk erstklassig herauszubringen…* wenn einmal genug von der Oper selbst bekannt ist. *Und dazu gehört, daß einmal der Klavierauszug herauskommt.* Dann *nämlich besteht erst die Möglichkeit, daß Einer* – aus künstlerischer Überzeugung *die Première erzwingt und die Erfüllung* aller Bedingungen *erzwingt. Bisher tappen ja alle Aspiranten im Dunkeln. Keiner hat eine Vorstellung wie diese Bühnengestalten in Wirklichkeit aussehen wie die Part.* des gesamten *Werkes beschaffen ist (trotz symph. Stücke), welches Tempo die Handlung hat u.s.w. Zu einer wirklichen* Lust, *die Lulu aufzuführen, ist also niemand (außer Stein!) berechtigt. Tatsache ist ja auch, daß bisher nur solche sich gemeldet haben, die es aus gutem Glauben (wenn nicht Sensation) wagen wollen u. das ist* – glauben Sie mir, *lieber Doktor – nicht das Rechte.*
Daher, wenn ich einen Rat geben kann: macht es möglich, daß der Auszug erscheint, u. zw. in ein paar Monaten, so daß man im Frühjahr da*mit – Propaganda machen kann. So hab ich es szt. mit dem Wozzeck gemacht, als ich gesehen hatte, daß trotz Interesse für diese Oper (schon Büchners wegen), keiner anbeißen wollte, dem man das nur vorspielte oder sonst nahelegte. – Wenn sich die U.E. also zur Herausgabe des Auszugs schnell entschlösse, könnte in den nächsten Monaten* ohne Hetzjagd *(die ja im Fall Prag unbeschreiblich gewesen wäre) von Stein (u. mir) der Auszug fertiggestellt werden u. die Part. einmal abgeschrieben werden.* Dann *wären wir für die Frühjahrsoffensive (+) gerüstet… ganz anders als jetzt, wo wir ja nur Sanktionen zu spüren kriegen.*
Wollen Sie lieber Doktor das also im Schoß der U.E. mit aller Intensivität beraten, und mir dann gelegentlich Bescheid sagen. Übrigens bin ich spätestens anfangs Nov. in Wien u. bleibe mindestens ½ Jahr daselbst.*Bis dahin ist auch die Part. des II. Aktes fix und fertig. (Ende des Jahres dann der III.)*
Ich grüße Sie und die Herren Direktoren herzlichst!

Ihr Berg

Bitte zeigen Sie auch Erwin Stein meinen Brief.

(+) Dazu gehört ja auch, daß gleich ein paar Vertreter der Universaledition da wären, die eben auf Grund des Auszugs diese Partitur kennen – u. lieben lernen könnten.

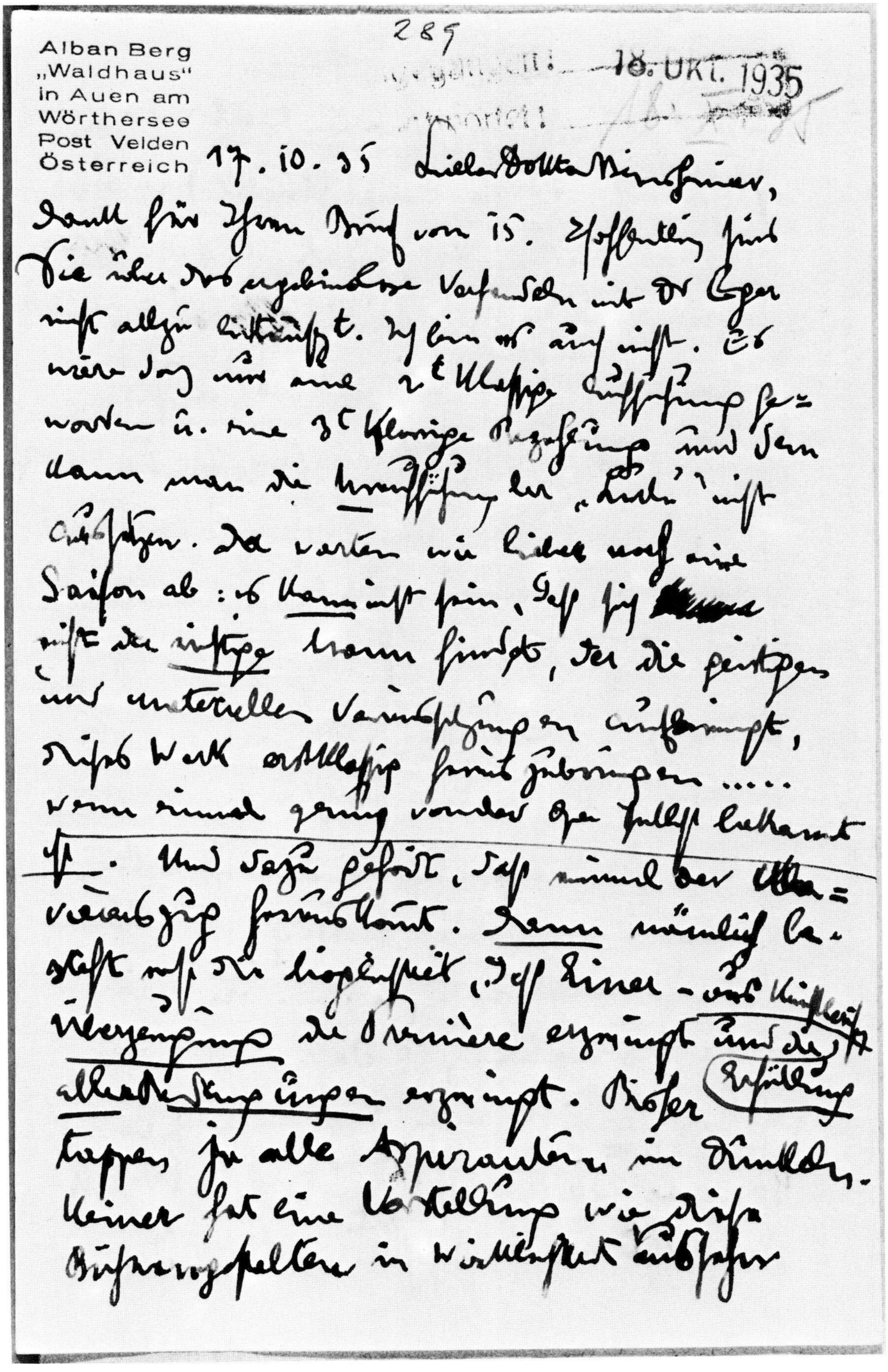
289

18. OKT. 1935

Alban Berg
„Waldhaus"
in Auen am
Wörthersee
Post Velden
Österreich

17. 10. 35

wie die Part. des gesamten Werks be=
schaffen ist (trotz symph. Stücke), welches
Tempo die Sendung hat u.s.w. Zu
einer wirklichen Sicht, die Lücke aufzu-
schieben, ist also niemand (außer
Stein!) berechtigt. Tatsache ist ja
auch, daß sich bisher nur solche gemeldet
haben, die es ausgeführt glauben
(wenn auch Verzeihung wagen wollen
u.s.w.) — glauben Sie mir, lieber
Doktor — auch das Reste.

Daher, wenn ich einen Rat geben
kann: macht es möglich, daß der
Auszug erscheint, u. zw. in ein
paar Monaten, so daß man im
Frühjahr damit — — Propaganda machen
kann. So hab ich's mit dem Wozzeck
gemacht, als ich gesehen hatte, daß

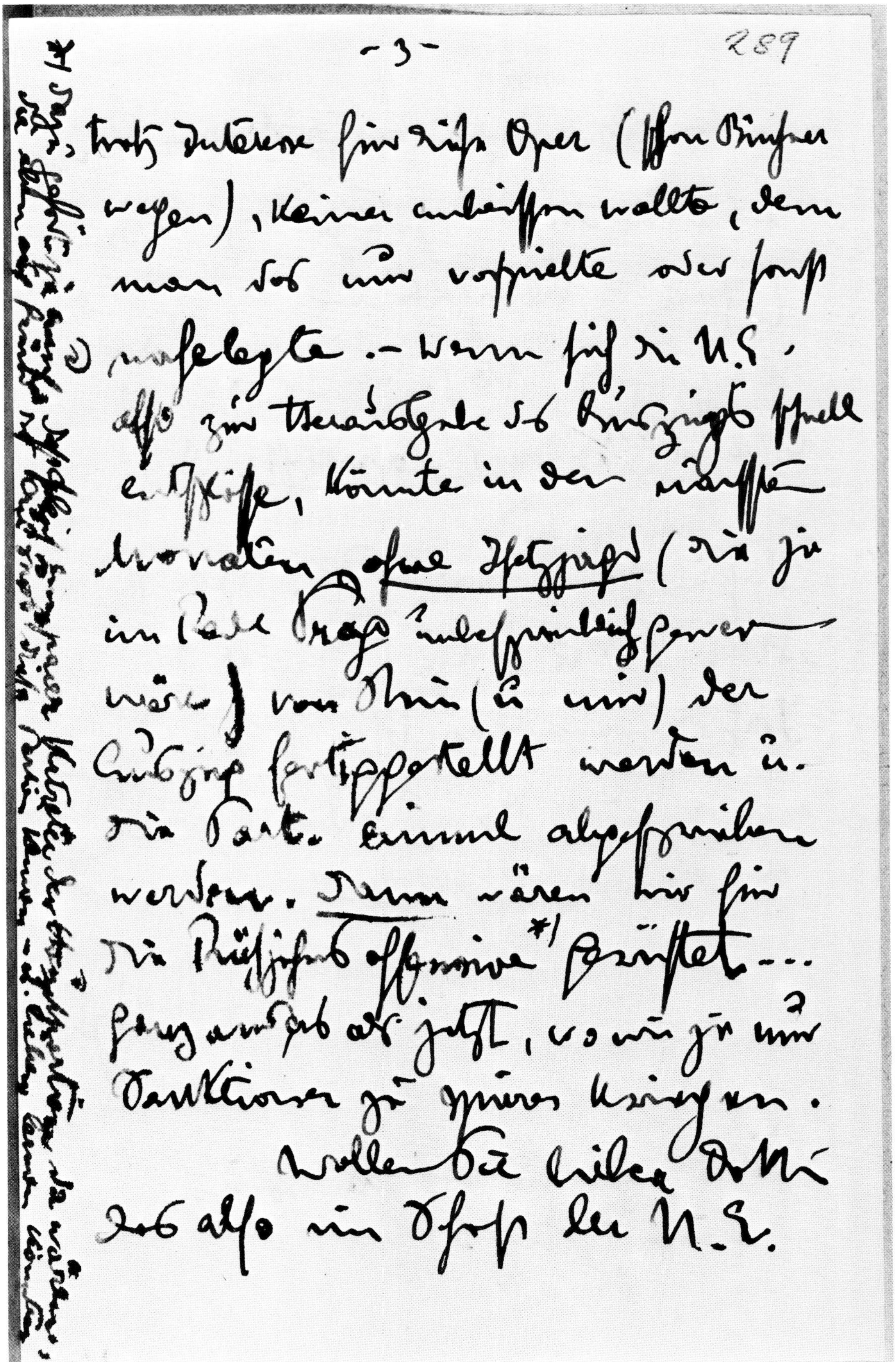

- 3 -

289

trotz Interesse für diese Oper (schon Büchner wegen), keiner anbeissen wollte, denn man das nur vorspielte oder sonst vorlegte. – Wenn sich die U.E. also zur Herausgabe des [illegible] schnell entschlösse, könnte in den nächsten Monaten ohne [illegible] (die ja im [illegible] [illegible] [illegible] wäre) von Stein (u. mir) der Auszug fertiggestellt werden u. die Part. einmal abgeschrieben werden. Dann wären wir für die [illegible] [illegible]*) gerüstet ... ganz anders als jetzt, wo wir zu [illegible] [illegible] zu [illegible] bringen.

Wollen Sie bitte [illegible] das also im Schoss der U.E.

– 4 –

mit aller Intensivität beraten, und mir dann gelegentlich Bescheid sagen. Übrigens bin ich spätestens Anfangs Nov. in Wien u. bleibe mindestens 1/2 Jahr daselbst. Bis dahin ist – auch die Part. des II. Akts sicher fertig. [Ende des Jahres dann der III.]

Ich grüße Sie und die Herren Direktoren herzlichst –!

Ihr Berg

Bitte zeigen Sie auch Erwin Stein meinen Brief –

Lulu, 3. Akt: Teresa Stratas als Lulu

PATRICE CHEREAU: Berg hat Wedekinds Werk so gründlich analysiert, daß seine Musik bereits eine Inszenierung ist, schon Dramaturgie. Aber ganz im Gegensatz zu einer oft verbreiteten Meinung ist Musik eine vieldeutige Angelegenheit, man kann sie auf mehrere Arten lesen. Die »Inszenierung« Bergs enthält Theater-Intuition, mit der ich mich ganz im Einklang befinde, auch wenn ich bei meiner Arbeit versuche, eine Lesart anzuwenden, die sich von der allgemein üblichen etwas unterscheidet.

Schon bei Wedekind ist Lulu weder »femme fatale« noch Vamp. Man kann das ganze Stück und seine Metaphysik zunichte machen, wenn man mit dem Mythos und mit dem Klischee des »typisch Weiblichen« spielt. Ich möchte Lulu gern wie eine Gestalt erzählen, die außerhalb der sie umgebenden Gesellschaft steht. Sie kommt von anderswo her. Ein Tier, ein kleines Tier, keine Deutsche, vielleicht eine Jüdin der dreißiger Jahre, eine Orientalin, in deren Blick manchmal zweitausend Jahre Vergangenheit sich spiegeln; auch eine schwindelerregende Leere, in der sich die Männer verlieren können; ein passiver Widerstand gegenüber allem, was um sie herum geschieht. Sie zeigt es aber nie und läßt so viele Mißverständnisse aufkommen. Sie entstammt einer anderen Welt, sie folgt einer anderen Logik.

Das Stück gestattet keine abstrakte Vereinfachung. Wedekind zeigt uns in sehr konkreter Weise den Schock, den dieses sonderbare Wesen bei Männern und Frauen auslöst. Sie bringt die Männer nicht um. Sie

Lulu, 3. Akt: Toni Blankenheim als Schigolch und Teresa Stratas als Lulu

Lulu, 3. Akt: Kenneth Riegel als Alwa, Toni Blankenheim als Schigolch, Yvonne Minton als Gräfin Geschwitz und Teresa Stratas als Lulu

zieht Menschen an, die sowieso schon Vernichtungs- und Selbstmordgelüste haben. Sie hat eine besondere Beziehung zum Tod, eine Vertrautheit, die der westlichen Denkart fremd ist und vor der ihren Partnern graust. Lulu spielt nicht die erotische Provokation. Sie ist sie, weil die Männer sie mit ihren Vorstellungen und Ideen beladen. In einer puritanischen und moralisierenden Welt voller Angst und Heuchelei bringt Lulu die Widersprüche ans Tageslicht.

Ich möchte vor allem die überaus große Härte dieser Musik wiedergeben, die alles radikalisiert, zur Weißglut bringt, den Text Wedekinds elektrisiert, die Konturen verschärft und die Schicksale unerbittlich macht. Mir scheint, daß man nur aus dieser Sicht Wedekinds Stück heute noch spielen kann, auf jeden Fall bietet sie eine der möglichen Arbeitsgrundlagen. Denn im Grunde genommen haben sich die Mechanismen der Gesellschaft, die Wedekind und Berg schildern, nur wenig verändert. Lediglich die Erscheinungsformen sind andere geworden. Wenn man dieses Werk im Plüsch der Jahrhundertwende spielt – was häufig geschieht –, läuft man Gefahr, Tendenzen des Boulevardtheaters herauszukehren. Das Bühnenbild kann indessen dazu beitragen, die Absichten Bergs, der alles mit sehr scharfen Augen gesehen hat, zu verdeutlichen. Wenn man diesen Text sehr konkret spielt und ganz materiell jeden Symbolismus vermeidet, was Berg in seinen Regieanweisungen an vielen Stellen der Partitur verlangt, dann wird das Stück zu einem echten Mysterium: Der Lulu-Mythos entsteht nach und nach, Schritt für Schritt. Hinter der scheinbar bunten Mischung von Zirkus und Tragödie, Traumwelt und Kitschroman wird echte Tiefe sichtbar. *P. C.*

Lulu, 3. Akt: Teresa Stratas als Lulu

26. Februar 1979
Opéra-Comique

TOM JONES
Comédie lyrique en trois actes

Text von P. Poinsinet
nach dem englischen Roman von Fielding,
neubearbeitet von
Charles Charras und André Gille
Musik von François-André Danican Philidor

Musikalische Leitung: Jean-Pierre Wallez
Inszenierung: Jacques Fabbri
und Philippe Rondest
Bühnenbilder und Kostüme: Yves Faucheur

Tom Jones: Leonard Pezzino als Tom Jones, Michèle Pena als Sophie, Jean-Philippe Lafont als Mr. Western, Suzanne Sarroca als Mrs. Western, Michel Hamel als Alworthy, Charles Charras als Dowling und Monique Pouradier-Duteil als Honora

14. März 1979
Opéra-Comique

MUSIKTHEATER II
In Zusammenarbeit mit dem Ensemble Intercontemporain

»Aventures et Nouvelles Aventures«
Text und Musik von György Ligeti

»Huit chants pour un roi fou«
Text von Randolph Stow
Musik von Peter Maxwell Davies

»Je vous dis que je suis mort«
Opernvariationen frei nach Edgar Allan Poe
Text von François Regnault
Musik von Georges Aperghis

Musikalische Leitung: Jacques Mercier
Inszenierung: Brigitte Jacques
Bühnenbilder und Kostüme: Serge Marzolw

GYÖRGY LIGETI: Die musikalisch-phonetisch-dramatischen Stücke »Aventures« und »Nouvelles Aventures« stellen insofern eine neue Kunstgattung dar, als in ihnen Text, Musik und ein imaginäres Bühnengeschehen vollständig ineinander aufgehen und eine gemeinsame kompositorische Struktur bilden. Es gibt hier keinen meinenden und bedeutungstragenden Text, der dann durch Musik »vertont« wäre; dagegen gibt es einen musikalisch-phonetischen »Text«, der weder zu einer bestimmten menschlichen Sprache gehört, noch durch Transformation oder Verfremdung einer Sprache entstanden ist. Dieser »Text« hat keinen semantischen, dagegen einen ausgeprägten affektiven Sinn: Die klanglich-expressive Grundschicht menschlicher Lautgebung wurde zu einer selbständigen Laut-Komposition entwickelt. Die eigentliche musikalische Komposition bildet mit der Laut-Komposition eine unzertrennbare Einheit: Der Text wird durch die Musik vermittelt, die Musik durch den Text. Der instrumentale Satz »begleitet« nicht den vokalen; die einzelnen Instrumente sind so behandelt, daß sie die menschlichen Laute ergänzen und hervorheben. Die phonetische Komposition reicht bis in die instrumentale Klangkomposition hinein. Durch die semantisch unverständliche, jedoch affektiv deutlich verständliche musikalisch-phonetische Struktur wird eine im konkreten Sinn zwar rätselhafte, von der Seite menschlicher Ausdruckscharaktere und Verhaltensweisen her betrachtet aber durchaus sinnvolle dramatische Handlung angedeutet. Wir erleben eine Art imaginärer Oper: abenteuerliche Peripetien virtueller Personen auf einer virtuellen Bühne. Die Situation ist dabei umgekehrt wie im Theater: Die Handlung findet nicht auf einer Bühne statt, die Musik wird nicht durch agierende Personen vermittelt; vielmehr werden Bühne und Bühnenhelden erst durch die Musik evoziert, wobei jeder einzelne Sänger eine Vielzahl irrealer Personen darstellt. Nicht die Musik spielt zu einer Oper, sondern eine Oper spielt sich innerhalb der Musik ab.

G. L.

AVENTURES ET NOUVELLES AVENTURES

BRIGITTE JACQUES: Drei sitzende Greise, zwei Frauen (Alt und Sopran) und ein Mann (Bariton), auf drei identischen Stühlen. Es könnte in einem Altersheim sein. Die Stühle können ganz vorn auf der Bühne stehen, wie auf eine Straße gestellt. Die Greise singen mit dem Gesicht zum Dirigenten und zum Publikum.

Hinter ihnen erstreckt sich ein grüner Hügel, auf dem ein einsames Haus steht, von dem man eine Veranda und zwei Stockwerke sieht. Hinter den Fenstern des Hauses sowie auf der Veranda bewegen sich zu bestimmten Zeiten, mehr oder weniger lang, drei junge Leute, zwei Mädchen und ein Jüngling, sehr »fitzgeraldisch«, die stumme, von der Partitur unterstrichene Leidenschaft erleben.

Die Greise behalten so oft wie möglich die geöffnete Partitur im Schoß, etwa wie das offene Buch des Lebens, ihrer Erinnerungen. Sie lesen uns eine unverständliche, nicht mitteilbare Geschichte vor, sehr wahrscheinlich die Geschichte, die sich in ihrer Jugend zwischen ihnen abgespielt hat.

Zwischen dem, was man von der stummen Handlung, die von den jungen Leuten gespielt wird, oben im Haus sehen kann, und dem stückweisen Gesang der Greise gibt es ständige Intervalle, die zweifellos auf das nachlassende Erinnerungsvermögen zurückzuführen sind. Am Ende der »Nouvelles Aventures« werden die immer längeren Pausen wie ein Versiegen des Gedächtnisses dargestellt. Mit offenem Mund warten die Alten, daß es wiederkommt. Doch die Erinnerung zerbröckelt immer mehr, und schließlich wird das Buch unleserlich.

Wechselnde Lichteffekte begleiten die »Aventures et Nouvelles Aventures«, je nachdem, ob das Haus mit seinen jungen Menschen in der Erinnerung der Alten auftaucht oder ob man diese ganz allein auf der Durchgangsstraße sieht, wo sie, auf nichts mehr wartend, sinnlose Laute von sich geben.

HUIT CHANTS POUR UN ROI FOU

Man nennt ihn »den verrückten König«, denn von allen Theaterkönigen, die er schon gespielt hat, ist ihm der englische König Georg III. der liebste. Er war der größte Schauspieler der Welt. Jetzt ist er krank und hat sich von der Welt zurückgezogen. Musiker haben ihn aufgenommen und sind seine Schüler geworden. Ihre Liebe hält ihn noch am Leben, und auch die Liebe zu den Vögeln und ihrer Musik. Sie erwarten von diesem Mann, der sterben möchte und der die meiste Zeit auf einer alten Matratze liegt, daß er aufsteht und spielt. Aber er beherrscht das Repertoire des großen Schauspielers von einst nicht mehr. Jetzt zelebriert er den Wahnsinn mit Schreien, Tränen und Beschimpfungen. Sie erblicken darin ein neues Theater, eine neue Musik, eine neue Religion: Vielleicht feiert er nur den Tod, den Tod des Königs, den Tod des Hofnarren, den Tod des Schauspielers. Der Schatten seiner selbst, zu dem er geworden ist, ist für sie der eines Heiligen, eines Propheten. Und in dieser Eigenschaft liefern sie ihn einigen

Musiktheater II: Marie-Thérèse Cahn, François Le Roux, Gabriella Ravazzi (Sänger) und Edith Scob, Marcel Bozzonet, Claudia Stavisky (Schauspieler) in Aventures et Nouvelles Aventures

seltenen Vorstellungen aus, an Orten, die man als die »Einöden« der modernen Welt bezeichnen könnte. Diese Orte sind Heimatlosigkeit, Asyle für Wahnsinnige, Kriminelle, Arme, Parkplätze, Autobahnen, Niemandsland. *B. J.*

Georges Aperghis: Die Pariser Oper hat mich beauftragt, ein Musiktheaterstück von etwa zwanzig Minuten Dauer zu schreiben, das zusammen mit Ligetis »Aventures et Nouvelles Aventures« aufgeführt werden soll.

Ich nahm mir François Regnault als Librettisten und entwickelte ihm meine Ideen. Es ging da eigentlich mehr um eine formelle Sache als um eine Handlung. Ich wollte von einer bekannten Operngestalt ausgehen, für die es Variationsmöglichkeiten gab, oder aber diese Operngestalt in verschiedenartige Situationen bringen, ein Schema schaffen, das sich wie ein Puzzle immer wieder neu formt und die ganze Symbolik der Oper enthält.

Regnault ist von dieser Idee ausgegangen und hat auf Texte von Edgar Allan Poe zurückgegriffen, die den Personen poetische Substanz geben. Wie üblich hat sich das Libretto nach und nach gewandelt: Es ist schließlich zu einem Textbuch in drei Etappen geworden, das mir sehr gefällt. Es ist keine Oper und auch kein Musiktheater, sondern eine Art Variation über die großen Opernthemen: die Liebe und den Tod. Ich habe versucht, möglichst viel Humor hineinzulegen. Ich wollte mir den kritischen Blick für die Welt Poes bewahren und mich nicht völlig in den Bereich des Makabren begeben. Ich wollte zwar, daß man einen Schritt hineinwagte, aber schnell wieder herausfand.

Das bedeutet ständige Brüche. Aber diese

Bruchstellen waren in der Opéra-Comique weder zu hören noch zu sehen. Man hat den Unterschied zwischen richtigem Gesang und Sprechen, das diesen Gesang zunichte machen sollte, nie bemerkt. Man hat nie bemerkt, wenn das Orchester sprach, um die Atmosphäre völlig zu zerstören, und wenn es den Sängern soufflierte. Das Ganze sollte dazu dienen, den Leuten irgendwie klarzumachen, daß es sich hier nicht um eine richtige Vorstellung handelte, sondern daß es darum ging, Opernrealität vorzuführen, mit dem Souffleur, den Arbeitern, die in der Kulisse sprechen, mit dem Orchester, das zu spielen aufhört, um zu reden, mit den Sängern, die sprechen, singen, anders singen.

Diese Brüche ließen sich nicht restlos deutlich machen. Die Sänger, die ausgezeichnet waren, haben infolge mangelnder Probenzeit nur die Noten gesungen, die Worte gesagt, aber das Stück nicht wirklich gespielt.

Brigitte Jacques, die Regisseurin, hatte dieselben Schwierigkeiten. Ihr stand bloß eine Woche zur Verfügung, um diese höchst komplizierte Geschichte zu inszenieren, die für jede Minute, jede Kleinigkeit, jede kleinste Passage eine besondere Beleuchtung erforderlich macht. Anstatt jedes Detail mit einer besonderen Lampe anzuleuchten, wurde alles zusammen mit einem großen Scheinwerfer angestrahlt, so daß gar nichts mehr zu unterscheiden war: kein Schatten, keine Einzelheit.

Auch für die Musik hatten wir nicht genügend Zeit, um das Prisma herauszuarbeiten, in dem sich alles bricht. Es war im Gegenteil nur die Kontinuität vernehmbar. Gerade das hatte ich am meisten befürchtet, als ich das Stück schrieb. Die Leute haben sich daran gewöhnt, ein Werk in seiner Kontinuität zu hören. Doch eben diese Gewohnheit hatte ich zerstören wollen.

Von Anfang an hegte ich wegen der Opéra-Comique und ihrer Tradition die größten Befürchtungen. Schon der Saal mit seinem Goldstuck und seinen Vorhängen birgt die Gefahr, Klischees zu produzieren und Musik und Handlung an ihn zu verlieren. Wahrscheinlich habe ich beim Komponieren nicht genügend darauf geachtet. Ich hätte Gegenmittel einbauen sollen. Ein musikalisch und szenisch völlig nüchternes Werk hätte vielleicht besser widerstanden, denn sobald der Vorhang hier aufgeht, erwartet man eine Art Traumwelt wie im 19. Jahrhundert.

In einem dürftig ausgestatteten Raum, weit entfernt vom Glanz der Oper, wird man meine Musik mit ganz anderen Ohren hören. Außerdem haben wir das Stück viel zu feierlich aufgeführt. Man müßte es spielen, als ob es gar nichts Besonderes wäre. Doch gerade das ist äußerst schwierig und verlangt noch mehr Probenzeit.

Natürlich ist es herrlich, mit großen Sängern zu arbeiten. Das Wichtigste für mich bleibt freilich, die Sänger möglichst lang um mich zu haben und mit ihnen zu arbeiten. Die Sänger waren sehr aufgeschlossen, und ich habe durchaus nicht das Gefühl gehabt, daß sie – was man ihnen oft nachsagt – der zeitgenössischen Musik gegenüber nicht aufgeschlossen sind. Sie waren nur leider nicht oft genug da.

Ich glaube, daß ich mit François Regnault der Hauptschuldige bin. Denn man hatte uns um ein kleines Stück gebeten, wir aber haben ein einstündiges Werk geliefert, mit vielen Sängern, was leider gar nicht der Anzahl der Proben entsprach.

Sechs Monate für das Komponieren, ein Jahr Vorbereitung und Hoffen – und dann fehlten uns drei bis vier Wochen zum Proben, die dem Werk eine Existenzmöglichkeit gesichert hätten. Wenn zeitgenössische Opern auf diese Weise aufgeführt werden, gibt es wirklich keinen Grund, daß das Publikum sie schätzt und daß sie Erfolg haben.

G. A.

11. April 1979
Opéra-Comique

LE MARCHAND DE VENISE

Opéra en trois actes et cinq tableaux

Text nach der Komödie von Shakespeare
Bearbeitung von Miguel Zamacois
Musik von Reynaldo Hahn

Musikalische Leitung: Manuel Rosenthal
Inszenierung: Marc Cheifetz
Bühnenbilder und Kostüme: Bernard Arnould

Der Kaufmann von Venedig: Armand Arapian als Bassanio, Léonard Pezzino als Gratiano, Annick Dutertre als Nerissa und Michèle Command als Portia

7. Mai 1979
Opéra-Comique

INTEGRALE SATIE

Musikalische Leitung: Marius Constant
Koordinierung und Inszenierung: Humbert Camerlo
Bühnenbilder und Kostüme: Max Schoendorff,
Bernard Arnould, Jean-Albert Deroudille
Choreographie: Jean Guizerix,
Léonide Massine, Wilfride Piollet,
Moses Pendleton, Michel Rayne

Das Gesamtwerk von Satie wurde in
zwei Tagen aufgeführt

Intégrale Satie: Plakat. Erik Satie in dem Film
Entreacte von René Clair, 1916

11. Mai 1979
Palais Garnier

L'ENFANT ET LES SORTILEGES

Fantaisie lyrique en deux parties

Text von Colette
Musik von Maurice Ravel

OEDIPUS REX

Opéra-oratorio en deux parties

Text nach Sophokles
Musik von Igor Strawinsky

Musikalische Leitung: Seiji Ozawa
Inszenierung: Jorge Lavelli
Bühnenbilder und Kostüme: Max Bignens

Strawinsky selbst hat mir die Entstehungsgeschichte seines »Oedipus« erzählt.

Cocteau hatte ihm zunächst ein französisches Libretto geschrieben, das auf dem Drama des Sophokles fußte. Der Text erschien Strawinsky fad, und er konnte ihm keine musikalische Inspiration abgewinnen. Er schlug daraufhin Cocteau vor, den Text von Jean Daniélou, dem späteren Kardinal, ins Lateinische übersetzen zu lassen. Dieser hervorragende Latinist schrieb also einen perfekten Text in klassischem Latein. Strawinsky machte sich wieder an die Arbeit, aber auch diesmal floß ihm keine Note in die Feder; der Text erwies sich als zu kompliziert. Schließlich kam ihm ein genialer Einfall. Er schlug vor, das klassische Latein in Küchenlatein umzuwandeln und einen Sprecher vorzusehen, der die Handlung jeweils in der Sprache des Landes, in dem das Werk aufgeführt würde, erklären sollte.

Aufgrund der Schwierigkeiten der Partitur ist »Oedipus« fast immer konzertant gespielt worden, mit den Noten in der Hand. Meines Wissens war es anläßlich dieser Vorstellung an der Pariser Oper das erste Mal, daß der Chor, der die Hauptrolle spielt, auswendig sang. Diese Leistung hat ihn ein Jahr Arbeit gekostet.

Als das Werk kreiert wurde, war Jean Cocteau der Sprecher. Er konnte dann die Fackel nur an seine unvergeßliche »Prinzessin des Todes«, Maria Casarès, weitergeben.

JORGE LAVELLI: Oedipus unterzieht sich einer Prüfung, aber er versagt. Es geht dabei nicht um den kleinen alltäglichen Tod, um einen Augenblick der Reife, sondern um das unerbittliche Schicksal, das schon vor seiner Geburt durch den Willen der Götter bestimmt, vom Orakel verkündet und von allen angenommen war. Das Verhängnis, das auf seinen Taten lastet, bringt es mit sich, daß es für die Protagonisten keinen zusammenhängenden Dialog gibt, daß sie sich vielmehr in allgemeinen Redensarten ausdrükken, die sich oft wiederholen.

Das Latein, das Strawinsky gewählt hat,

ist eine vollkommen künstliche Sprache, die der Musik größere Entwicklungsmöglichkeiten bietet, als jeder andere, besser ausgearbeitete, in Einzelheiten gehende Text dies erlaubte.

Hier gibt die Musik der Tragödie ihre wahre Dimension, und die Inszenierung lebt von ihr. Die Reaktionen der Personen hängen vom psychologischen Kontext ab, der den schicksalsbedingten Tatsachen entspringt.

Unser Bühnenaufbau erinnert weder an eine Zeit noch an einen Ort; er entspricht einer dramaturgischen Idee, die sich aus dem Verlauf und den Bedürfnissen der dramatischen Situation entwickelt hat. Je tragischer die Situation wird, um so gefährlicher wird der Bühnenaufbau. Es gibt eigentlich keine richtigen Kostüme, es gibt nur sichtbare Zeichen, an denen man die soziale Zugehörigkeit der Protagonisten ablesen kann.

Die königlichen Personen befinden sich auf dem Terrain der Macht. Sie verteidigen es mit Ungestüm. Sie allein haben die Möglichkeit, sich auszudrücken; der Hirte und der Bote sind lediglich Zeugen, sie sind nicht in Gefahr. Teiresias befindet sich vorübergehend auf dem gefährdeten Terrain, weil er eine Zeitlang die Schicksalhaftigkeit und die Gerechtigkeit verkörpert. Aber er ergreift nicht Partei, denn er ist blind, und er zieht sich sehr schnell zurück. Kreon, obwohl als königliche Person in den Machtkampf verwickelt, zieht sich ebenfalls rechtzeitig zurück.

Es gibt eine doppelte Lesart der Situationen: Die eine ist durch die »Todesmaschine« selbst gegeben, die andere durch die Veränderung der Kostüme. Jeder verteidigt seinen Bereich, und jeder wendet sich an die Menge, die gleichzeitig Zuschauer und Kommentator ist. Die Menge ist von der Pest befallen, vom Tode bedroht, sie ist halb begraben oder hängt an einer Entscheidung, die unabhängig von ihrem Willen ist – eine aktuelle Situation.

Die Menge hat das Recht, das Wort zu ergreifen, aber das verschafft ihr keinerlei Einfluß. Wenn Teiresias die Botschaft des Orakels verkündet, ist damit die polizeiliche Fahndung eingeleitet. Kreon unterstützt diese Maßnahme, er ist der starke Mann, von keinerlei Schuldgefühlen belastet (musikalisch wird er immer vom ganzen Orchester gestützt). Jokaste lehnt sich gegen das Orakel auf, und ihr erstes Auftreten zeichnet sich durch echte Weiblichkeit aus (musikalisch wird sie von Streichern, Harfen und Flöten zart begleitet).

Sie beschwichtigt bis zu dem Augenblick, in dem sie sich der Gefahr bewußt wird, die ihre Liebe bedroht. Dann aber lehnt sie sich völlig gegen das Orakel auf und unternimmt alles, um die anderen von der Nichtigkeit des göttlichen Spruchs zu überzeugen. Jokaste kann den Inzest nicht zugeben, da er gleichbedeutend mit degenerierten Nachkommen ist. Sie ist zur Auflehnung gezwungen. Doch es gelingt ihr nicht, die anderen, die Zuschauer, die Zeitgenossen, mitzureißen.

Zu Anfang des Werkes tritt Oedipus ganz selbstsicher auf, sehr theatralisch in seine lange Schleppe drapiert, aber langsam beschleicht ihn die Angst. Kreon gegenüber zieht er sich, wie der Gegner, auf seinen politischen Bereich zurück. Dort hofft er auf eine letzte Wahrheit, auf die des Orakels, auf die blinde Wahrheit, deren Träger Teiresias ist. Von da an wird Kreon ein Zuschauer, der seine Stunde abwartet – in der Gewißheit, daß Oedipus stürzen wird.

Wenn die Beweise vorliegen, steht der politische Kampf den sozialen Problemen gegenüber. Oedipus und Jokaste versuchen, sich durch ein öffentliches Bekenntnis zu entlasten. Das Gefolge, das sie bis jetzt unterstützt hat, legt die unnötig gewordenen äußeren Zeichen der Macht und der Königswürde ab.

Dies ist keine Erklärung a posteriori – wie die eines Zuschauers. Ich hatte nicht die Ab-

Oedipus Rex: Kenneth Riegel als Oedipus und Viorica Cortez als Jokaste

sicht, mit meiner Inszenierung einen Verfremdungseffekt zu erzielen. Dafür sorgt schon der Text des Sprechers, dem Cocteau leichte Ironie in den Mund gelegt hat. Ich wollte, ganz im Gegenteil, eine Geschichte von Schuld und Inzest noch leidenschaftlicher, noch deutlicher gestalten. Ich wollte auf das Zeremoniell des Oratoriums zurückgreifen. Wenn die Trompeten den Tod Jokastes verkünden, sind sie auf der Bühne, unter einem schwarzen Katafalk, zur Todesfeier. *J. L.*

SEIJI OZAWA: Strawinsky spielen bedeutet, sich dem Willen des Komponisten zu unterwerfen, jede Note entsprechend seinem Wunsch zu behandeln. Er hat seinen eigenen Schlüssel, und er läßt nicht zu, daß man seine Faktur assimiliert und eine Interpretation seines Werkes liefert. Wir sind gezwungen, den Achtel- und Sechzehntel-Noten gegenüber eine andere Haltung einzunehmen, das sind rhythmische Noten, die Strawinsky marcato wollte. Ich habe Strawinsky dirigieren sehen, als ich Direktor vom Ravinia Festival war, vom Sommerfestival des Chicagoer Symphonie-Orchesters, mit dem Strawinsky seine eigenen Werke zur Aufführung brachte, und ich war sein Assistent während seiner Japan-Tournee. Er ist wirklich sehr präzise und völlig unnachgiebig. Viele Musiker nehmen seine Angaben nicht ernst, aber Strawinsky wußte genau, was er wollte. Wie Mahler war er sich der kleinsten Einzelheit bewußt, die er in der Partitur niederschrieb. Das ist alles sehr mechanisch und mathematisch, sehr scharf berechnet. Er kannte sein Tempo und seinen Rhythmus von Anfang bis zum Ende; auf der ersten Seite seines Werkes wußte er schon, wie er bis zur letzten Seite kommen würde.

Zu Lebzeiten Strawinskys habe ich mit ihm immer über die Werke, die ich zu dirigieren hatte, diskutieren können, und ich habe die Partituren vom »Sacre« und von »Movements« nach seinen Angaben eingerichtet. Er hat mich nie »Oedipus Rex« dirigieren sehen, aber ich habe ihm nach der Aufführung Fragen stellen können.

Gewöhnlich spielt man am Ende eines Bogens und auch am Ende einer Phrase etwas leiser. Doch für Strawinsky ist das nicht richtig; er will ein Tenuto oder einen Akzent auf der letzten Note. Aber er markiert es nicht. Auf meine Frage hat er geantwortet, daß für ihn ein Bogen ganz einfach eine Phrase abgrenzt und nicht unbedingt ein Legato bezeichnet. Für uns ist ein Bogen ein Legato. In seinen Partituren gibt es viele solche Stellen. Er benutzt den Bindebogen, um eine Phrasierung anzugeben, weil er bis zum Ende eines Wortes gehen will. Manchmal erraten wir seine Interpretationswünsche, weil eines der Instrumente an derselben Stelle ein Akzentzeichen hat. Manchmal verlangt er so unmögliche Dinge wie diese Akzente unter einem Bogen oder die getrennten Noten innerhalb einer Bindung. In »Movements« gibt es fast dieselben Probleme. Wenn er eine sehr lange Phrasierung will, setzt er einen Bogen, und für die Blasinstrumente, besonders für die Klarinette, bedeutet das, eine durchgehende Melodie zu spielen. Aber das entspricht nicht Strawinskys Vorstellung; er will trotzdem getrennte Noten. Das sind Dinge, die wir nicht in der Schule lernen, und man kann von dem Klarinettisten nicht erwarten, daß er sie errät. Ich habe alle diese Dinge in der Partitur vermerkt, denn ich habe solche Fragen noch mit Strawinsky selbst besprochen. Ich bin gezwungen, sie den Musikern zu erklären, ihnen zu sagen, welche Noten wichtig sind. Jetzt gibt es nur noch Robert Craft, der sich in diesen Dingen gut auskennt. Strawinsky selbst war kein sehr guter Dirigent, aber er legte größten Wert auf die Artikulation in seiner Musik.

Das Kind und der Zauberspuk: Maria-Fausta Gallamini als das Kind

Bei »Oedipus Rex« stehen wir vor der Suche nach der Artikulation. Sie ist besonders schwierig für den Chor, denn sie gehört nicht zu seinem Vokabular, und es ist fast grausam, sie von ihm zu verlangen. Ich muß besonders darauf achten, den Choristen alle Anweisungen schon in den ersten Proben zu geben, damit sie keine falschen Rhythmen und Tempi auswendig lernen. Dazu kommt die Schwierigkeit des Latein. Sie haben es vielleicht in der Schule gelernt, aber sie sind damit nicht vertraut, und im Gegensatz zu dem, was in der Oper allgemein üblich ist, hat der sehr lange Text keinerlei Wiederholungen. Die Chorpartie ist die schwierigste, weil sie wenig natürlich zu sein scheint.

Im allgemeinen gehört es zu den Aufgaben des Chors, Gefühle auszudrücken, und jeder Chorsänger stellt sich darauf ein. Wenn ein Solist eine besonders leidenschaftliche Stelle zu singen hat, begleitet der Chor ihn und unterstreicht noch seinen Gefühlsausbruch. Und wenn der Chor seine Begeisterung zeigt, stimmt der Solist mit ein. In »Oedipus Rex« ist das anders. Der Chor hat zwei Funktionen: Er ist Berichterstatter und Volk, doch er beteiligt sich nie gefühlsmäßig. Er erzählt die Geschichte, ohne Partei zu ergreifen. Die Choristen sind wie Figuren aus Holz. Sie erinnern an avantgardistische Blumengestecke, für die man verdorrtes Holz verwendet hat, um eine einzige gelbe Blume besser zur Geltung zu bringen.

Die ausdruckslose Erzählweise des Chores verleiht den Charakteren der Jokaste, des Oedipus und des Kreon mehr Dramatik. Die von der traditionellen Oper abweichende Idee Strawinskys ist einfach großartig. Die Bühne wird nie von nur einer einzigen Gefühlsbewegung beherrscht. Gerade das läßt sich jedoch schwer gestalten, besonders für die menschliche Stimme, wenn sie einer Bewegung Ausdruck geben soll, die nicht derjenigen des Orchesters entspricht. Es gibt

Das Kind und der Zauberspuk: Maria-Fausta Gallamini als das Kind und Annick Dutertre als Libelle

Stellen, an denen das Orchester ganz gleichmäßig spielt, beispielsweise in den Pauken, während der Chor in schnellen Passagen die Unregelmäßigkeiten in Rhythmus und Tempo zu übernehmen hat. An diesen Stellen muß ich das Orchester sich selbst überlassen und mich nur mit dem Chor beschäftigen.

Die Arie der Jokaste, ihre Faktur, zeigt uns, daß Strawinsky die Oper nur ihretwegen geschrieben hat. Man kann sich keine sinnlichere und erotischere Musik vorstellen. Er wollte seine eigene Salome schaffen, aber sie ist noch viel verführerischer geworden. Die Schlußnote wird bis zum letztmöglichen

Augenblick vermieden. Spannung und Entspannung wechseln sich ab, nach Art des Free-Jazz; er wird nie atonal, sondern reagiert mehr nach Art eines Saxophonisten, der seine Themen variiert, natürlich nie mit dem gleichen Tempo. Die einzigen Stellen in der Partitur, an denen Strawinsky Fleisch und Blut und menschliches Empfinden wollte, sind die Arie der Jokaste und der schmerzliche Gesang des Oedipus nach dem Auftritt des Teiresias. Diese Passage des Oedipus ist barock, fast eine Kopie von Bach; sie ist zudem klar und einfach, wie Strawinsky. Für mich ist Oedipus weder aggressiv noch brutal; das Orchester begleitet wie eine Orgel.

Auch Ravel schrieb mit großer Präzision, doch mit mehr Wärme und Gefühl. Oft hält man Ravels Musik für reine Technik. Wenn man aber beide Werke hintereinander hört, wird man spüren, daß Ravel sehr natürlich und sehr lyrisch ist. Seine Musik kann vom Dirigenten assimiliert und interpretiert werden, was mit der Musik Strawinskys eben nicht geschehen darf. Ich selber muß mich zu einer so unterschiedlichen Haltung zwingen, bevor ich sie an die Musiker weitergebe, denn ich darf vor dem Orchester nicht das geringste Schwanken zeigen. Es ist außerordentlich schwierig, sich innerhalb einer kurzen Pause auf eine so radikale Veränderung einzustellen. Dennoch finde ich es sehr aufregend, »L'Enfant et les Sortilèges« und »Oedipus Rex« in ein und derselben Vorstellung zu spielen. *S. O.*

29. Mai 1979
Opéra-Comique

MUSIKTHEATER III
Soirée Mauricio Kagel
In Zusammenarbeit mit dem Ensemble Intercontemporain

»Kontradanse« · »Récitativarie«
»Camera obscura« · »Atem« und »Mirum«
»Con voce« · »Umzug«

Gemeinschaftsarbeit mit den Städtischen Bühnen Köln
und dem Théâtre Municipal Metz
Musikalische Leitung: Mauricio Kagel
Bühnenbilder und Kostüme: Achim Freyer
Choreographie: Jochen Ulrich

ATEM FÜR EINEN BLÄSER (1969/70)

MAURICIO KAGEL: Authentisches: In meiner Nachbarschaft wohnt ein pensionierter Bläser. Seine Haupttätigkeit heute: Rohrblätter für Kollegen schneiden. Um die Qualität der Blätter zu prüfen, spielt er stets die gleiche kurze Tonfolge. Im selben Haus wohnt ein Sohn des alten Mannes. Er ist Musiker, fünfzig Jahre jünger und bläst Posaune.

Erfundenes: Ein pensionierter Bläser widmet sich stets dem gleichen – seine Instrumente glänzend zu erhalten. Immer wieder schreitet er zum Schrank, öffnet die Kästen, nimmt die Instrumente auseinander und setzt sie dann wieder zusammen, ölt die Mechanik, pustet ins Blasrohr, beseitigt Speichelreste, wärmt Rohrblätter und Mundstücke, übt stumm, spricht gern mit sich selbst und putzt dabei unaufhörlich weiter. Zum richtigen Blasen kommt er selten. Gleichzeitig tritt ein junger Bläser auf, setzt sich auf einen niedrigen Stuhl und trägt – mit häufigem Wechsel von Dämpfer und Instrument – seine Partie vor. Die Töne, die er zu spielen vermag, gelingen selten. Stumpfe, entgleiste Klänge, mit defektem Zungenrollen und schlaffen Lippen hervorgebracht.

Im Verlauf des Stückes wird der Musiker älter. Er bleibt schließlich – eines unverzerrten Blasens nicht mehr fähig – scheintot auf dem Fußboden liegen, den erhofften Ruhestand erwartend.

MIRUM FÜR TUBA (1965)

Während des Wintersemesters 1965 lehrte ich Komposition an der Buffalo University in den USA. In dieser Zeit hatte ich Gelegenheit, mit vielen jungen Interpreten zu sprechen, die auf alle Stücke der Neuen Musik neugierig waren. Aber ich traf auch einen Tubisten, der sein Los beklagte: Es gebe kaum Solo-Literatur, und wenn, entspräche sie nicht seinen Vorstellungen von Neuer Musik. Er bat mich inständig, ein Stück für Tuba zu komponieren.

Nun sah ich eine der wenigen Gelegenheiten gekommen, bei der ein Komponist unmißverständlich beweisen kann, daß er gebraucht wird. Die Musiker sind in mehrfacher Hinsicht die echten Konsumenten und das unmittelbare Publikum des Komponisten. Wenn man in einem lebendigen Dialog mit Interpreten ist, erfährt man stets Anregungen, die ohne nennenswerte Verzögerung wieder in den Kreislauf des Musiklebens zurückfließen.

Ich schrieb also »Mirum«, war stolz auf die geleistete Arbeit und fuhr in jene Stadt, in welcher der Tubist spielte. Er nahm die Partitur in Empfang, hörte meine Erläuterungen, lächelte höflich, schwieg, und ich verabschiedete mich. Als ich ihn einige Wochen später sah, grüßte er mich nicht mehr.

Selbstverständlich war ich betroffen, so wie er betroffen war. (Es war das zweite Mal in meinem Leben, daß mir so etwas geschah.) Nur seine Gründe habe ich nie erfahren, und wahrscheinlich hätte ich sie auch nicht begreifen können. Was war schon an diesem Stück außerordentlich? Wenig.

Musiktheater III: Umzug von Mauricio Kagel

UMZUG (1977)

Motto dieses stummen Schauspiels für Bühnenarbeiter ist folgende Erkenntnis: »Kaum etwas interessiert den Menschen so sehr, als andere arbeiten zu sehen.« (M.K.) Die Handlung dieser szenischen Etüde beruht auf einer konkreten Situation: Echte Bühnenarbeiter laden Vorhänge, Dekorationselemente, Versatzstücke, Möbel und Requisiten in einen Möbelwagen, bis dieser voll ist.

»Déménagement« ist absolutes Schau-Spiel, also stummes Theater. Ich habe dieses Stück konzipiert in Anlehnung an den Begriff »absolute Musik«. Ohne sich der klassischen Pantomime zu bedienen, steht diese Komposition am Scheideweg zwischen Sprech- und Musiktheater. In seiner Art ist dies eines der extremsten Werke, die ich geschrieben habe, ausschließlich mit »nichtklingenden Materialien« komponiert. Die Objekte, mit denen die Träger auf die Bühne kommen, sind in fünf Grundformen geordnet. Ihr Gewicht ist ebenfalls in fünf Stufen gegliedert. Die acht Träger haben charakteristische Eigenschaften, die sie im Verlauf der Darstellung immer wieder kennzeichnen. Zum Beispiel: A, der Tüchtige; B, der Schwitzende; C, der Vorsichtig-Langsame; D, der Pausenmacher; E, der Flinke; F, der Bockige; G, der Faule; H, der Nachlässige. Die Choreographie ist ebenfalls festgelegt: Anzahl der gleichzeitigen Auftritte sowie die verschiedenen Schrittempi unterliegen einem strukturierten Verlauf. Die Musikalität der Darstellung äußert sich also in der Art, wie Mensch-Objekt-in-Bewegung die zugrunde liegende visuelle Komposition wahrnehmbar macht. *M. K.*

30. Juni 1979
Palais Garnier

NABUCCO
Dramma lirico in quattro parti

Text von Temistocle Solera
Musik von Giuseppe Verdi

Musikalische Leitung: Nello Santi
Inszenierung: Henry Ronse
Bühnenbilder und Kostüme: Beni Montresor

Nabucco: Grace Melzia Bumbry als Abigail

Nabucco: Grace Melzia Bumbry als Abigail

Daß mir so etwas passieren würde, hätte ich nicht für möglich gehalten. Ich werfe diesem »Nabucco« alles vor, was ich an »Turandot« verabscheut habe: Ein politischer, sozialer und revolutionärer Elan wird unterdrückt, erstickt in Gold und Seide, in verlogenem Prunk, der bei einem barocken Fest möglich wäre, nicht aber in einem Werk, das bei seiner Uraufführung am 9. März 1842 in der Scala patriotische Gefühle in einem Maße ausgelöst hatte, daß die Zuschauer, hingerissen von den Klängen des berühmten Chores »Va pensiero«, auf die Bühne gestürmt waren und alle, Chor, Publikum, Musiker und Sänger, in nationalistischer Begeisterung gegen die Unterdrückung Italiens durch die Österreicher demonstriert hatten.

Die Identifizierung des Publikums mit dem von den Babyloniern unterjochten hebräischen Volk ist einkalkuliert gewesen. Verdi hatte sich nach zwei durchgefallenen Stücken lediglich aus politischem Engagement noch einmal bereit erklärt, für das Theater zu schreiben. Er hatte sich vorgenommen, eine politische Oper zu komponieren. Sie hat ihm zum Durchbruch verholfen.

Doch was bekam man auf der Bühne des Palais Garnier zu sehen? Weder Unterdrücker noch Unterdrückte. Dafür schwerreiche Leute, ohne jede Identität, ohne Persönlichkeit, Leute, von denen man die einen für die anderen halten konnte und die gänzlich unfähig gewesen wären, Begeisterung oder gar eine Revolution auszulösen. Übrigens hätte man auch gar nicht gewußt, auf wessen Seite man sich stellen und für wen man sich begeistern sollte.

Wie hat eine Aufführung derart meiner Hand entgleiten können? Der Regisseur ist für seine modernen Produktionen bekannt, er hatte mit Erfolg »Platée« in der Opéra-Comique inszeniert, ich vertraute ihm, auch seinem Bühnenbildner, der mich in süße Träume versenkte mit seinem »herrlichen Rot und Gold« und »der Glut des Mittelmeeres«. Auf der Generalprobe sahen wir uns in die Folies-Bergère versetzt, aber ohne flotte Mädchen mit schönen nackten Busen, die uns hätten trösten können.

12. Oktober 1979
Opéra-Comique

LA FILLE DU REGIMENT
Opéra-comique en deux actes

Text von Saint-Georges und Bayard
Neubearbeitung des Textes von
J.-L. Martin-Barbaz und P.-Y. Leprince
Musik von Gaetano Donizetti

Musikalische Leitung: Paul Ethuin
Inszenierung: Jean-Louis Martin-Barbaz
Bühnenbilder und Kostüme: Pierre-Yves Leprince
Choreographie: Michel Rayne

Die Regimentstochter: Mady Mesplé als Marie

23. Oktober 1979
Welturaufführung in Paris

DON GIOVANNI-FILM

Film von Joseph Losey nach der Oper von
Wolfgang Amadeus Mozart und
Lorenzo da Ponte
In Zusammenarbeit mit Frantz Salieri
Nach einer Konzeption von Rolf Liebermann
Musikalische Leitung: Lorin Maazel

DON GIOVANNI FÜR JEDERMANN

Bis zum 20. Jahrhundert war die Oper nur der aristokratischen Elite vorbehalten. Deshalb betrachtete Adorno es als einen puren Frevel, eine Oper von Mozart vor mehr als zweihundert Personen zu spielen – einer Anzahl, die dem Hof entspricht, für den sie geschrieben war – und sie in einem Saal aufzuführen, der größer war als das Theater der Königin in Versailles oder das Teatro Olimpico in Vicenza.

Heute erleben wir eine kulturelle Explosion, nicht nur in Europa, der Wiege der Kunst, sondern in der ganzen Welt. Diese allgemeine, zum Teil von den Massenmedien erzeugte Nachfrage kann nicht mit einigen Theateraufführungen befriedigt werden.

Im Theater ist die Anzahl der Plätze nicht beliebig vermehrbar. Die Dimension eines Theaters wird durch die physische Kapazität der Sänger begrenzt. Ohne Manipulation des Tones mit elektronischen Mitteln sind maximal viertausend Plätze möglich. Eine weitere Schwierigkeit sind die Platzpreise. Diejenigen, die sich gern Plätze kaufen möchten, verfügen oft nicht über die entsprechenden finanziellen Möglichkeiten. Hinzu kommt das moralische Problem. Die Theater können nicht ohne den Zuschuß des Steuerzahlers existieren, der oft gar nicht in der Lage ist, von der ihm aufgezwungenen Finanzierung zu profitieren.

Wie demokratisiert man dieses elitäre Erbe?

Bis heute – und das war eine gute Vorbereitung – hat man alle Welt durch Fernsehübertragungen an der Oper teilnehmen lassen und somit dem Fernsehzuschauer das Gefühl vermittelt, unmittelbar ein besonderes Ereignis erlebt zu haben. Was miterlebt wurde, war aber nur eine Reportage, kein Kunstwerk. Wir wollten deshalb versuchen, dem unersetzlichen, lebendigen und flüchtigen Wesenszug des Theaters gerecht zu werden, indem wir ihm eine neue Form des Ausdrucks gaben, die den künstlerischen und demokratischen Ansprüchen gleichermaßen genügen sollte: die verfilmte Oper.

Don Giovanni-Film: Ruggero Raimondi als Don Giovanni

Don Giovanni-Film: Joseph Losey und Rolf Liebermann während der Dreharbeiten

Das Kino, ausgestattet mit einem guten Stereoton, bietet zu vernünftigen Preisen, aber ohne die Zuschüsse derjenigen, die nicht daran interessiert sind, eine unbegrenzte Anzahl von Aufführungen.

Die Oper hätte, aus ihrem theatralischen Zusammenhang herausgelöst, verfälscht werden können. Musikalisch gesehen, hat sich schon durch die Weiterentwicklung der Orchesterinstrumente und des Diapasons der Klang des Werkes von Mozart im Laufe der Jahre verändert, ohne daß es jemandem bewußt geworden wäre. Man hätte außerdem befürchten können, daß der Film nur eine Art Illustrierung der Oper werden und die bildliche Darstellung die Oberhand gewinnen würde. Damit ein neues Kunstwerk entstand, mußte das Gleichgewicht zwischen Musik und Bild, die beide komplementär sind, perfekt sein. Dieser Film war ein erster Schritt, um aus einer festgefahrenen Situation herauszukommen, ein Versuch, ein enormes kulturelles Bedürfnis zu befriedigen – mit den besten Sängern, den größten Regisseuren und den erstklassigsten Dirigenten.

Don Giovanni-Film: Dreharbeiten im Park der Villa Rotonda. Kiri Te Kanawa als Donna Elvira, José van Dam als Leporello und Eric Adjani als Diener

Auszug aus einer Aufzeichnung Joseph Loseys für die Künstler und Techniker, niedergeschrieben vor den Dreharbeiten für »Don Giovanni«

Wir alle wissen, daß beim Aufnehmen eines Filmes sämtliche Mitarbeiter sich um das Erreichen des besten Tones, des besten Bildes, der besten Farbe bemühen. Wir wissen ebenfalls, daß die beste Qualität noch schwieriger zu erreichen ist, wenn es um die Wiedergabe durch die Medien geht, auf die wir uns für die Verarbeitung verlassen müssen.

Die Medien Kino, Fernsehen, Kassetten stellen für die Wiedergabe von Stimmen und Musik erschreckende Probleme, angefangen von der Farbkontrolle im Labor bis zur Überprüfung der Videokassetten; es gibt keine Standardwerte für den Rahmen, dieser ist von Kino zu Kino und von Fernsehstation zu Fernsehstation ein anderer.

Wir müssen uns klar sein, daß unser Werk, je perfekter es wird, desto mehr Gefahr läuft, durch Leichtsinn, Geldinteressen, Unkennt-

Don Giovanni-Film, Register-Arie: José van Dam als Leporello und Kiri Te Kanawa als Donna Elvira

Don Giovanni-Film: Joseph Losey bei den Dreharbeiten im Park der Villa Rotonda

nis oder einfach durch Zufall zerstört zu werden. Wir wissen, daß es, von einigen seltenen Gelegenheiten abgesehen, fast unmöglich ist, unser Werk unter idealen Bedingungen und mit einwandfreien Instrumenten wiederzugeben. Wir müssen uns um absolute Perfektion bemühen, von der Herstellung angefangen bis zum Vertrieb.

Natürlich ist das Utopie. Aber ich hoffe, daß die Zeit, die wir zusammen verbringen werden, trotz der erwarteten und unerwarteten Schwierigkeiten, auf die wir stoßen werden, einer Utopie gleichen wird.

Meine Vorstellungen vom Charakter Don Giovannis sind ebenso ketzerisch wie selbstverständlich. Trotzdem werde ich sie darlegen.

Für mich, mein lieber Ruggero, ist Don Giovanni nicht homosexuell, obwohl er ziemlich wahrscheinlich bisexuell ist. Er ist eine fast tragische Figur, und ich muß auf dem Wort »fast« bestehen, weil Problem und Situation nicht sehr vielschichtig sind. Es geht um ein ganz banales sexuelles Dilemma, das aber auch heute Männer und Frauen jeder gesellschaftlichen Herkunft und Altersklasse faszinieren kann. Es scheint, daß Don Giovanni nur ein einziges Interesse hat: die Liste seiner Abenteuer zu verlängern. Andererseits ist er entsetzt und voller Mitgefühl, wenn der Komtur stirbt. Er hatte niemals wirklich die Absicht, ihn zu töten. Er darf niemals »schwer« sein (und das gilt für die ganze Oper und den ganzen Film), er muß fröhlich sein, voll unersättlichem Verlangen nach Leben, Wein, Frauen und Vergnügen. Er könnte als richtiger Satyr dargestellt werden, der jeden Tag Frauen, Männer und Tiere konsumiert. Doch eine solche Konzeption steht im Widerspruch zu Mozarts Musik und insbesondere zu der Art, wie Sie sie gesungen haben.

Don Giovanni-Film: José van Dam als Leporello und Ruggero Raimondi als Don Giovanni

Hier gibt es keine Neuauflage meiner Darstellung der Herr-Diener-Beziehung wie in »The Servant«. Don Giovanni wird nie erniedrigt, obwohl Leporello ihm nicht mehr so richtig dienen, sondern selbst Herr sein will. Don Giovanni ist reich, elegant und begehrenswert, er beherrscht alles, was von einem Mann seiner sozialen Stellung erwartet wird, er ist gewandt im Umgang mit dem Degen und beim Tanz. Außerdem kann er sich recht gut davonmachen. Er kennt weder Moral noch religiöse Gefühle. Er übt selbstverständlich alle Vorrechte seines Standes aus, eingeschlossen das jus primae noctis. Ich nehme nicht an, daß er jemals ein Buch liest, noch daß er lange schläft. Aber wenn

er schläft, schläft er tief. Trotz Mozart und trotz allem ist er die Personifizierung eines revolutionären Anarchisten.

Zerlina ist eine Bäuerin, jedoch nicht gewöhnlich. Die größte Gefahr dieser Rolle ist Schüchternheit und Zurückhaltung. Zerlina ist für mich ein Symbol jener Art Frauen, die prädestinierte Opfer eines Systems sind, in eine mehr oder weniger unvermeidliche Lage hineinversetzt, die nicht einfach durch das »Recht« des Grundherrn erklärbar ist. Natürlich wäre es für sie angenehm, physisch von Don Giovanni zu profitieren (was in Wirklichkeit nie vorkommt) und den Vorzug zu genießen, mit dem Herrn der Rotonda im Bett gewesen zu sein. Aber sie verteidigt Masetto nicht, und sie denkt auch nicht an ihn.

Ich glaube, »Là ci darem la mano« muß beinahe ein Ballett sein, gar nicht kokett, aber sehr erotisch. Sie beide haben das wundervoll gesungen. Wir sollten es wundervoll fotografieren.

Sie sagen mir, daß Zerlina, obwohl eine Bäuerin, eine besondere Bäuerin ist. Sie ist deshalb eine besondere Bäuerin, weil Sie eine Diva sind, Zerlina aber nicht. Don Giovanni hat sie nicht um ihretwillen bemerkt, sondern vielleicht nur, weil sie an diesem Tag gerade dabei war zu heiraten. Wir müssen daran denken, daß trotz der Eleganz, mit der Don Giovanni ihr den Hof macht, sein Interesse nur seiner Liste gilt und daß vielleicht gerade der besondere Charakter Zerlinas der Grund dafür ist, daß er sie nicht auf die Liste setzen kann.

Donna Elvira ist für mich fast die einzige Person der ganzen Oper, die einen unveränderten moralischen Standpunkt einnimmt. Sie glaubte, Don Giovanni zu heiraten. Er lebt mit ihr drei Tage zusammen, er vollzieht die Zeremonie nicht. Sie folgt ihm zur Rotonda. Sie versteht ihn ganz gut. Sie liebt ihn. Sie ist die Frau eines einzigen Mannes. Ich glaube, daß Donna Elvira als Spanierin »besser erzogen« ist als jede der anderen – wenn Sie mir eine so schreckliche Ausdrucksweise erlauben –, daß sie anständiger, beständiger, vornehmer ist (und das war zu Beginn mein Problem mit Maazel und auch das Ihrige). Entweder gelingt es ihr, ihn zu ändern, oder sie geht ins Kloster. Sie versucht immer wieder, ihn zu ändern. Sie ist die Zielscheibe seiner üblen Späße, aber ihre

Würde macht diese Späße erträglich und zugleich schrecklich. Bis zum Ende klammert sie sich an den Versuch, Don Giovanni zu retten.

Die Qualität der Fotografie muß diese Oper zu einem Wirklichkeit gewordenen Traumbild machen. Sie muß, so gut es geht, die Zauberwelt der geschlossenen Opernhäuser wiedergeben. Man darf niemals genau wissen, was Wirklichkeit und was Erfindung ist. Sie soll die Elemente der Erzählung einfangen, ihre Schönheit, ihre Größe

Herr, schaut nur,
welch vornehme Masken!

Wer zerfetzt mir die Seele!
Wer zerreißt mir das Herz!
Welche Qualen, oh, welche Pein!
Was für eine Hölle! Was für ein Schrecken!

unterstreichen und gleichzeitig das Unheil und den Tod vorausahnen lassen, die Liebe, die Fröhlichkeit, die Mutwilligkeit, aber mit der Spannung eines unsagbaren Grauens hinter allem. Präsenz und Präzision, sogar vielleicht eine Harlekinade, aber niemals ein falscher Ton, niemals ein Possenspiel. Meiner Ansicht nach ist das Stück, wenn es im Sinne der Zeit Mozarts interpretiert wird, als »giocoso« gleichbedeutend war mit »glänzend«, eine Tragödie oder eine Tragikomödie.

J. L.

20. November 1979
Opéra-Comique

SOIREE STOCKHAUSEN

Musikalische Leitung: Karlheinz Stockhausen
Inszenierung: Humbert Camerlo
Bühnenbilder: Maxime Descombin
Kostüme: Kenzo

Soirée Stockhausen: Jahreslauf

12. Dezember 1979
Opéra-Comique

VIVE OFFENBACH!
Drei einaktige Operetten von Jacques Offenbach

Musikalische Leitung: Manuel Rosenthal
Inszenierung: Robert Dhéry
Bühnenbilder und Kostüme: Bernard Daydé

Vive Offenbach!: Michel Trempont als Madame Madou, Michel Hamel als Madame Poiretapée und Jean-Philippe Lafont als Madame Beurrefondu in Mesdames de la Halle

19. Januar 1980
Opéra-Comique

ERWARTUNG
Monodram

Text von Marie Pappenheim
Musik von Arnold Schönberg

A KEKSZAKALLU HERZEG VARA
(HERZOG BLAUBARTS BURG)
Opéra en un acte

Text von Béla Balâzs
Musik von Béla Bartók

Musikalische Leitung: Sylvain Cambreling
Inszenierung: Humbert Camerlo
Bühnenbilder und Kostüme: Max Schoendorff

SUZANNE SARROCA: Voller Unsicherheit begann ich die langwierigen Vorarbeiten für die Interpretierung eines so anspruchsvollen Werkes wie »Erwartung«.

Die erste Leseprobe fand mit einer Korrepetitorin statt. Ich begab mich auf einen langen Weg, auf dem die Schönheit und der Reichtum der Partitur alle Vorurteile zunichte machen sollten. Diese Partitur lud mich geradezu ein, meine eigenen Ängste und Freuden, Schmerzen und Hoffnungen mit denen der anderen zu identifizieren, der Frau, dieses Wesens mit vielerlei Gesichtern, das Schönberg auf die Bühne gestellt hat und das nun Tag für Tag die Künstlerin beanspruchte, aber auch die Frau, die ich bin. Denn die Abgrenzung ist subtil und ungenau, und nicht immer weiß man, ob die Schauspielerin eine Rolle übernommen oder ob die Rolle von der Schauspielerin Besitz ergriffen hat.

Am Anfang dieses Weges fand ich in Thérèse Cochet eine Helferin, die bis zum Schluß meine Ängste, Schwierigkeiten und Freuden teilte. Ich entdeckte die musikalische Präzision, die zur Wiedergabe des Werkes notwendig ist und die mich auch zu einer stimmlichen Präzision zwang, die ich vielleicht bis dahin, in einem traditionelleren Repertoire, vernachlässigt hatte. Was ich anfangs für gefährlich und hinderlich gehalten hatte, führte zu einer gewissen Selbstdisziplin.

Nach zwei langen Arbeitsmonaten saß die Rolle stimmlich. Niemals vorher in meiner Karriere hatte ich derart angespannt und konzentriert arbeiten müssen, um mir einen musikalischen Text anzueignen. Zwei Drittel des Weges lagen noch vor mir: der Gestalt Leben einzuhauchen und dem beeindruckend besetzten Orchester entgegenzutreten.

Erwartung: Suzanne Sarroca

Herzog Blaubarts Burg: Ernest Blanc als Blaubart und Viorica Cortez als Judith

Bei den Bühnenproben nahm das Werk endgültige Form an. Die letzten Zweifel, die letzten komplexen Artikulationen des emotionalen Strauchelns der Frau fanden ihre Lösung in der eng an die Partitur gebundenen szenischen Gestaltung.

In unserem Beruf kennt man die katastrophalen Auswirkungen eines nicht homogenen Arbeitsteams. Die Standhaftigkeit Sylvain Cambrelings, Humbert Camerlos Sachkenntnis und sein Glaube an das Werk, ganz zu schweigen von dem Vertrauen des »großen Chefs«, waren die für den Erfolg unseres Unternehmens notwendigen Triebfedern. Allen Ängsten zum Trotz, die ich noch vor der ersten Orchesterprobe verspürte, fand ich von neuem den Rückhalt in der musikalischen Klarheit, mit der Schönberg dem wankenden Weltgebäude seiner tragischen Gestalt eine letzte Stütze gibt.

Meine angeborene Angst vor Schwindel war nicht mehr stark genug, um mich vor dem Gang über die sechs Meter hoch gehängten Gärten Max Schoendorffs zurückzuhalten. Das immer wiederkehrende Zeremoniell dieser Aufführung bereitete mir große Freude. *S. S.*

12. März 1980
Opéra-Comique

LE PORTEUR D'EAU ou LES DEUX JOURNEES
Comédie lyrique en trois actes et en prose

Text von Jean-Nicolas Bouilly
Musik von Luigi Cherubini

Musikalische Leitung: Pierre Dervaux
Inszenierung: Bernard Sobel
Bühnenbilder: Bernard Thomassin
Kostüme: Pierre Cado

Apropos Cherubini: Ich war einfach neugierig, das von allen großen Musikern so einhellig gelobte Werk zu hören, und fand es richtig und interessant, es der Vergessenheit zu entreißen.

Es ist gar nicht erstaunlich, daß die Ouvertüren zum »Wasserträger« und zu »Fidelio« Ähnlichkeiten aufweisen. Beethoven empfand für Cherubini eine überschwengliche Bewunderung und wählte für seinen »Fidelio« denselben Librettisten: Jean-Nicolas Bouilly.

Bei seiner Uraufführung im Jahr 1800 im Pariser Théâtre Feydeau feierte der »Wasserträger« wahre Triumphe. Die Wiederaufnahme in der Opéra-Comique wurde mit völliger Gleichgültigkeit oder mit einer gewissen durch die Naivität der edlen Gefühle ausgelösten Heiterkeit aufgenommen.

Beethoven an Luigi Cherubini:

»Hochgeehrtester Herr!
Mit großem Vergnügen ergreife ich die Gelegenheit, mich Ihnen schriftlich zu nahen. Im Geiste bin ich es oft genug, indem ich Ihre Werke über alle andere theatralische schätze. Nur muß die Kunstwelt bedauern, daß seit längerer Zeit, wenigstens in unserm Deutschland, kein neues theatralisches Werk von Ihnen erschienen ist. So hoch auch Ihre andern Werke von wahren Kennern geschätzt werden, so ist es doch ein wahrer Verlust für die Kunst, kein neues Product Ihres großen Geistes für das Theater zu besitzen. Wahre Kunst bleibt unvergänglich, und der wahre Künstler hat inniges Vergnügen an großen Geistesproducten. Eben so bin ich auch entzückt, so oft ich ein neues Werk von Ihnen vernehme, und nehme größern Antheil daran als an meinen eigenen; kurz ich ehre und liebe Sie.

Beethoven«

Beethoven an Thager zur Zeit der »Missa Solemnis«:

»Cherubini ist der schätzenswerteste aller lebenden Opernkomponisten. Ich bin ganz einverstanden mit seiner Art, wie er das Requiem auffaßt, und wenn mir der Gedanke käme, selbst eins zu schreiben, würde ich ihm gern so manches, bis ins Einzelne, entleihen.«

Der Wasserträger: Jean-Philippe Lafont als Micheli

Der Wasserträger: Jean-Philippe Lafont als Micheli und Jean-Marie Frémeau als Kommandant

Mendelssohn-Bartholdy über »Fidelio«:
»Wenn ich in die Partitur blicke, sowohl beim Lesen wie bei der Aufführung, gewahr ich immer Cherubini's dramatischen Kompositionsstyl. Es ist wahr, daß Beethoven diesen Styl nicht nachahmte, aber derselbe schwebte ihm als der ihm theuerste vor.«

E.T.A. Hoffmann zur »Koriolan-Ouverture«. Aus einem Artikel in der »Allgemeinen Musik Zeitung«, Mainz 1812:
»Das nun eintretende Hauptthema des Allegro trägt den Charakter einer nicht zu stillenden Unruhe, einer nicht zu befriedigenden Sehnsucht in sich, und so unverkennbar es in Beethovens eigentümlichem Geist gedacht ist, so hat es den Recensenten doch lebhaft an Cherubini erinnert, und es ist ihm die psychische Verwandtschaft beider Meister ganz klar geworden. Selbst die weitere Ausführung der Ouverture ist, vorzüglich in der Instrumentierung, mehreren Cherubinischen Ouverturen nahe verwandt.«

Goethe zu Eckermann, 9. Oktober 1828:
»Fragt ihr mich, welche Oper ich gut finde, so nenne ich euch den ›Wasserträger‹, denn hier ist das Sujet so vollkommen, daß man es ohne Musik als ein bloßes Stück geben könnte, und man es mit Freuden sehen würde.«

Richard Wagner: Von der Ouvertüre
»Die so von Gluck und Mozart geschaffene Ouvertüre ward das Eigenthum Cherubinis und Beethovens. Während Cherubini im Ganzen dem überkommenen Typus treu blieb, entfernte sich schließlich Beethoven in einem allerkühnsten Sinne von ihm. Die Ouvertüren des ersteren sind poetische Skizzen des Hauptgedankens des Dramas, nach seinen allgemeinsten Zügen erfaßt und in gedrängter Einheit und Deutlichkeit musikalisch wiedergegeben; an seiner Ouvertüre zum ›Wasserträger‹ ersehen wir jedoch, wie selbst die Entscheidung des drängenden Ganges der Handlung in dieser Form sich ausdrücken konnte, ohne daß dadurch die Einheit der künstlerischen Fassung beeinträchtigt wurde. Beethovens Ouvertüre zu ›Fidelio‹ (in E dur) ist dieser zum ›Wasserträger‹ unverkennbar verwandt, wie überhaupt die beiden Meister auch in den bezüglichen Opern sich am nächsten berühren.«

9. Mai 1980
Opéra-Comique

CARMEN
Opéra-comique en quatre actes

Text von Henri Meilhac und
Ludovic Halévy
nach der Novelle von Prosper Mérimée
Musik von Georges Bizet

Musikalische Leitung: Pierre Dervaux
Inszenierung: Piero Faggioni
Bühnenbilder und Kostüme: Ezio Frigerio

Carmen: Teresa Berganza als Carmen

Carmen: Ruggero Raimondi als Escamillo und Teresa Berganza als Carmen

Nach der schönen »Carmen« von Raymond Rouleau und Lila de Nobili, die zehn Jahre lang das offizielle Glanzstück der Pariser Oper war, mußte man schon einfallsreich sein und sich etwas ganz Besonderes ausdenken, wenn man eine Neuinszenierung plante.

Da es unmöglich war, eine grandiosere Inszenierung anzubieten, blieb lediglich, entweder, »spektakulär« zu sein, indem man den Rahmen erweiterte, oder aber »elitär«, indem man intimer wurde. Natürlich entschied ich mich für die populärere Lösung, die den zu kleinen Saal des Palais Garnier ausschloß. Der Grundriß des Pariser Sportpalastes ließ mich an eine Arena denken, und ich stellte mir vor, daß das Publikum Carmen umringen sollte wie bei einer Corrida.

Nicht überzeugt von der von Robert Hossein, dem Spezialisten der großen Spektakel im Sportpalast, vorgeschlagenen Konzeption, Sänger, Orchester und Chor in eine Ecke abzuschieben und die Bühne Schauspielern zu überlassen, die das Drama mimten, habe ich mich an Ariane Mnouchkine gewandt, weil ihre Arbeit unabhängig ist vom Prinzip der Guckkastenbühne und weil sie es versteht, einen Theaterraum so zu beleben, daß das Publikum physisch an der Handlung beteiligt ist. Aber sie war unkonzentriert, weil ihre Gedanken um die »Cartoucherie« in Vincennes kreisten, wo sie damals gerade ihren Molière-Film drehte. Trotzdem gab sie mir viele Stunden von ihrer Probenzeit, so sehr reizte sie das Projekt. Doch sie sah alles in ganz anderen Dimensionen als der Präsident des Sportpalastes: Sie wollte hoch hinauf, bis unter die Decke, eine wirkliche Arena bauen, welche die vorhandenen Sitzreihen verdeckt hätte. Nachdem ihr Bühnenbildner sich näher damit befaßt hatte, stellte er fest, daß man den Sportpalast zehn Tage lang hätte schließen müssen, um den Umbau im Saal vornehmen zu können. Aber dann hätten die Kasseneinnahmen, die auf dreißig mögliche Vorstellungen beschränkt waren, das Defizit der zehn Ruhetage nicht gedeckt. Wir alle haben mit Bedauern das Projekt fallenlassen.

Zur gleichen Zeit wurde bei den Edinburgher Festspielen eine »Carmen« geboren: Teresa Berganza. Von neuem verfolgte mich der Wunsch, in Paris die Erinnerung an eine Carmen zu hinterlassen – diesmal durch die Wahl der Interpretin in einem intimen Saal, in dem der Opéra-Comique.

Es wäre heute lächerlich, den Stapel von Fernschreiben, Briefen und Mitteilungen zu veröffentlichen, die Abbado und ich zwischen Januar 1979 und der »Carmen«-Premiere gewechselt haben. Meine Auseinandersetzung mit dem italienischen Dirigenten hat nichts Grundsätzliches; sie war ein Zwischenfall, weiter nichts.

Bedauern? Die Vorstellungen sind gut gelaufen. Teresa war die Carmen, die ich erwartete. Sie hat allem möglichen Druck standgehalten, durch den unser Vorhaben zum Scheitern gebracht werden sollte. Das Glück blieb uns treu, trotz Streiks bei der Stromversorgung und beim Fernsehpersonal. Die Fernsehübertragung, die das ganze Unternehmen erst rechtfertigte, fand schließlich live statt. Dadurch wurde wenigstens die Absurdität der geringen Anzahl von vier Vorstellungen etwas ausgeglichen.

Es bleibt ein großes Bedauern, obwohl unser Konflikt, der leider die Absage Abbados und manche Bitterkeit auf beiden Seiten zur Folge hatte, im Grunde nichts anderes als der Reflex der Treue war, derjenigen Claudios zum Londoner Symphonie-Orchester und der meinigen zum Orchester der Oper. Dieser Reflex verhinderte, daß diese großartige »Carmen« am Ort ihrer Uraufführung in Eintracht am Leben erhalten wurde.

5. Juni 1980
Opéra-Comique

LES NOCES CHYMIQUES
Rituel féerique en 7 journées et 20 tableaux

Text: »Chymische Hochzeit Christiani Rosencreutz, Anno 1459«
von Johann Valentin Andreae
Übersetzung und Bearbeitung: Pierre Henry und Thérèse de Saint Phalle
Musik: Pierre Henry, unterstützt von
Isabelle Warnier und David Henry
Musikalische Realisierung und Leitung: Gilbert Artmann
Regie: David Henry, Philippe Latron, Eric Lefevre
Kostüme: Christiane Le Scanff

PIERRE HENRY: Das ist kein Auftragswerk, sondern die Verwirklichung meiner Wünsche. Seit meiner Zusammenarbeit mit Rolf Liebermann in Hamburg für »Klydex« hatte ich Lust dazu. Ich war damals sehr beeindruckt, an einem vollkommen »magischen« Schauspiel mitwirken zu können, in dem Lichtbilder wie Skulpturen von Nicolas Schöffer und das Ballett von Alwine Nicolais gleichermaßen eine Rolle spielten. Ich bin eher ein Mensch des Theaters als ein Musiker der reinen Forschung, und ich habe es sehr gern, wenn die Musik dank künstlerischer Mittel verschiedener Bereiche übertragen und weitergegeben wird. Schon oft hatte ich Liebermann gebeten, mir die Chance zu geben, das Schauspiel meiner Träume realisieren zu können. Wir haben lange gewartet und uns dann geeinigt, an Stelle der Oper die Opéra-Comique zu nehmen, weil ich mich dort zu Hause fühlen und Zeit zum Proben haben konnte – eine Art Zauberkasten, mit dessen Hilfe ich meine gedanklichen und optischen Vorstellungen verwirklichte.

Dieses Schauspiel ist eine Art Reise ins Jenseits, ein alchimistischer Vorgang, eine Rosenkreuzer-Vision. Es ließ sich meiner Ansicht nach nur hier realisieren. Ich dachte sogleich an die »Noces chymiques«, ein Projekt, das mich schon seit langem beschäftigte. Ich wollte ein Stück machen mit Tanz, mit Laserstrahlen, mit verschiedenen Klangmitteln. Als Grundlage diente mir ein Buch aus der Renaissance: »Chymische Hochzeit Christiani Rosencreutz, Anno 1459«, von Johann Valentin Andreae 1616 verfaßt, das ich bearbeitet und mit Thérèse de Saint Phalle stilistisch und sprachlich in eine Form gegossen habe, die einen dramaturgisch lebensfähigen Text hergibt.

Dazu habe ich eine Musik geschrieben, die ich zum erstenmal in meiner Laufbahn mit der Musik anderer Komponisten vermischte – ein Kompositum also. Auf musikalischer Ebene gab es die elektroakustische und die elektronische Musik, live von Michel Redolfi an der numerischen Synklaviatur gespielt, einem Apparat, halb Synthesizer, halb Computer, dann Musik von Urban Sax – typische Urban Sax-Musik –, dann Experimentalgesänge von Frank, dazu die Stimme von Daniel Mesguich. Das alles zusammen ergab ein sehr verschiedenartig klingendes Ganzes, das natürlich polyphoner war und mehr Stilvermischungen aufwies als meine früheren Werke. Zum erstenmal setzte ich zusätzlich zu meinen Bändern einen Sänger, einen Schauspieler, Musiker mit Blasinstrumenten wie Saxophone und einen Synthesizer live ein.

Das ergibt totales Theater: mit Lichtbilder-Projektionen, mit Laserstrahlen, mit einer umfangreichen Choreographie von Günther Pick und Laura Proença für die sehr guten Tänzer des Opernballetts. Wir sind mit all den jungen Menschen, die wir ausgesucht haben, sehr zufrieden. Für dieses Werk bin ich Bauführer, Musiker, Regisseur und Produzent in einem. Zum erstenmal bin ich verantwortlich für eine Aufführung, die so viele Mittel und so viele Menschen einsetzt. Das beeinflußt meinen musikalischen Beitrag. Meine Musik muß sich mit den Klängen anderer vermischen können, aber so, daß deren Eigenwert erhalten bleibt: Urban Sax bleibt Urban Sax. Es gibt auch Musik der Renaissance, Musik der Minnesänger; sie ist heute komponiert, aber im Geiste jener Zeit. Sämtliche Elemente sind von mir verarbeitet und neu strukturiert worden, nach einem genau festgelegten Plan und ausgerichtet auf meine Musik als der zeitlichen und klanglichen Grundlage dieses Werkes. *P. H.*

Les Noces chymiques: Szenenfoto

In der »Süddeutschen Zeitung« vom 6. August 1980 schrieb Rudolf Frisius:

»Rolf Liebermann hat an der Pariser Opéra-Comique das Multimediastück ›Les Noces chymiques‹ uraufführen lassen. Diese von Pierre Henry komponierte und inszenierte Experimentaloper sucht vor allem in ihrer Radikalität ihresgleichen ... Hier erklingt Musik jenseits unserer bekannten Tonsprache – Musik, die den befreiten Ausdruck viel weiter treibt als so manche nostalgisch-neuromantische Konzert- oder Opernmusik ... Henry versucht, die Aussagekraft durch Visualisierungen zu verstärken. Dabei bleibt allerdings offen, ob die vielen optischen Effekte, trotz aller Perfektion, nicht doch hinter dem schillernden Reichtum der Klänge zurückbleiben.«

Boris Godunow: Szenenfoto

9. Juni 1980
Palais Garnier

БОРИС ГОДУНОВ
(BORIS GODUNOW)
Drame musical populaire en quatre actes et neuf tableaux avec un prologue

Text und Musik von Modest Mussorgskij
Originalfassung orchestriert von
Dimitri Schostakowitsch

Musikalische Leitung: Russlan Raytcheff
Inszenierung: Joseph Losey
Szenographie und Kostüme: Emile Aillaud

Das ganze Wochenende über versuchte ich Zeit zu gewinnen. Ozawa hatte kein Vertrauen in die westliche Medizin, und sein japanischer Arzt riet ihm, sofort nach Tokio zurückzufahren. Acht Tage vor der Generalprobe des »Boris« wollte ich noch daran glauben, daß Ozawa die Aufführung dirigieren würde, obwohl ich für seine Befürchtungen durchaus Verständnis hatte.

Aber am Montag morgen hatte ich mich mit der Notwendigkeit abzufinden, daß er sich in eine Klinik in Japan begeben und somit auf ein Unternehmen verzichten mußte, das gewissermaßen auch das seine war. Ohne seine Zustimmung, seinen Mut und seine Einfälle wäre gar nichts möglich gewesen. Wir alle haben ihn mit Kummer abreisen sehen.

Brief an die Künstler des Opernorchesters:

Paris, 1. Juni 1980

»Es tut mir unendlich leid, Ihnen so große Schwierigkeiten zu bereiten. Ich bin sehr traurig, dieses Mal nicht mit Ihnen arbeiten zu können. Während der kurzen Zeit, in der wir vergangene Woche zusammen gearbeitet haben, bin ich sehr glücklich gewesen mit dem, was wir zusammen gemacht haben, und ich möchte Ihnen dafür danken. Dank auch für Ihre schönen Blumen, aber vor allem danke ich Ihnen von ganzem Herzen für Ihre schönen Worte. Ich bin in meinem ganzen Leben noch nie so gerührt gewesen von einer Sympathiekundgebung der Musiker. ›Beste Gesundheit‹ für Sie alle und alle anderen. Viel Glück bis bald...

Seiji Ozawa«

Im Jahr 1975 hat Olivier Messiaen einen Auftrag der Pariser Oper angenommen, ein Werk seiner Wahl zu komponieren. Im Vertrag waren die jeweiligen Lieferfristen sehr genau festgelegt. Nach Beendigung des Klavierauszugs seines »Heiligen Franziskus von Assisi« wählte der Meister für die Uraufführung einen Dirigenten, der schon oft seine Werke betreut hatte und seinen Stil kannte: Seiji Ozawa. Ich meinerseits engagierte die Besetzung, die er ausnahmslos akzeptierte.

Im Juni 1979 schrieb mir Messiaen: »Ich

Boris Godunow: Ruggero Raimondi als Boris

habe jetzt die ganze Orchestrierung der Oper vorzunehmen, das sind ungefähr dreitausend Orchesterseiten. Zwei Bilder sind schon orchestriert, aber sechs sind noch zu machen, leider die längsten. Ich habe also noch etwa zweitausendfünfhundert Orchesterseiten zu schreiben. Jede Seite erfordert etwa drei Stunden, um Anordnung und Verbindung der Klangfarben zu finden, dann nochmals drei Stunden zum Niederschreiben ins Unreine und drei Stunden für die Reinschrift. Also im ganzen neun Stunden für die durchschnittlichen Seiten. Die besonders schwierigen Seiten können bis zu drei Tage in Anspruch nehmen. Zu allem Unglück kommt noch hinzu, daß meine Augen immer mehr nachlassen, was meine Arbeit auch nicht gerade beschleunigt ... Ich habe also meine Kräfte überschätzt. Und hier die volle Wahrheit: Ich werde mit der Orchestrierung nicht vor Januar 1982 fertig sein.«

Ich war sehr enttäuscht. Ich hätte mich gern der Uraufführung eines Werkes des größten französischen Musikers unserer Zeit angenommen, und dieser »Heilige Franziskus von Assisi« wäre ein schöner Abschluß meines Mandats gewesen.

Von da an setzte sich das System in Bewegung, das darin besteht, nicht nur mehr oder weniger gut die Scherben zusammenzuleimen, sondern, auf Erfahrungen gestützt, sich mit diesen ein neues, ansprechendes Unternehmen auszudenken. Für den »Heiligen Franziskus von Assisi« hatten wir acht Sänger und einen Mezzosopran verpflichtet. So bot sich »Boris Godunow« wie von selbst an. Als erstes mußten Ozawa und die Sänger mit der Änderung einverstanden sein. Ich sah ein, daß für Ozawa eine Uraufführung attraktiver war und daß Roger Soyer die Rolle des Heiligen Franziskus der des Rangoni vorzog. Ich mußte auf alle überzeugend wirken.

Ich reiste nach Mailand, da ich wußte, daß die Scala die Saison 1979/80 mit einem »Boris« in der Inszenierung unseres Freundes Juri Ljubimov eröffnete. Ich sah einen doppelten Vorteil in einer Koproduktion: geteilte Unkosten und endlich das Vergnügen, mit Ljubimov zu arbeiten.

Am 7. Dezember 1979 begeisterte der großartige »Boris« meiner ehemaligen »Pique Dame«-Mannschaft die Scala. Ljubimov konnte sich in Mailand anscheinend frei bewegen. So bekam ich Gelegenheit, ihn allein zu sprechen, wie ich es mir gewünscht hatte, und aus seinem Munde zu hören, daß er nie verstanden hätte, warum der Plan mit »Pique Dame« sich nicht verwirklichen ließ. Die Telegramme aus Paris hatten ihn nie erreicht, und ihm selbst war keinerlei Erklärung gegeben worden. Wir legten für das neue Unternehmen die Probentermine fest und einigten uns mit der Scala wegen des Dekortransportes nach Paris.

Am 5. Februar 1980, etwa drei Monate vor den ersten Proben, bat mich der Botschafter der Sowjetunion in Paris um einen Besuch. Er teilte mir mit, daß seine Regierung es nicht für angebracht hielte, Ljubimov ein Ausreisevisum zu erteilen, uns aber die Genehmigung gebe, die Mailänder Bühnenbilder zu verwenden – was ich aus Loyalität gegenüber dem Regisseur ablehnte.

Wieder einmal stand ich mit leeren Händen da.

Praktisch hatte diese zweite Katastrophe schwerwiegende Folgen. Vier Monate vor der Premiere hatte ich einen Dirigenten, Sänger, Chor und Orchester, also alles, um gegebenenfalls das Werk konzertant aufzuführen. Bevor ich Ozawa diesen im Vergleich zu einer Uraufführung etwas dürftigen Vorschlag unterbreitete, betrachtete ich das Problem von allen Seiten. Aber wie ich es auch drehte und wendete, ich sah nur eine Lösung: das Konzert. Es blieb uns einfach keine Zeit mehr. Kein Bühnenbildner kann von heute auf morgen Modelle für zehn Bilder entwerfen, und selbst wenn dieses Wunder geschähe, könnten sie in unseren

Boris Godunow: Viorica Cortez als Marina und Roger Soyer als Rangoni

Boris Godunow: Wieslaw Ochman als Grigorij und Viorica Cortez als Marina

Werkstätten nicht mehr hergestellt werden. Und welcher Regisseur wäre bereit, einen »Boris« mit so wenig Vorbereitungszeit herauszubringen? Von welcher Seite auch immer ich die Dinge betrachtete, es bot sich keine klassische Lösung an. Und doch mußte sich für unser Problem etwas finden.

Mit Methode, etwas schweizerisch und vor allem hartnäckig, kam ich auf die Grundidee zurück: das Konzert, bei dem sich Orchester und Sänger auf der Bühne und auf dem zugedeckten Orchestergraben befinden. Wenn man also wagen würde, das Orchester etwas in den Hintergrund der Bühne zu schieben, schüfe man Raum für die Sänger, die auf dem freigewordenen Platz das Stück spielen könnten – eine in Amerika sehr beliebte Form, Opern gewissermaßen »halbszenisch« aufzuführen. In dieser Konzeption würde das Orchester dann das wesentliche Element des Dekors sein.

Vielleicht ein Ansatzpunkt! Sofort drängten sich eine Menge von Fragen auf, die alle ihren Ursprung in der Tatsache hatten, daß dabei die Sänger dem Dirigenten den Rükken zudrehen würden und der Dirigent die Sänger nicht sehen könnte. Sehr einfach: Man mußte das Fernsehen benutzen. Zwei Videokameras, rechts und links in den Parterrelogen aufgebaut, konnten in Großaufnahme Solisten und Chor filmen, deren Bild sich auf zwei kleine Fernseher übertragen ließ, die auf dem Dirigentenpult stehen sollten. So konnte der Dirigent Sänger und Chor ständig im Auge behalten. Eine andere Kamera, dem Dirigenten gegenüber angebracht, konnte dessen Bild in Halbtotale auf etwa zwanzig Fernseher übertragen, die in die Dekoration eingebaut und in den vordersten Logen aufgestellt werden würden, so daß die Sänger den Dirigenten sehen konnten und seinem Schlag zu folgen vermochten. Mikrophone in der Vorbühne ließen sich mit kleinen Lautsprechern auf dem Pult verbinden, die es dem Dirigenten erleichterten, den zum Saal hin singenden und ihm somit den Rücken kehrenden Sängern zu folgen. Denn wenn das Orchester forte spielte, könnte er sie nicht hören.

Praktisch und technisch gesehen konnte man diese Konzeption in Erwägung ziehen. Auf akustischer Ebene war sie allerdings heikler. Die im Theater für Konzerte vorgesehenen Akustik-Elemente, die verhindern, daß sich der Ton im Schnürboden verliert, mußten durch eine Muschelschale aus einem Stück ersetzt werden, die dieselbe Funktion erfüllen, aber nicht nur den Ton in den Saal zurückwerfen, sondern auch als dekorativer Hintergrund für Projektionen von Dias dienen konnte.

Zufällig war Joseph Losey frei. Ich schlug ihm »Boris« vor. Ich spürte seine Zurückhaltung und hütete mich wohl, ihm die Konzeption zu enthüllen, bevor ich sie Ozawa entwickelt hatte. Bei einer Tasse Kaffee im Schwimmbad des Kempinski in Berlin bat ich Ozawa, nachdem ich das Ende seiner Sauna abgewartet und seine Schwimmkünste bewundert hatte, mich als Regisseur zu akzeptieren für eine in erster Linie musikalische Konzeption, bei der sich Orchester, Chor und Solisten auf einer Ebene befinden und alle visuell an der Aufführung beteiligt sein sollten.

Er war entsetzt und begeistert zugleich. Über die Wahl der Orchestrierung Schostakowitschs für eine solche Konzeption waren wir uns sofort einig. Die Vor- und Nachteile der verschiedenen Fassungen hatte ich mit Ansermet bereits gründlich diskutiert; wir hatten anläßlich der Neueinstudierung des »Boris« in Hamburg, die er leitete, einen Berg von Briefen ausgetauscht, um schließlich Schostakowitsch den Vorrang zu geben, der durch die Mächtigkeit, die Fülle und die Stärke seiner Orchestrierung dem Werk zu Glanz und Wirksamkeit verhilft und auch dem Chor eine sichere Stütze bietet.

Hinsichtlich der »Boris Godunow«-Fassungen häufen sich die Mißverständnisse. Auf die Gefahr hin, schlicht didaktisch zu

Boris Godunow: Kenneth Riegel als Schuiskij und Ruggero Raimondi als Boris

sein, möchte ich gewisse Irrtümer beseitigen. Mussorgskij hat, um das Imprimatur zu erhalten, zwei verschiedene Versionen des »Boris« komponiert: die eine 1869, die andere 1872. 1874 ist eine kombinierte Fassung gespielt worden, aber nie im Druck erschienen. 1888, sieben Jahre nach Mussorgskijs Tod, veröffentlichte Rimskij-Korsakow eine Partitur, die er vollständig neu orchestriert hatte und deren Libretto verändert war. Die letzte, zu revolutionäre Szene war gestrichen worden. Vierzig Jahre lang galt diese Fassung als verbindlich. 1928 publizierte der Musikologe Pawel Lamm eine kritische Werk-Ausgabe. Unter Ausschaltung der Rimskij-Fassung analysierte er die von Mussorgskij hinterlassenen Manuskripte und Skizzen und stellte eine neue

Partitur zusammen, die sich durch kammermusikalischen Klang auszeichnet und wahrscheinlich den Manuskripten am nächsten kommt. Aber sie ist nicht das Original, man nennt sie nur so. Es ist die Fassung, für die sich Abbado entschieden hat und welche die Scala in der Inszenierung Ljubimovs herausbrachte.

1939 publizierte Schostakowitsch eine neue Orchestrierung, die sich auf Lamm beruft. Sie läßt das Werk unangetastet, sowohl Faktur wie Textbuch, aber sie verleiht dieser Kammermusik die für ein großes Theater notwendige Stütze. (Wenn sich kein Schostakowitsch an Mozart herangewagt hat, um seine Orchestrierung für die Metropolitan Opera zu verstärken, dann deshalb, weil es eine gedruckte Partitur gibt, die keinen Zweifel an den Absichten des Komponisten zuläßt.) Seit 1975 ist eine weitere Fassung, die sich auf diejenige von Pawel Lamm stützt, von David Lloyd Jones veröffentlicht worden.

In Berlin, zwischen Ozawa und mir, ging es nicht um die Wahl der Fassung. Wir setzten uns in die Philharmonie, er ans Pult, ich in den Saal. Die Entscheidung wurde nach dem Konzert, beim Nachtmahl, getroffen.

Ozawa spürte wie ich die Gefahren. Würde es möglich sein, mit technischen Mitteln die gleiche Kontaktdichte zu den Sängern zu halten – einen Kontakt, der zum Beispiel unentbehrlich ist beim Tod des Boris, wenn der Dirigent sich nach dem Solisten richten muß? Vor der ersten Orchesterprobe auf der Bühne, etwa zehn Tage vor der Premiere, kann man nicht wissen, ob das erfundene System brauchbar ist, kann man die Richtigkeit der Konzeption auf akustischem Gebiet nicht ausprobieren oder nachprüfen. Es gibt, bevor es zu spät ist, keine Möglichkeit zu erfahren, wie das Orchester klingt. In dieser Hinsicht hatte ich allerdings vollstes Vertrauen, denn mir war die herrliche Akustik unseres Saales bekannt. Doch ich hatte Angst vor meiner ersten Inszenierung. Wir sprachen uns gegenseitig Mut zu, und um drei Uhr morgens waren wir bereit, das Experiment zu wagen.

Bei meiner Rückkehr nach Paris fand ich Unterstützung beim Orchester, das interessiert und bereit war, auf der Bühne zu spielen. Ich bat meinen Freund Bernard Daydé, einen Bühnengrundbau zu schaffen: eine ziemlich hohe Muschelschale hinter einer Kombination von verstellbaren Plattformen für das Orchester.

Losey wartete auf grünes Licht für seinen nächsten Film und schob den Zeitpunkt, zu dem er mir Antwort geben wollte, hinaus. Ich rechnete nicht mehr mit seiner Mitarbeit. Ich hatte mir notgedrungen vorgenommen, diese Aufführung selbst herauszubringen. Sollte aber ein großer Regisseur die in Berlin diskutierte Konzeption annehmen, wollte ich mich selbstverständlich zurückziehen. Schon stürzte ich mich in das Abenteuer und las noch einmal Puschkins Erzählung.

In dem Augenblick, in dem Boris anfing, sich meiner zu bemächtigen, war Joseph Losey bereit, das Projekt zu diskutieren. Aber er wollte seinen Bühnenbildner selbst bestimmen und schlug vier Namen vor. Unsere Konzeption verlangte die Vision eines Architekten. Emile Aillaud war dafür der ideale Mann. Die Zeit drängte. Nach zwei Tagen Arbeit mit Losey legte Aillaud einen ebenso einfachen wie genialen Plan vor. Das Orchester sollte in der Zarenkrone spielen, die Muschelschale sollte zur goldenen Zwiebelkuppel der russischen Kirche werden. Aus einer rein musikalischen Erfindung schuf seine schöpferische Phantasie ein sagenhaftes Bühnenbild, das, dramaturgisch in die Handlung einbezogen, die ursprüngliche Idee noch bereicherte.

Ich war glücklich über das Ergebnis der Zusammenarbeit der beiden Männer, glücklich, daß ich meine Aufgabe ganz gelöst hatte, glücklich, daß ich nicht gezwungen war, in einem Fach, das nicht das meine ist, am Ende meiner Karriere dilettieren zu müssen.

Die Zeit drängte, und die Angst vor der ersten Orchesterprobe auf der Bühne wuchs. Am Donnerstag, dem 29. Mai, leitete Ozawa die Probe. Leider war die Zarenkrone noch nicht fertig, so daß er auf der Bühne nicht unter Aufführungsbedingungen arbeiten konnte. Also blieb die Angst. Im Laufe des Abends wünschte Ozawa mich dringend zu sprechen. Das »dringend« gefiel mir nicht. Und er, mit Tränen in den Augen, verzweifelt, mit steifem Hals und Arm, eröffnete mir, daß er fürchte, absagen zu müssen: Er kannte die Symptome eines in der Wirbelsäule eingeklemmten Nervs und rechnete mit dem Schlimmsten.

Diese dritte Katastrophe ließ uns zehn Tage vor der Premiere ohne Dirigenten – und dabei hatten wir den Bühnenaufbau immer noch nicht ausprobiert.

Die Stimmung war auf dem Nullpunkt, als wir alle am Freitag morgen im spärlich beleuchteten Theater zusammenkamen. Besorgnis und Entmutigung standen auf den Gesichtern. Ich hoffte immer noch, daß Ozawa zurückkommen würde. Deshalb bat ich den Dirigenten der Bühnenmusik, vom Blatt zu dirigieren. Es herrschte nicht die übliche Atmosphäre. Die Musiker trödelten nicht beim Einnehmen ihrer Plätze, die Kameras waren einsatzbereit, die Lautsprecheranlagen funktionierten, und nicht einmal die Bühnenarbeiter mußten noch einen letzten Nagel einschlagen. Niemand brauchte um Ruhe zu bitten, und ich hatte den Eindruck, daß jeder, so wie ich, das dringende Bedürfnis verspürte, den ersten Ton zu hören. Klopfenden Herzens warteten wir – die einen in der Hoffnung, beruhigt zu werden, die anderen in der Erwartung, ihren militanten Pessimismus bestätigt zu sehen.

Endlich: Ein zwölf Tonnen schwerer Stein fiel mir vom Herzen. Reinheit des

Boris Godunow: Michel Sénéchal als Blödsinniger

Tones, in den Höhen brillant, aber weich, voll und rund die dunklen Klänge, so sauber, daß das Ohr wahrnehmen konnte, wie das Timbre eines jeden Instruments in voller Harmonie im anderen aufging.

Erleichtert verließ ich sehr schnell die Probe, um Ozawa anzurufen und ihm zu erzählen, wie wunderbar es klänge. Wir einigten uns, vor Montag keine Entscheidung zu fällen, aber gemeinsam suchten wir nach einem möglichen Ersatz.

Einen Dirigenten vom Range Ozawas zu finden, der Schostakowitschs Partitur kannte und sofort frei war, glich einer Herausforderung. Innerhalb von vier Stunden fanden meine Mitarbeiter den blauen Vogel in Bulgarien: Russlan Raytcheff, Direktor der Oper in Sofia. Die bulgarischen und französischen Behörden waren so verständnisvoll, daß der Meister bereits am Montag nachmittag einen ersten Kontakt mit den Künstlern aufnehmen konnte; zur gleichen Zeit flog Ozawa mit dem Flugzeug in Richtung Tokio.

Unter dem Titel »Boris ermordet« berichtete Jean Cotté in »France-Soir« über die Wirkung der brechtschen Konzeption Loseys auf ihn: »Ich war enttäuscht, aber ich hatte meinen vierzehnjährigen Sohn mitgenommen. Er war sehr stark beeindruckt. Das war sein erster ›Boris‹, welch glückliches Alter, das seinige!«

Wie kann man naiver und zugleich ehrlicher zugeben, in welchem Ausmaß Erinnerungen unsere Vorstellungskraft lähmen und unsere Verfügbarkeit hemmen? Ich bin bereit zu wetten, daß der Kritiker von »France-Soir« in einem Monat, in einem Jahr, nach diesem Bad der Reinheit die berühmte und herrliche Produktion des Bolschoi nicht mehr wird ertragen können, daß er sich nicht mehr von Gold und Pelzen, Ikonen und Weihrauch verführen läßt. Er wird spüren, daß durch Raimondis Spiel, durch seine erschütternde Innerlichkeit die falschen Gesten und oberflächlichen Übertreibungen des traditionellen Boris aus der ersten Jahrhunderthälfte unerträglich geworden sind, daß man die Wahrheit dieses Dramas nicht durch eine mechanische und bombastische Gestik darstellen kann, welche die Aufmerksamkeit der Zuschauer von dem ablenkt, was in diesem Werk wirklich auf dem Spiel steht, und welche die ewige politische Botschaft hinter einer Anekdote verbirgt, die beeindruckt und auf die Tränendrüsen wirkt.

Bernard Gavoty schrieb unter der Überschrift »Liebermann – ein umstrittenes Finale« im »Figaro«: »Aufgrund dieser Tatsache bringt die ganze Vorbühne, die den Sängern vorbehalten ist, diese in eine vorteilhafte und zugleich schwierige Lage. Vorteilhaft, weil das Orchester sich nicht vor die Stimme schiebt. Schwierig, weil die Sänger, die dem in seiner durchsichtigen Zwiebel isolierten Dirigenten eigensinnig den Rükken zukehren, in keinem Augenblick die Spitze seines Taktstockes sehen können. Das hat übrigens keinerlei Diskrepanz zur Folge – so zahlreich und perfekt waren, stelle ich mir vor, die Proben.«

Es ist eigentlich verwunderlich, daß ein Musikologe vom Range eines Gavoty das Opfer technischer Zauberei wird. Ist damit bewiesen, daß man mit den neuen Mitteln die Welt manipulieren kann? Diese Konzeption ist gleichermaßen empfindlich schwach wie bahnbrechend für die Umwelt, die uns erwartet. Tatsächlich hängt der gute Ablauf einer Vorstellung an einem dünnen Draht, dem Kabel, das, herausgerissen, einen Fernsehstromkreis unterbrechen würde. Zum erstenmal wurde hier, in einer Theatervorstellung, die audiovisuelle Technik nicht als Teil der künstlerischen Leistung verwendet, sondern als praktischer Bestandteil der Maschinerie, so wie die Hausfrau sie gebraucht, um ihre Karotten zu raspeln. Eine derartige Verwendung, die auf Theaterebene noch harmlos ist, kündigt die Gefahren der Computertechnik an, wenn diese sich auf das Universum erstreckt.

THÉATRE NATIONAL DE L'OPÉRA DE PARIS

8, Rue Scribe, 75009 PARIS

Tél. 266 50-22

Paris, le

8. Mai 1980

Le Directeur des Services Administratifs et Financiers

An den Generalintendanten Herrn Rolf Liebermann

In der Anlage übersende ich Ihnen die gewünschte Studie über die Amortisation der diversen zwischen dem 30. März 1973 und dem 14. Juli 1980 gegebenen Aufführungen.
Diese Studie betrifft:

die Opernaufführungen in der Staatsoper (Palais Garnier) und in der Opéra-Comique (Salle Favart),

die Ballettaufführungen im Palais Garnier.*

Nur die nachstehenden Faktoren wurden dabei berücksichtigt:

Die direkten Produktionskosten:

Kosten für die direkt oder im Auftrag gefertigten Bühnenbilder, Kostüme und Requisiten.

Honorare für Regisseure, Bühnenbildner, Kostümbildner und Choreographen.

Auch die Barausgaben, die bei den Reprisen anfielen, wurden bei dieser Studie in Anschlag gebracht.

Die Einnahmen:

Die gesamten Einnahmen für den Zeitraum 1973 bis 1980, abzüglich Mehrwertsteuer und Tantiemen.

Die Nettoeinnahmen aus Radio- und Fernsehübertragungen und Schallplattenaufzeichnungen.

Wie aus der Studie hervorgeht, haben fast alle im Palais Garnier aufgeführten Opern und Ballette ihre Kosten mehr als voll eingespielt.
Detailliertere Angaben können der beigefügten Aufstellung entnommen werden.

D. Dourneau-Gabory

* Die Studie über die Ballettaufführungen wird im Ballettband veröffentlicht.

Anmerkungen

Opernaufführungen im Palais Garnier

Alle Aufführungen haben ihre Kosten eingespielt, mit Ausnahme von »Ariane et Barbe-Bleue« (zu 97 Prozent amortisiert). Die folgenden Aufführungen wären auch dann voll amortisiert worden, wenn man die Kosten für die Besetzung in die Unkosten mit einbezogen hätte:

»La Bohème« – »Hoffmanns Erzählungen« – »Così fan tutte« – »Don Carlo« – »Don Giovanni« – »Elektra« – »Entführung aus dem Serail« – »Simon Boccanegra«.

Demgegenüber konnten die nachstehenden Aufführungen nur dank der zusätzlichen Einnahmen aus dem Fernsehen ganz amortisiert werden:

»Boris Godunow« – »Lulu« – »Nabucco«.

Opernaufführungen in der Opéra-Comique (Salle Favart)

Amortisiert wurden nur die Aufführungen von:

»Carmen« – »Die Regimentstochter« – »Der Kaufmann von Venedig« – »Der Arzt wider Willen« – »Véronique« – »Vive Offenbach!« – »Werther«.

Mit Ausnahme von »Carmen«, »Véronique« und »Werther« gelang dies jedoch nur mit Hilfe der Einnahmen aus dem Fernsehen.

Produktionen	Jahr der Aufführung
ARIANE ET BARBE-BLEUE	1975
BOHEME	1973
BORIS GODUNOW	1980
CENERENTOLA	1977
CONTES D'HOFFMANN	1974
COSI FAN TUTTE	1974
DON CARLO	1975
DON GIOVANNI	1975
DON QUICHOTTE	1974
ELEKTRA	1974
ENTFÜHRUNG A. D. SERAIL	1976
FAUST	1975
FORZA DEL DESTINO	1975
INCORONAZIONE DI POPPEA	1978
LULU	1979
MADAMA BUTTERFLY	1978
MANON	1974
MOISE ET AARON	1973
NABUCCO	1979
NOZZE DI FIGARO	1973
OEDIPUS/ENFANT	1979
ORPHEE ET EURYDICE	1973
OTELLO	1976
PARSIFAL	1973
PELLEAS ET MELISANDE	1977
RHEINGOLD	1976
ROSENKAVALIER	1976
SAMSON ET DALILA	1975
SIMON BOCCANEGRA	1978
TOSCA	1974
TROVATORE	1973
VESPRI SICILIANI	1974
WALKÜRE	1976
ZAUBERFLÖTE	1977
ARS NOVA	1978
CARMEN	1980
COMTE ORY	1976
ERWARTUNG/CHATEAU DE B.	1980
FILLE DU REGIMENT	1979
INTEGRALE SATIE	1979
MARCHAND DE VENISE	1979
MEDECIN MALGRE LUI	1978
MUSIKTHEATER I	1978
MUSIKTHEATER II	1979
MUSIKTHEATER III	1979
NOCES CHYMIQUES	1980
PLATEE	1977
PORTEUR D'EAU	1980
SOIREE STOCKHAUSEN	1980
TOM JONES	1979
VERONIQUE	1978
VIVE OFFENBACH!	1979
WERTHER	1978

Ort der Aufführung	Aufführungen insgesamt	Produktions-kosten	Netto-einnahmen	Amortisiert zu	Anmerkungen
GARNIER	13	853.000	825.000	97%	
GARNIER	46	833.000	4.973.000	596%	einschl. FS (300.000)
GARNIER	8	2.350.000	2.370.000	101%	einschl. FS (282.000)
GARNIER	27	815.000	2.705.000	332%	einschl. FS (191.000)
GARNIER	39	1.068.000	1.869.000	175%	einschl. FS (181.000)
GARNIER	41	619.000	4.208.000	680%	
GARNIER	7	171.000	692.000	405%	Reprise
GARNIER	39	655.000	5.266.000	804%	
GARNIER	13	465.000	467.000	100%	
GARNIER	22	307.000	2.569.000	837%	
GARNIER	29	868.000	3.767.000	434%	einschl. FS (155.000)
GARNIER	37	1.595.000	5.619.000	352%	ohne US-Tournee einschl. FS (327.000)
GARNIER	27	894.000	2.759.000	309%	
GARNIER	17	1.630.000	2.875.000	176%	Dekor. in San Francisco gemietet. FS (180.000)
GARNIER	9	1.854.000	1.964.000	106%	FS und Platte (294.000)
GARNIER	10	175.000 640.000)*	1.589.000	195%	Leihgabe der Scala *Unkosten Pique Dame
GARNIER	16	868.000	964.000	111%	
GARNIER	11	483.000	622.000	129%	
GARNIER	8	1.635.000	1.824.000	111%	einschl. FS (272.000)
VERSAILLES	54	1.180.000	7.561.000	641%	ohne US-Tournee einschl. FS (80.000)
GARNIER	14	1.234.000	2.461.000	199%	Erwerb ENFANT v. d. Scala einschl. FS (238.000)
GARNIER	17	783.000	1.003.000	128%	
GARNIER	17	1.468.000	3.168.000	215%	ohne US-Tournee einschl. FS (141.000)
GARNIER	24	1.510.000	2.664.000	176%	
GARNIER	21	894.000	2.536.000	284%	
GARNIER	11	1.144.000	1.949.000	170%	
GARNIER	20	952.000	2.894.000	304%	einschl. FS (139.000)
GARNIER	25	962.000	2.404.000	250%	einschl. FS (169.000)
GARNIER	18	681.000	3.633.000	533%	Dekor. leihweise v. d. Scala einschl. FS (107.000)
GARNIER	8	46.000	508.000	1.104%	Leihgabe aus Hamburg
GARNIER	42	1.036.000	3.324.000	321%	
GARNIER	35	682.000	2.793.000	409%	
GARNIER	16	1.523.000	2.329.000	153%	
GARNIER	17	1.091.000	3.054.000	280%	
OPERA-COMIQUE	6	178.000	36.000	20%	
OPERA-COMIQUE	4	585.000	1.250.000	214%	Produktion Edinburgh einschl. FS (500.000)
OPERA-COMIQUE	9	288.000	243.000	84%	Produktion OPERA
OPERA-COMIQUE	10	462.000	228.000	49%	
OPERA-COMIQUE	12	576.000	994.000	173%	einschl. FS (458.000)
OPERA-COMIQUE	8	962.000	217.000	23%	
OPERA-COMIQUE	7	620.000	658.000	106%	einschl. FS (458.000)
OPERA-COMIQUE	11	172.000	246.000	143%	
OPERA-COMIQUE	3	235.000	17.000	7%	Koproduktion mit Ens. Intercontemp.
OPERA-COMIQUE	3	309.000	21.000	7%	Koproduktion mit Ens. Intercontemp.
OPERA-COMIQUE	3	178.000	23.000	13%	Koproduktion mit Ens. Intercontemp. und Köln und Metz
OPERA-COMIQUE	6	506.000	75.000	15%	
OPERA-COMIQUE	9	693.000	490.000	71%	einschl. FS (230.000)
OPERA-COMIQUE	8	473.000	160.000	34%	
OPERA-COMIQUE	5	381.000	42.000	11%	
OPERA-COMIQUE	10	460.000	223.000	48%	Koproduktion EOP und ALBI einschl. FS (40.000)
OPERA-COMIQUE	13	474.000	750.000	158%	einschl. FS (272.000)
OPERA-COMIQUE	16	628.000	1.067.000	170%	einschl. FS (458.000)
OPERA-COMIQUE	16	427.000	797.000	187%	einschl. FS (266.000)

CODA

Wenn ich an diese Pariser Jahre zurückdenke, kommt ganz spontan die Erinnerung an vielerlei Überlegungen, an Empörung und auch an ein gewisses Erstaunen wieder. Manches ist verschüttet. Einige Fragen bleiben offen, auch wenn ich den Eindruck habe, sie schon hundertmal beantwortet zu haben.

Bedauern? Ich habe meine »Paten«, meine Schutzherren verloren: Georges Pompidou, Jacques Duhamel, Jacques Rigaud, Dominique Ponnau und schließlich Marcel Landowski und mit ihnen die Unterstützung derer, die mir Vertrauen geschenkt und mich an die Spitze der Oper gestellt hatten. Allein gelassen, stand ich schließlich wie jener Landvermesser vor dem Schloß Kafkas, fand ich mich ausgesetzt wie ein Kuckucksei im Nest der Nachfolger, die, gleichgültig oder ablehnend, die Arbeit dessen betrachteten, den sie sich nicht ausgesucht hatten. Ich will nicht mehr von meiner »Vorliebe für Stars« sprechen oder meiner »Nachlässigkeit französischen Sängern gegenüber«, ich will nicht mehr davon überzeugen, daß Sänger ihren Beruf nicht an der Pariser oder der Wiener Oper erlernen müssen, und wenn ich mich dafür rechtfertigen soll, daß ich den »Ring« nicht zu Ende gebracht habe und daß es 1980 nur eine einzige Neueinstudierung im Palais Garnier gegeben hat – ich habe all das in diesem Buch ausreichend erklärt.

Man kann noch fragen, warum ich der Pariser Oper kein ständiges, glanzvolles Ensemble habe geben wollen. Wer kann sich rühmen, Pavarotti oder Ghiaurov sechs Monate lang unter Vertrag zu haben? Eine feste Truppe ist immer von zweitrangiger Qualität. Man hat einen hübschen Tenor im Haus, aber das Publikum will Domingo. Ein Dutzend Soprane sind in der Lage, die Gräfin im »Figaro« anständig zu singen, doch das Publikum will Janowitz. Während Gastsänger die Säle füllen, klagen die Mitglieder der Truppe untätig und verbittert den Freunden und der Presse ihr Leid. Wenn der abgereiste Star durch den Sopran vom Dienst ersetzt wird, ist das Publikum wütend, denn es bekommt für denselben Preis bestenfalls eine achtbare Leistung zu hören und mit Sicherheit nicht die Qualität, die ihm die Presse versprochen hat.

Wenn eine Bühne jedes Jahr zwei oder

drei Uraufführungen der Moderne oder der Avantgarde herausbringen will, ist eine Truppe unbedingt nötig, weil Stars weder Zeit noch Lust haben, schwierige und unrentable Rollen einzustudieren. Eine Truppe ist jedoch überflüssig in einem Repertoire-Theater, das vor allem ein Spiegel des zweihundertjährigen Opern-Museums ist.

London hat eine Art Stagione-Betrieb. In Paris bin ich diesem Beispiel gefolgt. Man probt mit einer idealen Besetzung vier Wochen lang, genau wie mit einer festen Truppe, und beginnt mit einer ersten Vorstellungsserie, deren Dauer von der Verfügbarkeit der Sänger und des Dirigenten abhängt. Wenn man mir vorgeworfen hat, nur achtmal »Figaro« angesetzt zu haben, dann hat man das System nicht begriffen, das ungefähr alle achtzehn Monate eine Wiederaufnahme des Werkes unter den gleichen Qualitätsbedingungen vorsieht. Die vierundfünfzig Aufführungen der »Hochzeit des Figaro«, die in sieben Jahren gespielt wurden, entsprechen, aneinandergereiht, einer Vorstellungsreihe von zwei Monaten. Dieses System sollte auch auf Orchester und Chor angewandt werden, so daß jedes Werk auf der Bühne und im Orchester seine ihm fest zugeteilten Musiker hätte. Der erste Vorteil eines solchen Verfahrens ist die Qualität des Ensembles, die für alle Vorstellungen gewährleistet wird. Der zweite ist finanzieller Art: Nur wer singt, wird bezahlt. Schließlich entsteht ein Repertoire, das lebendig und unversehrt erhalten bleibt dank mehrerer festangestellter Regieassistenten; diese sichern die Kontinuität der Wiederaufnahmen, indem sie sich bei ihrer Arbeit auf Video-Aufnahmen und die unmittelbare Kenntnis stützen, die sie während der Probenarbeit als Assistenten des Regisseurs erworben haben.

Die Gesamtheit all der Werke, die auf diese Weise innerhalb weniger Jahre herausgebracht werden, stellt ein ungeheures Kapital dar.

Aber die Wahl des Stagione-Ensembles ist weder zwingend noch ein Rezept für alle. Die Verhältnisse sind von Stadt zu Stadt anders gelagert. Was für New York evident zu sein scheint, kann für Stockholm falsch sein. Das System ist für Bühnen sinnvoll und möglich, an denen man die Werke in ihrer Originalsprache singt.

Es gibt keine allgemeingültige Methode, ein Theater zu leiten. Die Wahl eines Direktors ist ein Glücksspiel. Seine Funktion ist nicht zu umreißen. Musiker oder Manager, starke Persönlichkeit oder biegsames Rückgrat, machthungrig oder unempfindlich für Ehrenbezeigungen, Goethe oder Diaghilew – der jeweils richtige Mann ist kaum definierbar. Erst wenn er sich an unvorhersehbaren Realitäten und an der Umgebung, die ihn erwartet, gerieben, erst nachdem er von Erfolg zu Mißerfolg Erfahrungen gesammelt hat, wird sich zeigen, ob es ihm gelungen ist, sich durchzusetzen.

Für meine erste Pariser Premiere hatte ich das Schloß-Theater in Versailles gewählt. Ich wurde oft gefragt, warum ich diesen Versuch nicht wiederholte. Aber für das Personal der Oper ist Versailles nicht mehr Paris, sondern »Ausland«. Die Tagegelder sind so enorm hoch, daß ein solches Unternehmen unmöglich wird. Das ist auch der Grund, warum Tourneen durch Frankreich, die durchaus wünschenswert wären, nicht durchzuführen sind.

Um die französische Kultur im Ausland zu verbreiten, bedarf es, genau wie in Deutschland, einer Unterstützung durch die Kulturabteilung des Außenministeriums. Jedes Mitglied der Oper erhält auf einer Tournee außerhalb Frankreichs zu seinem regulären Gehalt noch ein Tagegeld in Höhe von fünf Vierteln der Spesen, die einem Staatssekretär oder Botschafter auf Dienstreise zustehen. Denn die Gewerkschaften vertreten den Standpunkt, daß die Mitglieder der Truppe abends arbeiten müssen und erst nach der Vorstellung in teuren Nachtlokalen zum Essen kommen; sie meinen, daß einem Botschafter ohne weiteres ein Zimmer ohne Bad zugemutet werden kann, während für einen Tänzer das Bad eine berufliche Notwendigkeit ist.

Ich möchte meinerseits einige Fragen stellen. Denn je heimischer ich in Frankreich werde, um so gewisser scheint mir, daß es ein festgelegtes, sich stets wiederholendes Spiel, eine Art Ritual zwischen Verwaltung und Gewerkschaften gibt. Der Vorgang ist immer der gleiche: Nachdem die Vertreter des Personals ihre Forderungen angemeldet haben, werden sie von der Direktion empfangen, die, ihrerseits vom Finanzminister an die Leine gelegt, endlose Sitzungen ansetzt, um einen Verhandlungskalender zu vereinbaren. Die Folge ist, daß die Forderungen zunächst einmal für geraume Zeit zurückgestellt werden und daß man sich im Zustand einer Art sozialen Waffenstillstands befindet. Nach mehreren Monaten und vielen Zusammenkünften stellt man fest, daß die jeweiligen Positionen unverändert geblieben sind. Selbst eine Direktion, die von der Rechtmäßigkeit der Forderungen überzeugt ist, scheitert an der unnachgiebigen Haltung der Aufsichtsbehörde. Dann verlieren die Gewerkschaften die Geduld, und die Verhandlungen werden abgebrochen. Es kommt zur Streikankündigung. Meistens findet man innerhalb der nächsten fünf Tage eine Lösung. Nach dem gleichen Konzept sucht man bis zum Inkrafttreten der getroffenen Vereinbarungen noch einmal Zeit zu gewinnen. Man hat sich zum Beispiel im Oktober geeinigt, doch die ausgehandelten Vergünstigungen treten erst im Januar in Kraft. Viele Monate sind verloren – aber nicht für alle.

Dieses System bietet der Staatskasse zwei Vorteile. Einerseits ist eine nicht unbeträchtliche Summe eingespart worden, denn etwa neun Monate lang hat man die vom Personal angemeldeten Forderungen verschleppt. Andererseits bringt das so ersparte Geld dem Staat enorme Bankzinsen ein. Dieses Verfahren wird so sorgfältig und automatisch eingehalten, daß man vermuten muß, zwischen den beiden Parteien bestehe eine stille Übereinkunft. Jene Maschinerie ist gut geölt und kann nicht heißlaufen – es sei denn, eines schönen Abends verstieße eine Gruppe des Personals, des ewigen Geredes müde, gegen die Spielregeln und riefe einen wilden Streik aus, ohne jede Vorankündigung. In diesem Fall verlieren die Gewerkschaften vorübergehend die Kontrolle über das Geschehen. Schnell werden die Verhandlungen wiederaufgenommen. Es herrscht abermals Ordnung – und das alte Spiel beginnt von neuem.

Mit diesem Spiel trotzten die Gewerkschaften der Direktion nach und nach Zugeständnisse ab, die im Laufe der Jahre ein Ungeheuer erzeugten, das in keinem Verhältnis zur Wirklichkeit steht: die Tarifverträge. Man steuert auf eine derartige Perfektionierung der gesetzlichen Arbeitsregelung zu, daß die Früchte der Arbeit bald nicht mehr geerntet werden können. Das Zustandekommen einer Aufführung ist nur noch theoretisch das Arbeitsziel des Personals. Der Tod der Institution ist langsam, aber sicher vorausgeplant. Unerbittlich wird das nie zufriedengestellte Personal auf immer neuen Forderungen beharren – selbst wenn der Vorhang sich schon lange nicht mehr hebt!

Sollten die zehn Jahre nur ein Feuerwerk gewesen sein? Kann man die Pariser Oper noch sehr lange mit Hilfe von Millionen am Leben erhalten? Frankreich muß aus historischer Tradition und angesichts seiner internationalen Funktion der Hauptstadt den Louvre, Versailles, die Comédie-Française, das Centre Pompidou und die Oper bezahlen. Jahrzehntelang hatte man versäumt, sich um die Oper zu kümmern und ihre Kunst zu pflegen – eine der vollständigsten, der reichsten Künste, die unserer Zeit vollkommen entspricht, weil sie alle anderen umfaßt: sowohl Malerei als auch Musik, Gesang, Architektur, Film und Tanz. Aber es ist ganz klar, daß Paris die Oper nicht allein beanspruchen darf, auch die Provinzstädte Frankreichs haben ihren kulturellen Verpflichtungen nachzukommen. Die Bereitwilligkeit der jeweiligen Stadtverwaltungen steht nicht zur Debatte, denn sie versuchen, ihre Theater am Leben zu erhalten. Es geht ganz einfach um die Mittel. Ist es nicht erstaunlich, daß in einem Land, das Wegweiser der Zivilisation sein will, das der Kultur eingeräumte Budget 0,52 Prozent des Gesamthaushaltes nicht überschreitet?

Man darf nicht glauben, daß die Provinztheater mit Gold überschüttet werden könnten, wenn der Pariser Oper eine weniger bedeutende Subvention zugestanden würde. Keineswegs. Die Pariser Oper würde nur um ihre Qualität gebracht, ohne daß anderswo die Probleme wirksam gelöst wären. Ein Tropfen mehr macht die Oper der Provinz noch nicht üppig. Welche Lösung auch immer man in Betracht zieht, es handelt sich vor allem um eine politische Entscheidung. Muß die Oper eine vom Staat unterstützte Einrichtung bleiben? Wenn ja, muß der Kulturhaushalt verzehnfacht werden. Wenn nicht, kann man das amerikanische System in Erwägung ziehen.

In den Vereinigten Staaten erlaubt die Steuergesetzgebung Privatleuten und Stiftungen, Spenden für kulturelle Zwecke von der Steuer abzusetzen. Kultur wird nicht unmittelbar vom Staat unterstützt, vielmehr hängt der Umfang der ihr zufließenden Mittel von der Großzügigkeit der Bürger ab. So ist auf den Eintrittskarten zu einem Gala-Abend des New York City Ballet zu lesen: »Eintrittspreis neun Dollar, Spende einundneunzig Dollar.« Der großzügige Spender, der hundert Dollar bezahlte, darf nur die Eintrittskarte nicht verlieren, denn er benötigt sie als Beleg für die Steuererklärung.

In Paris hatte ich nicht die Absicht, die Grundlagen der Steuergesetzgebung und die politische Ideologie Frankreichs zu erschüttern, als ich den Finanzminister Valéry Giscard d'Estaing um die Genehmigung bat, einen Verein der Opernfreunde gründen zu dürfen, so wie wir es in Hamburg mit dem weitsichtigen Staatsmann Herbert Weichmann und dem phantasievollen Industriellen Kurt Körber nach amerikanischem Vorbild getan haben. Er lehnte diese Konzeption mit der Begründung ab, daß die Regierung über die Höhe des Kulturhaushaltes zu entscheiden und das Parlament darüber abzustimmen und die Aufteilung der Mittel vorzunehmen habe. Kurz, er wollte nicht, daß auf Kosten des Staates jemand Mäzen spielen könne.

Wir müssen also von der Voraussetzung eines einzigen Kulturträgers ausgehen und im Rahmen staatlicher Subventionierung eine Lösung für die Oper suchen. Denn es zeigt sich mehr und mehr, daß das Prestige der Oper nicht bloß umstritten, sondern daß auch eine Institution im höchsten Maße anfechtbar ist, die nur einer Handvoll Privilegierter zugute kommt, aber von allen subventioniert wird.

Wenn die Oper in der bürgerlichen Konvention des 19. Jahrhunderts haften bleibt, ist sie zum Tode verurteilt. Man muß sie aus der moralisch unhaltbaren Lage befreien: einerseits bedeutende Subventionen, andererseits Eintrittspreise, die nur für Wohlhabende erschwinglich sind. Unter der Voraussetzung, daß der Staat verantwortlich ist, meine ich, sollte er es auch unbeschränkt sein. Die Kultur ist kein Geschenk der Regierung, sondern ein Recht des Volkes.

Die Subvention müßte die gesamten Betriebsunkosten decken, ohne Rücksicht auf die Kasseneinnahmen. Dadurch wäre es möglich, Eintrittskarten zu minimalen Preisen auszugeben. Man könnte sich zudem mehrere Abonnements-Serien vorstellen, die denen vorbehalten blieben, die dank ihrer finanziellen und sozialen Lage die Plätze zu Preisen kaufen würden, die nicht nur aufgrund der tatsächlichen Vorstellungskosten – 1/365 des Opernbudgets auf eintausendfünfhundert Plätze verteilt –, sondern auch noch durch eine einmalige Spende erhöht wären. Ich weiß, daß es viele Leute gibt, die durchaus bereit wären, den Preis der »Exklusivität« zu bezahlen. Sie würden auf diese Weise ihre Pflicht gegenüber der kulturellen Leistung des Staates erfüllen und setzten sich nicht mehr dem Vorwurf aus, ihr Vergnügen mit den Steuergroschen von arm und reich finanzieren zu lassen.

Doch selbst im Rahmen dieser moralisierenden Überlegungen wird man den Bedürfnissen nicht gerecht, die durch eine noch nie erlebte kulturelle Explosion geschaffen worden sind. Die Musik in ihrer Vielfalt ist nicht mehr Sache einer begrenzten sozialen Schicht. Tausende von Platten, noch mehr Ton- und Videokassetten und ein ganzer Markt von Piratenaufnahmen haben unser Nervensystem schon von klein auf in Anspruch genommen und durchdrungen. Oscar Peterson oder Karajan, die Rolling Stones oder die Chicagoer Philharmonie – das ist nicht mehr die Frage! Die langen Schlangen, die sich vor den Schaltern der Salzburger Festspiele, des Jazz-Festival in Berlin oder der Pariser Oper bilden, können nicht mit der Errichtung einiger zusätzlicher großer Säle zufriedengestellt werden.

Selbst wenn Architekten und Ingenieure beauftragt würden, neue Möglichkeiten zu ersinnen, um das lebendige Theater mit audiovisueller Technik derart zu amplifizieren, daß zwanzigtausend Zuschauer einer einzigen Vorstellung beiwohnen könnten, bliebe der kulturelle Auftrag unerfüllt. Denn der Hunger nach Musik entspricht nicht mehr den tatsächlich gegebenen Möglichkeiten. Er kann lediglich durch die Vermehrung der mechanischen Kulturträger gestillt werden.

Der Film entspricht heute ziemlich gut der Nachfrage, obschon die Wiedergabe wegen der unzuverlässigen und mangelhaften Ausrüstung der Kinosäle oft schwach und fehlerhaft bleibt. Ein Opernfilm darf nicht mit einer Videoaufnahme verwechselt werden, die vom Fernsehen für das Fernsehen gemacht wurde. Diese Reportagen von Theatervorstellungen, oft mittels Kopien kommerziell vertrieben und in Filmtheatern vorgeführt, ja, sogar als höchst ungeeignetes Material bei fragwürdigen Festivals unter dem verlockenden Titel »Alle Opern im Kino« verwendet, sind nur gerechtfertigt, weil sie einem realen Bedürfnis entgegenkommen. Aber sie sind und bleiben Ersatz. Dagegen muß der Film als neuer Vermittler von Musik eine eigenständige Kunstform entwickeln.

Die Gefahr liegt in der Industrialisierung dieser neuen Ausdrucksform. Deren Kontrolle darf den Urhebern nicht entgleiten. Ich kann mir vorstellen, daß alle großen Theater der Welt gemeinsam ein Opernfilm-Repertoire produzieren. Jedes Theater könnte, wenn es seine Spielzeit um zwei Monate im Jahr verkürzte, ungefähr zehn Prozent seines Budgets einsparen (in Paris wären das etwa zwanzig Millionen Francs). Das künstlerische und technische Personal eines jeden Hauses würde während dieser Zeit am Film mitarbeiten und mit einem bestimmten Prozentsatz am Einspielergebnis beteiligt sein. Wenn sich zehn große Bühnen von Weltruf darauf einigen könnten, einen Film pro Jahr zu produzieren, würde in fünf Jahren das Repertoire aufgebaut sein. Dieses könnte sich mit einer neuen Sängergeneration und unter Einbeziehung des technischen Fortschritts alle zehn Jahre erneuern.

Mögen die Bühnen sich verständigen, die Sänger mithelfen, die Verwaltungen begreifen, die Politiker ermutigen, möge guter Wille sich durchsetzen, mögen sich alle die Hände reichen! Eine Utopie, sagen die Skeptiker, ein gutes Geschäft, sagen die Optimisten, eine Notwendigkeit, sagen die Realisten.

Es bleibt uns wenig Zeit, bevor neue Techniken, wie man sie verschämt bezeichnet, die Vorstellung, die wir von Kultur haben, hinfällig gemacht haben werden. In Erwartung der TV-Satelliten, die ab etwa 1985 über unseren Köpfen kreisen werden, um Europa zu berieseln, ist bis jetzt keinerlei Konzeption des 21. Jahrhunderts erarbeitet, geschweige denn in die Wege geleitet worden. Wir werden den grenzen-losen, jeder politischen Kontrolle entzogenen, monopolfreien Verschleiß des europäischen Kulturgutes erleben. Wenn London Köln einschaltet und Mailand Rennes hört, wenn der blasierte Fern-Seher unter Dutzenden von Programmen wählen kann, werden diese inhaltlich und ideologisch jenem Geschmack angepaßt sein, der einem möglichst breit gestreuten Publikum gefallen kann. So wie der Gemeinsame Markt die in allen Mitgliedsländern gültigen Normen für Größe und Gewicht der Tomaten festlegt, so werden die Eigentümer der verschiedenen TV-Kanäle kulturelle Eigenheiten einzuebnen trachten, um sich dem gemeinsamen Nenner dessen anzugleichen, was ihrer Ansicht nach gefragt ist.

Der Identitätsverlust jeder unserer Kulturen ist nicht die einzige Gefahr. Auf einem neuen europäischen Schlachtfeld wird das ideologische und wirtschaftliche Übergewicht des einen oder anderen Landes sich durchzusetzen versuchen. Das amerikanische Beispiel ist nicht beruhigend. Denn obwohl es zutrifft, daß die Amerikaner schon seit langem mehr als zwanzig Programme zur Verfügung haben, und obschon sie gar nicht der von außen drohenden Gefahr einer Umwälzung ausgesetzt sind, hat ihnen doch die Macht der privaten Gesellschaften eine von der Ostküste bis zur Westküste reichende Uniformität aufgezwungen – ein »Spiegelbild« dessen, was wohl zutreffend als »American way of life« bezeichnet wird.

Der auch gefährlich unmenschlichen kulturellen »Atomisierung« müßte mit konsequenter politischer Aktion entgegengewirkt werden. Der Bürger müßte lernen, den Gigantismus der von den Medien weltweit angebotenen kulturellen Produktion zu verdauen, ohne physisch und psychisch Schaden zu nehmen. Er müßte in die Lage versetzt werden, die unendlichen Informationsmöglichkeiten zu verarbeiten, anstatt als Fernseh-Sklave zu verkümmern und jeglicher Wärme menschlicher Kontakte verlustig zu gehen.

Die natürlichen Strukturen der Regional-Kulturen müßten als Schutzwall gegen die unerbittliche Härte der Robotergesellschaft benutzt werden. Die überall noch vorhandenen schöpferischen Keimzellen müßten erhalten und neue kulturelle Brennpunkte geschaffen werden. Die Kreativität müßte allerorts gefördert und die Kultur nicht mehr nur passiv empfangen werden. Sie sollte sich aus der Freude und der Phantasie derer, die an ihr wirken, immer wieder selbst erneuern. Die Bewohner eines Dorfes in der Bretagne oder einer Stadt in Bayern müßten erleben, daß sie mehr Genuß und Genugtuung an Konzerten haben, die sie selbst organisieren, als an Rundfunkübertragungen aus London oder Berlin.

Schon heute müßten neue Strukturen geschaffen werden, die aufzunehmen vermögen, was auf uns zukommt. Offen spricht man bereits von der Fünfunddreißig-Stunden-Woche, ohne sich eingestehen zu wollen, daß damit ganz neue Probleme entstehen. Weniger Arbeit, weniger Schweiß, mehr Freizeit werden denkbar sein, ohne daß nach einer derartigen Veränderung der gesellschaftlichen Gewohnheiten die Leere schwindelerregend, das kulturelle Nichts offenbar werden müßte. Daher sollte sofort damit begonnen werden, neue Prioritäten zu setzen. Würde der Kulturhaushalt verzehnfacht werden, würde jener Hauptsorge der Vorrang eingeräumt vor politischen und militärischen Tagessorgen und selbst vor der

Ausbildung – in einer Welt, in der Wissen im Computer gespeichert wird und in der nur jene Schulen taugen, die brauchbare Denkmethoden lehren, um die Herrschaft über die Maschinen zu bewahren.

Helmut Schmidt pflegt zu sagen, daß schöpferische Menschen Ideen haben, die Politiker sich aber darauf beschränken sollen, deren Realisierung nicht zu verhindern und ihnen alle Hindernisse aus dem Weg zu räumen. Ich für meinen Teil verlange darüber hinaus ihre Unterstützung.

Welchen Platz hat die Oper in dieser Zukunft? Sie ist der Edelstein im blühenden Beet der Kultur, ein notwendiger Luxus, der es den Menschen leichter macht, die Aggressionen der Gesellschaft zu überwinden – ein Zauberschiff zu den Ufern der Phantasie.

14. Juli 1980: Rolf Liebermann verabschiedet sich vom Pariser Publikum

Opernregister

ARIANE ET BARBE-BLEUE
Conte en trois actes
Text von Maurice Maeterlinck
Musik von Paul Dukas
Zwei Aufführungsreihen:
A: 1975: 5., 9., 12., 17., 21., 25. Juli
B: 1976: 17., 20., 23., 29. April, 5., 8., 11. Mai
Musikalische Leitung: Gary Bertini
Inszenierung, Bühnenbilder und Kostüme: Jacques Dupont
Beleuchtung: Serge Apruzzese
Mitwirkende: Jacques Mars; Grace Melzia Bumbry; Irina Arkhipova (A), Jocelyne Taillon (B); Francine Arrauzau; Eliane Lublin; Suzanne Sarroca; Renée Auphan; Catherine Bresson; Fernand Dumont; Jean-Jacques Nadaud (A), Jean Savignol (A), Charles Méon (B), Georges Scamps (B)
Palais Garnier, 13 Vorstellungen
Besucherfrequenz: 74,84 Prozent
Rundfunkübertragung Radio France-Musique: 23. April 1976

ARS NOVA
1978: 7., 8., 9., 14., 15., 16. Dezember
1. »Les Chants de Maldoror«
Musik von Marius Constant nach Gedichten von Lautréamont
2. »Formes«
Ballett von Roland Petit
Musik von Marius Constant
3. »My-Chau Trong-Thuy«
Opéra vietnamienne
Musik von Nguyen Thien Dao (Welturaufführung)
Musikalische Leitung: Marius Constant
Bühnenbilder und Kostüme: Le Ba Dang
Mitwirkende: Pierre Reynal (1); Udo Reinemann (3); Anna Ringart (3); Christiane Chateau (3)
Opéra-Comique, 6 Vorstellungen
Besucherfrequenz: 19,93 Prozent

LA BOHEME
Opera in quattro quadri
Text von Giuseppe Giacosa und Luigi Illica
nach »Scènes de la Vie de Bohème«
von Henri Murger
Musik von Giacomo Puccini
Sechs Aufführungsreihen:
A: 1973/74: 23., 27. November, 1., 4., 7., 13., 19., 22., 24., 27., 29. Dezember, 2., 5., 10., 15., 17. Januar
B: 1974: 25., 27. September, 1., 4., 8., 12., 15., 18. Oktober
C: 1974/75: 5., 9., 12., 16., 18., 21. Dezember, 4. Januar
D: 1977: 15., 18., 21., 24., 28. Januar
E: 1979: 13., 16., 19., 25., 28. April, 2. Mai
F: 1980: 30. Juni, 4., 8., 11. Juli
Musikalische Leitung: Aldo Ceccato (A), Julius Rudel (A: 5., 10., 15., 17. Januar), Giuseppe Patanè (B, D, E), Jean-Pierre Jacquillat (C), Nello Santi (F)
Inszenierung: Gian Carlo Menotti
Bühnenbilder und Kostüme: Luigi Samaritani
Mitwirkende: Carlo Cossutta (A), Jean Dupouy (A: 29. Dezember 1973), Luciano Pavarotti (B), Placido Domingo (D, F), Giacomo Aragall (C); Yves Bisson (A, D, E, F), Jacques Bona (B, C); Robert Kerns (A), Claude Meloni (A:

23. November 1973, C), Yves Bisson (B), Tom Krause (D, F), Thomas Allen (E); José van Dam (A), Roger Soyer (B, C, D, F), Jean-Louis Soumagnas (B: 18. Oktober), Samuel Ramey (E); Michel Roux (A, B, C, D, F), Philippe Devine (E); Jacques Loreau; Mario Agnetti; Jeannette Pilou (A), Katia Ricciarelli (B), Andréa Guiot (C), Mirella Freni (D), Kiri Te Kanawa (E,F); Joanna Bruno (A), Sonia Gazharian (A: 10., 15., 17. Januar 1974), Suzanne Sarroca (B, C, D), Wilhelmina Fernandez (E, F); Georges Scamps (A, B, C, D), Philippe Désert (E, F); Philippe Désert (A, B, C), Fernand Dumont (D, E)
Palais Garnier, 45 Vorstellungen
Besucherfrequenz: 102, 90 Prozent
Fernsehaufzeichnung, Ausstrahlung Antenne 2: 1. Juli 1980

БОРИС ГОДУНОВ
(Boris Godunow)
Drame musical populaire en quatre actes et neuf tableaux avec un prologue
Text und Musik von Modest Mussorgskij
Originalfassung orchestriert von Dimitri Schostakowitsch
1980: 9., 12., 14., 16., 19., 21., 23. Juni
Musikalische Leitung: Russlan Raytcheff
Inszenierung: Joseph Losey
Szenographie und Kostüme: Emile Aillaud
Mitwirkende: Ruggero Raimondi; Wieslaw Ochman; Kenneth Riegel, Horst Hiestermann (21. Juni); Peter Meven; Aage Haugland; Charles Burles; Michel Sénéchal; Roger Soyer; Ernest Blanc; Jules Bastin; Jean-Louis Soumagnas; Viorica Cortez; Christine Barbaux; Zehava Gal; Anna Ringart; Jocelyne Taillon, Marise Acerra (21. Juni); Jean Dupouy; Fernand Dumont; Robert Dumé; Maurice Auzeville; Michel Philippe
Palais Garnier, 7 Vorstellungen
Besucherfrequenz: 125 Prozent
Fernsehaufzeichnung: 23. Juni 1980, *Ausstrahlung Antenne 2:* 24. August 1980

CARMEN
Opéra-comique en quatre actes
Text von Henri Meilhac und Ludovic Halévy
nach der Novelle von Prosper Mérimée
Musik von Georges Bizet
1980: 9., 12., 15., 18. Mai
Musikalische Leitung: Pierre Dervaux
Inszenierung: Piero Faggioni
Bühnenbilder und Kostüme: Ezio Frigerio
Mitwirkende: Placido Domingo, Alain Vanzo (18. Mai); Ruggero Raimondi; Michel Philippe; Michel Sénéchal; Jean Lainé; Yves Bisson; Teresa Berganza; Katia Ricciarelli; Danièle Perriers; Jane Berbié
Opéra-Comique, 4 Vorstellungen
Besucherfrequenz: 104 Prozent
Fernsehübertragung Antenne 2: 15. Mai 1980, auch über *Radio France-Musique (Stereo)*

LA CENERENTOLA (Angelina)
Melodramma giocoso in due atti
Text von Jacopo Ferretti
Musik von Gioacchino Rossini
Drei Aufführungsreihen:
A: 1977: 8., 9., 11., 14., 16., 18., 20., 22., 23., 25., 27. Juli
B: 1977: 26., 29. September, 1., 12., 15., 19., 22., 25., 28. Oktober
C: 1978: 27., 30. September, 3., 6., 11., 14. Oktober
Musikalische Leitung: Jesus Lopez-Cobos (A, B), Miguel Angel Gomez-Martinez
Inszenierung: Jacques Rosner
Bühnenbilder und Kostüme: Max Schoendorff
Mitwirkende: John Brecknock (A, B, C), Michael Cousins (A, B), Tom Krause, William Workman (A, B, C); Paolo Montarsolo (A, B, C), Marius Rintzler (A); Eliane Lublin; Francine Arrauzau; Teresa Berganza, Frederica von Stade (A, B), Jane Berbié (C); Roger Soyer
Cembalo: Richard Amner, Anne-Marie Fontaine
Palais Garnier, 26 Vorstellungen
Besucherfrequenz: 91,07 Prozent
Fernsehaufzeichnung, Ausstrahlung Antenne 2: 1. Oktober 1977

LE COMTE ORY (Der Graf Ory)
Opéra en deux actes
Text von E. Scribe und Delestre-Poirson
Musik von Gioacchino Rossini
1976: 3., 7., 9., 12., 15., 17., 20., 22., 24. Dezember
Musikalische Leitung: Michel Plasson
Inszenierung: Robert Dhéry
Bühnenbilder und Kostüme: Bernard Daydé
Mitwirkende: Michel Sénéchal; Yves Bisson; Roger Soyer; Philippe Duminy, André Daumas, Robert Daumas; Françoise Garner, Eliane Manchet; Renée Auphan; Jocelyne Taillon; Janine Boulogne; Gisèle Ory
Opéra-Comique, 9 Vorstellungen
Besucherfrequenz: 58 Prozent

LES CONTES D'HOFFMANN
(Hoffmanns Erzählungen)
Opéra fantastique
Text von Jules Barbier und Michel Carré
Musik von Jacques Offenbach
Bearbeitung von François Regnault und Patrice Chéreau nach E.T.A. Hoffmann
Vier Aufführungsreihen:
A: 1974/75: 28., 31. Oktober, 4., 7., 12., 14. November, 11., 14., 17., 22., 25., 28. Januar
B: 1975: 22., 25., 29. November, 2., 5., 9. Dezember

C: 1978: 8., 14., 17., 28. Februar, 4., 7. März, 3., 6., 9. Mai
D: 1979/80: 1., 4., 7., 12., 15., 18., 21. Dezember, 21., 25., 28., 30. April, 3. Mai
Musikalische Leitung: Georges Prêtre (A), Jean Marie Périsson (B, C), Sylvain Cambreling (D)
Inszenierung: Patrice Chéreau
Bühnenbilder: Richard Peduzzi
Kostüme: Jacques Schmidt
Mitwirkende: Eliane Manchet (A), Michèle Pena (A: 22. Januar 1975), Annie Mory (B), Mady Mesplé (B: 29. November, 2., 5., 9. Dezember 1975), Danièle Chlostawa (C, D); Régine Crespin (A: 28. Oktober 1974), Suzanne Sarroca (A, C, D), Hélia T'Hézan (B); Christiane Eda-Pierre, Eliane Lublin (D: 21., 25., 28. April 1980); Sarah Sterling; Michel Philippe, Jean-Marie Frémeau (D: 18. Dezember 1979); Francine Arrauzau, Annick Dutertre (C: 14., 17. Februar 1978, D: 21. Dezember 1979), Marise Acerra (C: 14., 17. Februar 1978); Nicolai Gedda (A, B), Kenneth Riegel (C, D); Jacques Loreau; Robert Dumé; Joseph Rouleau (A, B), Jules Bastin (C, D), Malcolm Smith (C: 3., 6., 9. Mai 1978); Fernand Dumont, Philippe Duminy, Michel Sénéchal; Tom Krause (A, B, C: 3., 6., 9. Mai 1978, D), José van Dam (C); Marc Vento; Claude Meloni; Jean-Louis Soumagnas; Roland Barrier
Palais Garnier, 39 Vorstellungen
Besucherfrequenz: 104 Prozent
Rundfunkübertragung Radio France-Musique: 29. November 1975
Fernsehaufzeichnung, Ausstrahlung Antenne 2: 4. März 1978

COSI FAN TUTTE
Opera buffa in tre atti
Text von Lorenzo da Ponte
Musik von Wolfgang Amadeus Mozart
Fünf Aufführungsreihen:
A: 1974: 17., 20., 22., 25., 28., 31. Mai, 8., 14., 20., 22., 25., 29. Juni
B: 1975: 18., 21., 23., 26., 28. Juni, 3. Juli
C: 1975: 28., 31. Mai, 2., 5., 7., 12., 15., 17. Juni, 23., 26., 29. Juli
D: 1979: 6., 9., 12., 14., 17. April
E: 1980: 16., 19., 22., 25., 29. Januar, 1., 6. Februar
Musikalische Leitung: Josef Krips, Serge Baudo (A), Marek Janowski (A, B), Julius Rudel (C), Charles Mackerras (C, D), Jesus Lopez-Cobos (E)
Inszenierung, Bühnenbilder und Kostüme: Jean-Pierre Ponnelle
Mitwirkende: Margaret Price (A, B), Kiri Te Kanawa (C), Teresa Zylis-Gara (D), Helena Doese (E); Jane Berbié; Tom Krause; Ryland Davies (A), Michael Cousins (B), Horst Laubenthal (C, D), David Rendall (E); Teresa Stratas (A), Danièle Perriers (A, B, C, D), Norma Burrowes (E); Gabriel Bacquier (A, B, E), Richard van Allan (C), Roger Soyer (D)
Cembalo: Irène Aitoff (A, B), Odette Chaynes (C, D, E)
Palais Garnier, 41 Vorstellungen
Besucherfrequenz: 103,32 Prozent
Rundfunkübertragung Radio France-Musique: 17. Juni 1976, 29. Januar 1980

DON CARLO
Dramma lirico in quattro atti
Text von J. Méry und Camille du Locle
Musik von Giuseppe Verdi
1975: 13., 17., 22., 25. Februar, 1., 6., 11. März
Musikalische Leitung: Georges Prêtre
Inszenierung: Margharita Wallmann
Bühnenbilder und Kostüme: Jacques Dupont
Mitwirkende: Nicolai Ghiaurov; Veriano Luchetti; Robert Massard, Lucinio Montefusco (13. Februar); Jules Bastin; Fernand Dumont; Suzanne Sarroca, Katia Ricciarelli (25. Februar, 1., 6., 11. März); Fiorenza Cossotto; Regina Marheineke; Janine Cadet; Michel Sénéchal; Jean Dupouy; Christiane Eda-Pierre, Monique Delassus (22. Februar); Roland Barrier, André Jonquères, Jacky Vivant, André Sénéchal, Paul Thoron
Wiederaufnahme einer Produktion der Pariser Oper vom 8. März 1966
Palais Garnier, 7 Vorstellungen
Besucherfrequenz: 106,2 Prozent

DON GIOVANNI
Dramma semiserio per musica in due atti
Text von Lorenzo da Ponte
Musik von Wolfgang Amadeus Mozart
Fünf Aufführungsreihen:
A: 1975: 7., 10., 12., 15., 19., 21., 24., 29. März
B: 1975: 9., 13., 15. Juli
C: 1975: 24., 27., 30. September, 4. Oktober, 28. November, 1., 3., 6. Dezember
D: 1977: 9., 12., 15., 28. Februar, 4., 8., 12., 17., 21., 23. März
E: 1979: 20., 23., 26., 29. Oktober, 1., 6., 9., 14., 17., 21. November
Musikalische Leitung: Georg Solti (A), Charles Mackerras (B, C), Peter Maag (D), Silvio Varviso, Janos Kulka (E)
Inszenierung: August Everding
Bühnenbilder und Kostüme: Toni Businger
Mitwirkende: Roger Soyer (A, B, E); Ruggero Raimondi (C, D); Kurt Moll (A, B); Robert Lloyd, John Macurdy (C); Margaret Price, Renée Auphan (A, D); Edda Moser (B); Edda Moser, Margaret Price (C); Christiane Eda-Pierre (E); Stuart Burrows; Kiri Te Kanawa (A, B, C, D, E), Elizabeth Vaughan (D: 12. März 1977), Julia Varady (C: 28. November, 1., 3., 6. Dezember 1975), Teresa Zylis-Gara (E: 20., 23., 26., 29. Oktober, 1. November 1979); José van Dam (A), Geraint Evans (B, C), Gabriel Bacquier (D, E), Stafford Dean (D: 12., 17., 21., 23. März 1977); Richard van Allan (A, B, C), Malcolm King (D, E); Jane Berbié

Cembalo: Irène Aitoff (A), Janine Reiss (B, C, E), Richard Amner (D)
Palais Garnier, 39 Vorstellungen
Besucherfrequenz: 109,13 Prozent
Rundfunkübertragung Radio France-Musique: 12. März 1975
Fernsehaufzeichnung, Ausstrahlung Antenne 2: 24. September 1975

DON GIOVANNI-FILM
Film von Joseph Losey nach der Oper von
Wolfgang Amadeus Mozart und Lorenzo da Ponte
In Zusammenarbeit mit Frantz Salieri
Nach einer Konzeption von Rolf Liebermann
Welturaufführung am 23. Oktober 1979 in Paris anläßlich des zehnten Jahrestages der Fondation de France
Musikalische Leitung: Lorin Maazel
Orchester und Chöre der Pariser Oper
Mitwirkende: Ruggero Raimondi; John Macurdy; Edda Moser; Kiri Te Kanawa; Kenneth Riegel; José van Dam; Teresa Berganza; Malcolm King; Eric Adjani
Cembalo: Janine Reiss
Dauer des Filmes: 3 h 04
Koproduktion Gaumont – Camera One – Opera Film Produzione – Janus Film – Antenne 2
Schallplatte: CBS Masterworks

DON QUICHOTTE
Comédie lyrique en cinq actes
Text von Henri Cain nach der heroischen Komödie von Le Lorrain
Musik von Jules Massenet
1974: 16., 19., 24., 29. Januar, 1., 6., 9. Februar, 6., 11., 13., 17., 21. Juni
Musikalische Leitung: Georges Prêtre
Inszenierung, Bühnenbilder und Kostüme: Peter Ustinov
Einlage: Lele de Triana
Mitwirkende: Viorica Cortez; Nicolai Ghiaurov, Joseph Rouleau (1., 6. Februar, 6., 11., 13. Juni); Robert Massard; Renée Auphan; Anna Ringart; Michel Sénéchal; Robert Dumé; Peter Ustinov (16. Januar), Jacques Loreau
Palais Garnier, 12 Vorstellungen
Besucherfrequenz: 67,24 Prozent

ELEKTRA
Tragödie in einem Aufzug
Text von Hugo von Hofmannsthal nach Sophokles
Musik von Richard Strauss
Fünf Aufführungsreihen:
A: 1974: 30. Mai, 3., 7., 12. Juni
B: 1975: 11., 16., 21., 25. April
C: 1975: 2., 6., 10., 14., 18., 23. Oktober
D: 1976: 5., 9., 13., 18., 22. November
E: 1977: 29. November, 5., 7. Dezember
Musikalische Leitung: Karl Böhm (A, B), Charles Mackerras (C), Horst Stein (D), Marek Janowski (E)
Inszenierung: August Everding
Bühnenbild und Kostüme: Andrzei Majewski
Mitwirkende: Christa Ludwig (A, D, E), Astrid Varnay (B, C), Anny Schlemm (D: 22. November 1976, E: 29. November 1977); Birgit Nilsson (A, B, D), Ursula Schroeder-Feinen (C, D: 22. November 1976), Danica Mastilovic (E); Leonie Rysanek (A, B), Arlene Saunders (C, E), Teresa Kubiak (D); Richard Cassily (A), Richard Lewis (B), Louis Roney (D, E); Tom Krause (A), Hans Sotin (B, C, D), Franz Mazura (E); Jean-Louis Soumagnas (A, B, D, E), Fernand Dumont (B, C, E); Martine Clavency (A, C, D, E), Monique Marandon (B); Marise Acerra; Robert Dumé; Michel Marsetti (A), Jean Rallo (D, E); Josée Vemian (A), Hélia T'Hézan (B, C, D), Katie Clarke (E); Jocelyne Taillon, Hélène Garetti, Eliane Lublin, Danièle Chlostawa, Anna Ringart, Huguette Brachet, Simone Codinas, Francine Arrauzau
Palais Garnier, 22 Vorstellungen
Besucherfrequenz: 97, 84 Prozent
Rundfunkübertragung Radio France-Musique: 21. April 1975

L'ENFANT ET LES SORTILEGES
(Das Kind und der Zauberspuk)
Fantaisie lyrique en deux parties
Text von Colette
Musik von Maurice Ravel
Zwei Aufführungsreihen:
A: 1979: 11., 14., 19., 22., 24. Mai, 13., 15., 20., 21. Juni
B: 1980: 13., 17., 19., 21., 23. Mai
Musikalische Leitung: Seiji Ozawa (A), Sylvain Cambreling (B)
Inszenierung: Jorge Lavelli
Bühnenbilder und Kostüme: Max Bignens
Mitwirkende: Maria-Fausta Gallamini; Francine Arrauzau; Jocelyne Taillon; Jane Berbié; Françoise Garner, Christiane Eda-Pierre; Anna Ringart; Eliane Lublin; Yvonne Bernard; Danièle Perriers; Annick Dutertre; Roger Soyer (A), Jules Bastin (B); Yves Bisson, Michel Sénéchal; Jean-Christophe Benoit; der Zwerg Roberto und Geneviève Lallement
Palais Garnier, zusammen mit »Oedipus Rex«, 14 Vorstellungen
Besucherfrequenz: 103,85 Prozent
Fernsehaufzeichnung: 24. Mai 1979, *Ausstrahlung Antenne 2:* 27. Mai 1979

DIE ENTFÜHRUNG AUS DEM SERAIL
Singspiel in drei Akten
Text von Gottlieb Stephanie nach einem Stück von Christoph Fr. Bretzner
Musik von Wolfgang Amadeus Mozart

Vier Aufführungsreihen:
A: 1976: 23., 26., 31. März, 3., 9. April, 30. Juni, 2., 28., 31. Juli
B: 1977: 23., 26., 28. April, 4., 7., 12. Mai
C: 1978/79: 1., 4., 8., 11. November, 23., 26., 30. Januar
D: 1980: 30. Januar, 4., 7., 12., 15., 20., 23. Februar
Musikalische Leitung: Karl Böhm (A), Julius Rudel (A: 30. Juni, 2., 28., 31. Juli), Karl Böhm (B), Charles Mackerras (C), Serge Baudo (D), Charles Mackerras (D: 12., 15., 20., 23. Februar)
Inszenierung: Günther Rennert
Bühnenbilder: Bernard Daydé
Kostüme: José Varona
Mitwirkende: Karlheinz Böhm (A), Paul-Emile Deiber (B, C, D); Christiane Eda-Pierre, Hildegard Uhrmacher (C: 8. November 1978), Valérie Masterson (C: 11. November 1978, 23., 26., 30. Januar 1979); Norma Burrowes (A, B), Danièle Perriers (C, D), Danièle Chlostawa (C: 8. November 1978); Stuart Burrows (A, B), Ryland Davies (A: 23., 26. März 1976, C, D), Thomas Lehrberger (A: 9. April 1976); Norbert Orth (A, B, C: 23., 26., 30. Januar 1979, D), Heinz Kruse (C); Kurt Moll (A, D), Noël Mangin (B), Peter Meven (C); Michael Dittmann, Pascal Vincent, Pascal Daniel (A: 28., 31. Juli 1976)
Die Vorstellung vom 28. April 1977 mußte infolge eines Streiks konzertant stattfinden.
Palais Garnier, 29 Vorstellungen
Besucherfrequenz: 99,91 Prozent
Fernsehaufzeichnung, Ausstrahlung Antenne 2: 12. Mai 1977.
Rundfunkübertragung Radio France-Musique: 26. März 1976

ERWARTUNG
Monodram
Text von Marie Pappenheim
Musik von Arnold Schönberg
1980: 19., 22., 25., 29., 31. Januar, 2., 5., 8., 11., 14. Februar
Musikalische Leitung: Sylvain Cambreling
Inszenierung: Humbert Camerlo
Bühnenbild und Kostüme: Max Schoendorff
Solistin: Suzanne Sarroca, Anna Ringart (31. Januar)
Opéra-Comique, zusammen mit »Herzog Blaubarts Burg«, 10 Vorstellungen
Besucherfrequenz: 47 Prozent

FAUST
Opéra en cinq actes
Text von Jules Barbier und Michel Carré
Musik von Charles Gounod
Fünf Aufführungsreihen:
A: 1975: 3., 6., 9., 11., 14., 17. Juni
B: 1976: 27., 30. März, 2., 10., 13., 16., 19., 24., 28., 30. April
C: 1978: 25., 28. Januar, 1., 4., 7., 11. Februar, 10., 13., 16., 18. Mai
D: 1979: 26., 29. September, 4., 10., 13. Oktober
E: 1980: 10., 12., 15., 18., 22., 24. April
Musikalische Leitung: Michel Plasson (A, C), Charles Mackerras (B), Pierre Dervaux (D, E)
Inszenierung: Jorge Lavelli
Bühnenbilder und Kostüme: Max Bignens
Choreographie: George Balanchine
Mitwirkende: Nicolai Gedda (A, B), Alain Vanzo (B: 24., 28., 30. April 1976, C, E), Kenneth Riegel (D); Nicolai Ghiaurov (A), Roger Soyer (B, C), José van Dam (B: 2. April 1976, D, E), Jacques Mars (B: 28. April 1976 in den beiden letzten Akten, 30. April 1976), Jean-Louis Soumagnas (C: 16. Mai 1978), Nicolai Ghiaurov (B: 10., 13., 16., 19. April 1976); Robert Massard (A), Yves Bisson (A: 6., 9. Juni 1975, C, D, E), Tom Krause (B); Jean-Louis Soumagnas; Mirella Freni (A, B), Valérie Masterson (C, D, E), Eliane Lublin (C: 7. Februar 1978); Renée Auphan; Jocelyne Taillon
Wegen eines Bühnenarbeiterstreiks fanden die Aufführungen am 6., 9., 11. und 14. Juni 1975 ohne Dekor statt.
Palais Garnier, 37 Vorstellungen
Besucherfrequenz: 100, 59 Prozent
Rundfunkübertragung Radio France-Musique: 9. Juni 1975
Fernsehaufzeichnung, Ausstrahlung Antenne 2: 30. März 1976
USA-Tournee 1976: New York 14. und 17. September, Washington 23., 25., 28. September, 3. Oktober 1976

LA FILLE DU REGIMENT (Die Regimentstochter)
Opéra-comique en deux actes
Text von Saint-Georges und Bayard
Neubearbeitung des Textes von J.-L. Martin-Barbaz und P.-Y. Leprince
Musik von Gaetano Donizetti
1979: 12., 15., 17., 20., 23., 27., 29. Oktober, 1., 3., 6., 8., 10. November
Musikalische Leitung: Paul Ethuin
Inszenierung: Jean-Louis Martin-Barbaz
Bühnenbilder und Kostüme: Pierre-Yves Leprince
Choreographie: Michel Rayne
Beleuchtungseffekte: Marc Cheifetz
Mitwirkende: Michèle Le Bris; Mady Mesplé, Danièle Chlostawa (15., 23., 27., 29. Oktober, 1., 3., 6., 10., 18. November); Françoise Felgeirolles; Alain Fondary; Charles Burlès; Jean-Marie Frémeau; Jacques Loreau; Fernand Dumont; Paul Berger; Jacques Valdi
Opéra-Comique, 12 Vorstellungen
Besucherfrequenz: 66 Prozent
Fernsehaufzeichnung: 20. Oktober 1979, *Ausstrahlung Antenne 2:* 1. Januar 1980

LA FORZA DEL DESTINO (Die Macht des Schicksals)
Dramma lirico in quattro atti
Text von Francesco Maria Piave
Musik von Giuseppe Verdi

Drei Aufführungsreihen:
A: 1975: 2., 7., 10., 13., 16., 19., 24., 27., 30. Mai, 4., 7. Juni
B: 1976: 11., 14., 17., 21., 24., 27. Februar, 2., 5. März
C: 1977: 2., 5., 8., 11., 16., 19., 22., 25. Februar
Musikalische Leitung: Julius Rudel, Giuseppe Patanè (19., 22., 25. Februar 1977)
Inszenierung: John Dexter
Bühnenbilder und Kostüme: Jocelyn Herbert und Andrew Sanders
Mitwirkende: Jules Bastin (A), Fernand Dumont (B), Giovanni Foiani (C); Martina Arroyo, Raina Kabaivanska (A: 24. Mai, 4., 7. Juni 1975), Hélia T'Hézan (A: 19. Mai 1975, B: 17. Februar 1976, C: 19. Februar 1977, 2. Akt); Norman Mittelmann (A), Piero Cappuccilli (B, C); Placido Domingo (A), Giuseppe Giacomini (A: 24. Mai, 4., 7. Juni 1975, B: 24., 27. Februar, 2., 5. März 1976), Carlo Cossutta (C); Fiorenza Cossotto (A), Hanna Schwarz (B), Katherine Pring (C); Martti Talvela (A, B), Kurt Moll (A: 27. Mai 1975, B: 11., 17. Februar 1976), Paul Plishka (B: 14. Februar 1976), Nicolai Ghiaurov (C); Gabriel Bacquier (A, B), Fernando Corena (C); Huguette Brachet (A), Jocelyne Taillon (B), Anna Ringart (C); Jean-Louis Soumagnas; Michel Sénéchal; Fernand Dumont (A, C), Clément Dessoy (B)
Palais Garnier, 27 Vorstellungen
Besucherfrequenz: 98,33 Prozent
Rundfunkübertragung Radio France-Musique: 14. Februar 1976

L'INCORONAZIONE DI POPPEA
(Die Krönung der Poppea)
Opera in un prologo e due atti
Text von Francesco Busenello
Musik von Claudio Monteverdi
Fassung von Raymond Leppard
Zwei Aufführungsreihen:
A: 1978: 17., 20., 22., 25., 29. März, 1., 4., 17., 19., 22. April
B: 1979: 24., 27., 29., 31. Januar, 3., 6., 9. Februar
Musikalische Leitung: Julius Rudel
Inszenierung: Günther Rennert
Bühnenbilder: Ita Maximowna
Kostüme: José Varona
Mitwirkende: Valérie Masterson, Jocelyne Chanonin (B: 29. Januar 1979); Isabel Garcisanz; Danièle Perriers, Annie Mory (B: 29. Januar 1979); Richard Stilwell, Jean-Marie Frémeau (A: 29. März, 1., 4. April 1978); Charles Burles; Michel Philippe, Roland Barrier (A: 19. April 1978); Gwyneth Jones; Jon Vickers; Jocelyne Taillon; Christa Ludwig; Janine Boulogne, Annick Dutertre (B: 29. Januar, 3., 6. Februar 1979); Nicolai Ghiaurov (A), John Macurdy (B); Marc Vento; Michel Sénéchal; Pierre-Yves Le Maigat
Cembali: Janine Reiss, Anne-Marie Fontaine
Orgel: Thérèse Cochet (A), Claude Martinet (B)
Palais Garnier, 17 Vorstellungen
Besucherfrequenz: 95,20 Prozent
Fernsehaufzeichnung: 22. April 1978, *Ausstrahlung Antenne 2:* 6. Juli 1978

INTEGRALE SATIE (Gesamtwerk Satie)
1979: 7., 9., 10., 11., 12., 14., 15., 16. Mai
Musikalische Leitung: Marius Constant
Koordinierung und Inszenierung: Humbert Camerlo
Bühnenbilder und Kostüme: Max Schoendorff, Bernard Arnould, Jean-Albert Deroudille
Choreographie: Jean Guizerix, Léonide Massine, Wilfride Piollet, Moses Pendleton, Michel Rayne
Beleuchtungseffekte: John Davies
Film von René Clair
Photographien: Robert Soisneau
Mitwirkende: Das Ensemble Ars Nova, Mitglieder des Balletts der Pariser Oper, Tanzschule der Pariser Oper, Brüsseler Marionetten (Théâtre Toone), Turner-Brigade der Pariser Feuerwehr
Pianisten: Elisabeth Cooper, Anne-Marie Fontaine, Christian Ivaldi, Janine Reiss, Michel Tranchant
Violine: Pierre Hofer
Sänger: Colette Alliot-Lugaz, Francine Arrauzau, Renée Auphan, Eliane Lublin, Suzanne Sarroca, Jean-Philippe Lafont, Robert Dumé
Opéra-Comique, 8 Vorstellungen
Besucherfrequenz: 69, 71 Prozent

A KEKSZAKALLU HERZEG VARA
(Herzog Blaubarts Burg)
Opéra en un acte
Text von Béla Balâzs
Musik von Béla Bartók
1980: 19., 22., 25., 29., 31. Januar, 2., 5., 8., 11., 14. Februar
Musikalische Leitung: Sylvain Cambreling
Inszenierung: Humbert Camerlo
Bühnenbild und Kostüme: Max Schoendorff
Mitwirkende: Viorica Cortez, Ernest Blanc
Opéra-Comique, zusammen mit »Erwartung«, 10 Vorstellungen
Besucherfrequenz: 47 Prozent

LULU
Oper in drei Akten
Text nach den Tragödien »Erdgeist« und »Die Büchse der Pandora« von Frank Wedekind
Musik von Alban Berg
Orchestrierung des 3. Aktes vollendet von Friedrich Cerha
1979: 24., 27. Februar, 2., 7., 10., 13., 15., 21., 24. März
Musikalische Leitung: Pierre Boulez
Inszenierung: Patrice Chéreau
Bühnenbilder: Richard Peduzzi
Kostüme: Jacques Schmidt

Mitwirkende: Teresa Stratas, Slavka Taskova (27. Februar); Yvonne Minton; Hanna Schwarz; Toni Blankenheim; Robert Tear; Franz Mazura; Kenneth Riegel; Gerd Nienstedt; Helmut Pampuch; Jules Bastin; Fernand Dumont; Danièle Chlostawa; Ursula Boese; Anna Ringart; Claude Meloni; Pierre-Yves Le Maigat
Palais Garnier, 9 Vorstellungen
Besucherfrequenz: 115,51 Prozent
Fernsehaufzeichnung: 23. März 1979, *Ausstrahlung Antenne 2:* 15. April 1979
Gastspiel in der Mailänder Scala: 29. Mai, 1. Juni 1979

MADAMA BUTTERFLY
Tragedia giapponese in tre atti
Text von Luigi Illica und Giuseppe Giacosa
Musik von Giacomo Puccini
1978: 23., 27. Juni, 1., 6., 10., 15., 18., 21., 24., 27. Juli
Musikalische Leitung: Georges Prêtre, Richard Amner (18. Juli)
Inszenierung: Jorge Lavelli
Bühnenbilder und Kostüme: Max Bignens
Mitwirkende: Teresa Zylis-Gara, Wilma Vernocchi (15. Juli), Elizabeth Vaughan (24. Juli), Elena Mauti-Nunziata (27. Juli); Jocelyne Taillon; Annick Dutertre; Franco Tagliavini; Tom Krause; Michel Sénéchal; Yves Bisson; Dimitri Petkov; Roland Barrier; Pierre-Yves Le Maigat; Jean-Louis Soumagnas; Jocelyne Morel; Edwige Perfetti; Vera Honorat
Produktion der Mailänder Scala
Palais Garnier, 10 Vorstellungen
Besucherfrequenz: 93,34 Prozent

MANON
Opéra en cinq actes
Text von H. Meilhac und Ph. Gille nach dem Roman des Abbé Prévost
Musik von Jules Massenet
Zwei Aufführungsreihen:
A: 1974: 2., 3., 5., 6., 8., 9., 11., 13., 14., 16. Juli
B: 1975: 15., 20., 23., 27., 31. Januar, 4. Februar
Musikalische Leitung: Serge Baudo
Inszenierung: Jean-Louis Thamin
Bühnenbilder und Kostüme: Matias
Choreographie: Michel Rayne
Mitwirkende: Ileana Cotrubas (A, B: 27., 31. Januar, 4. Februar 1975), Eliane Manchet (A: 14. Juli 1974), Jeannette Pilou (A: 3., 6., 9., 11. Juli 1974, B); Eliane Lublin; Renée Auphan; Anna Ringart; Christine Chicoine; Alain Vanzo (A, B: 27., 31. Januar, 4. Februar 1975), Jean Dupouy (A: 3., 6., 9., 16. Juli 1974, B); Yves Bisson (A), Robert Massard (A: 3., 6., 9., 13., 16. Juli 1974, B), Alain Vanzo (B: 27., 31. Januar, 4. Februar 1975); Jean-Louis Soumagnas; Michel Sénéchal; Claude Meloni (A, B: 27., 31. Januar, 4. Februar 1975), Jacques Bona (A: 3., 6., 9., 13., 16. Juli 1974, B); Michel Roux; Maurice Auzeville, Charles Méon (A), Gérard Ferré, Gaston Eichwald; Pierre Gérald. (Am 2. Juli 1974 sprang Robert Massard nach dem 2. Akt für den erkrankten Yves Bisson ein.)
Palais Garnier, 15 Vorstellungen
Besucherfrequenz: 87,91 Prozent

LE MARCHAND DE VENISE
(Der Kaufmann von Venedig)
Opéra en trois actes et cinq tableaux
Text nach der Komödie von Shakespeare
Bearbeitung von Miguel Zamacois
Musik von Reynaldo Hahn
1979: 11., 14., 17., 19., 25., 28. April, 2. Mai
Musikalische Leitung: Manuel Rosenthal
Inszenierung: Marc Cheifetz
Bühnenbilder und Kostüme: Bernard Arnould
Mitwirkende: Michèle Command; Annick Dutertre; Eliane Lublin; Janine Boulogne; Christian Poulizac; Armand Arapian; Marc Vento; Léonard Pezzino; Tibère Raffalli; Jean-Louis Soumagnas; Jean Dupouy; Christian Jean; Pierre Néqueçaur
Opéra-Comique, 7 Vorstellungen
Besucherfrequenz: 60,79 Prozent
Fernsehaufzeichnung: 19. April 1979, *Ausstrahlung Antenne 2:* 12. Juli 1979

LE MEDECIN MALGRE LUI (Der Arzt wider Willen)
Opéra-comique en trois actes
Text von Jules Barbier und Michel Carré nach Molière
Musik von Charles Gounod
1978: 6., 9., 11., 14., 16., 18., 20. Oktober, 22., 25., 28., 30. November
Musikalische Leitung: Sylvain Cambreling
Inszenierung: Jean-Louis Martin-Barbaz
Bühnenbilder und Kostüme: Pierre-Yves Leprince
Choreographie: Michel Rayne
Beleuchtungseffekte: André Diot
Mitwirkende: Jules Bastin (Oktober), Jean-Louis Soumagnas (November); Danièle Perriers (Oktober); Eliane Lublin (November); Martine Dupuy; Jocelyne Taillon; Jean-Philippe Lafont; Christian Jean; Jacques Loreau; Fernand Dumont; Robert Dumé
Opéra-Comique, 11 Vorstellungen
Besucherfrequenz: 45,80 Prozent

MOÏSE ET AARON (Moses und Aron)
Opéra en deux actes
Text und Musik von Arnold Schönberg
Französische Fassung von Antoine Goléa

Drei Aufführungsreihen:
A: 1973: 27. September, 1., 3., 6. Oktober
B: 1974: 23., 26., 31. Januar
C: 1975: 27., 30. März, 2., 4. April
Musikalische Leitung: Georg Solti (A, B), Manuel Rosenthal (C)
Inszenierung: Raymond Gerome
Bühnenbild: Günther Schneider-Siemssen
Kostüme: Hill Reihs-Gromes
Choreographie: Dick Price
Mitwirkende: Raymond Gerome; Richard Lewis; Renée Auphan, Jocelyne Taillon; Jean Dupouy; Peyo Garazzi; Michel Marsetti (A), Fernand Dumont (B); Marc Vento; Jacques Mars; Françoise Peyrol, Huguette Brachet, Francine Arrauzau, Nadine Denize (A), Janine Boulogne (B); Christiane Issartel, Anna Ringart, Simone Codinas (A), Francine Arrauzau (B); Robert Dumé, Claude Meloni, Jean-Louis Soumagnas
Palais Garnier, 11 Vorstellungen
Besucherfrequenz: 83,43 Prozent

MUSIKTHEATER I
In Zusammenarbeit mit dem Ensemble Intercontemporain
»Mots croisés«
Kreuzworträtseloper von Claude Prey
»Tryptique«
Oper von Alexander Goehr
1978: 16., 17., 18. November
Musikalische Leitung: Lucas Vis
Inszenierung: Jean-Marie Simon
Szenographie: Georges Lafay
Beleuchtungseffekte: André Diot
Mitwirkende: Jean Babilée, Ian Caley, Rosanne Creffield, Hélène Garetti, François Loup, Gabriella Ravazzi
Opéra-Comique, 3 Vorstellungen
Besucherfrequenz: 39 Prozent

MUSIKTHEATER II
In Zusammenarbeit mit dem Ensemble Intercontemporain
»Aventures et Nouvelles Aventures«
Text und Musik von György Ligeti
»Huit chants pour un roi fou«
Text von Randolph Stow
Musik von Peter Maxwell Davies
»Je vous dis que je suis mort«
Opernvariationen frei nach Edgar Allan Poe
Text von François Regnault
Musik von Georges Aperghis
1979: 14., 15., 16. März
Musikalische Leitung: Jacques Mercier
Inszenierung: Brigitte Jacques
Bühnenbilder und Kostüme: Serge Marzolw
Beleuchtungseffekte: André Diot
Mitwirkende Sänger: Marie-Thérèse Cahn, Gabriella Ravazzi, François Le Roux, David Wilson-Johnson, Alexandra Papadjiakou, Knut Skram, Philippe Devine, James Bowman, Gillian Knight
Schauspieler: Edith Scob, Claudia Stavisky, Marcel Bozzonet
Opéra-Comique, 3 Vorstellungen
Besucherfrequenz: 40 Prozent

MUSIKTHEATER III
SOIREE MAURICIO KAGEL
In Zusammenarbeit mit dem Ensemble Intercontemporain
»Kontradanse«
»Récitativarie«
»Camera obscura«
»Atem« und »Mirum«
»Con voce«
»Umzug«
1979: 29., 30., 31. Mai
Musikalische Leitung: Mauricio Kagel
Bühnenbilder und Kostüme: Achim Freyer
Choreographie: Jochen Ulrich
Gemeinschaftsarbeit mit den Städtischen Bühnen Köln und dem Théâtre Municipal Metz
Opéra-Comique, 3 Vorstellungen
Besucherfrequenz: 34 Prozent

NABUCCO
Dramma lirico in quattro parti
Text von Temistocle Solera
Musik von Giuseppe Verdi
1979: 30. Juni, 4., 7., 10., 13., 17., 20., 23. Juli
Musikalische Leitung: Nello Santi
Inszenierung: Henry Ronse
Bühnenbilder und Kostüme: Beni Montresor
Assistent: Maroun el Azouri
Mitwirkende: Sherrill Milnes; Carlo Cossutta, Ion Buzea (10. Juli); Ruggero Raimondi; Grace Melzia Bumbry; Viorica Cortez; Marc Vento; Robert Dumé; Janine Boulogne
Palais Garnier, 8 Vorstellungen
Besucherfrequenz: 118,67 Prozent
Fernsehaufzeichnung: 10. Juli 1979, *Ausstrahlung Antenne 2:* 6. Januar 1980

LES NOCES CHYMIQUES
Rituel féerique en 7 journées et 20 tableaux
Text nach »Chymische Hochzeit Christiani Rosencreutz, Anno 1459« von Johann Valentin Andreae
Übersetzung und Bearbeitung von Pierre Henry und Thérèse de Saint Phalle

Musik von Pierre Henry, unterstützt von Isabelle Warnier und David Henry
1980: 5., 7., 10., 12., 13., 14. Juni
Synthesizer: Michel Redolfi
Instrumentalstrukturen: Urban Sax
Musikalische Realisierung und Leitung: Gilbert Artmann
Singstimmen: Frank Royon Le Mée
Toningenieur: Gilles Bayé-Pouey
Regie: David Henry, Philippe Latron, Eric Lefevre
Tondirektion: Pierre Henry
Choreographie: Günther Pick
Szenographie und Beleuchtung: Pétrika Ionesco
Laser-Effekte: Gruppe Laser Graphics
Bildprojektion: Marie-Christine Vasquez
Kostüme: Christiane Le Scanff
Koordinierung: Dominique Guihard
Mitwirkende: Daniel Mesguich, Laura Proença, Jean-Christophe Paré, Frank Royon Le Mée, Urban Sax, Bruno Cauhapé, Frederic Olivieri, Patrick Gauthier, Véronique Vialar, Jean-Marie Didière, Sylvie Guillaumin, Ghislaine Mathiot, Anne Pruvost, Jean-Claude Ciapara, Patrick Felix, Bruno Lehaut, Hervé Dirmann, Renault Fauvian, Christian Mesnier, Pierre Darde, Laurent Hilaire, Alain Rouillon
Opéra-Comique, 6 Vorstellungen
Besucherfrequenz: 42 Prozent

LE NOZZE DI FIGARO (Die Hochzeit des Figaro)
Opera buffa in quattro atti
Text von Lorenzo da Ponte
Musik von Wolfgang Amadeus Mozart
Acht Aufführungsreihen:
A: 1973: 30. März, 2., 7., 13. April, 11., 14., 16., 19., 31. Mai, 2. Juni
B: 1973: 12., 15., 18., 21., 26., 28. September
C: 1974: 28. September, 2., 5., 9. Oktober, 2., 4., 6. Dezember
D: 1976: 23., 26. Februar, 6., 8., 10., 12. März, 22., 24., 27., 30. Juli
E: 1978: 24., 26., 29. Mai, 3. Juni
F: 1979: 5., 9., 12., 16., 18., 21. Juli
G: 1980: 7., 9., 11., 14., 16., 19. April
H: 1980: 21., 25., 28. Juni, 1., 9., 12., 14. Juli
Musikalische Leitung: Georg Solti (A: 30. März, 2., 7. April 1973), Charles Mackerras, Julius Rudel (A: 31. Mai, 2. Juni 1973), Reynald Giovaninetti (B), Jean-Pierre Jacquillat (B: 28. September 1973, C), Gary Bertini (D, E), John Pritchard (F), Christoph von Dohnânyi (G), Charles Mackerras (H), Georg Solti (H: 9., 12., 14. Juli 1980)
Inszenierung: Giorgio Strehler
Bühnenbilder und Kostüme: Ezio Frigerio
Mitwirkende: Gabriel Bacquier (A: 30. März, 2. April 1973), Tom Krause (A); Gabriel Bacquier (B, C, D, E, F, H), Wolfgang Schoene (H); Gundula Janowitz (A, H), Margaret Price (A: 11., 14., 16., 19., 31. Mai, 2. Juni 1973, B, C: 6. Dezember 1974, D, G), Pilar Lorengar (C), Elizabeth Soederstroem (C: 2., 5. Oktober 1974), Evelyn Lear (C: 9. Oktober 1974), Elizabeth Harwood (C: 2. Dezember 1974), Evelyn Brunner (C: 4. Dezember 1974), Christiane Eda-Pierre (D: 22., 24. Juli 1976, E), Kiri Te Kanawa (F); Frederica von Stade (A, C, H), Teresa Berganza (A: 11., 14., 16., 19. Mai 1973, B, C: 2., 4., 6. Dezember 1974, D, E, G), Anna Ringart (B: 15. September 1973, D: 22., 24., 27., 30. Juli 1976), Agnès Baltsa (F); José van Dam (A, D, E, H), Tom Krause (B, C, F), Malcolm King (G); Mirella Freni (A), Lucia Popp (B, F, G: 19. April 1980, H), Danièle Perriers (C, E), Teresa Stratas (D), Ileana Cotrubas (G: 7. April 1980), Sonia Gazharian (G: 9., 14., 16. April 1980), Olivera Miljakovic (G: 11. April 1980); Jane Berbié, Kerstin Meyer (C: 2., 4., 6. Dezember 1974); Kurt Moll (A, D, H: 9., 12., 14. Juli 1980), Noël Mangin (B), Zoltan Kelemen (B: 21. September 1973), Ugo Trama (C), Jules Bastin (E, G), Paolo Montarsolo (F, H); Michel Sénéchal; Jacques Loreau; Carl Schultz (A, C, D), Philippe Duminy (A: Mai, Juni 1973), Michel Roux (B), Jean-Louis Soumagnas (E, F, G), Jules Bastin (H); Danièle Perriers (A, B, F, H), Regina Marheineke (C, D), Christine Barbaux (E, G), Donna Wood (G: 7. April 1980); Christiane Issartel (A, B, C, D), Eliane Lublin (E, F, G, H), Anna Ringart, Yvonne Bernard (D)
Cembalo: Janine Reiss, Irène Aitoff
Schloß-Theater Versailles, 2 Vorstellungen: 30. März, 2. April 1973
Palais Garnier, 55 Vorstellungen
Besucherfrequenz: 110,55 Prozent
USA-Tournee 1976: New York 8., 11., 16. September, Washington 30. September, 2. Oktober

OEDIPUS REX
Opéra-oratorio en deux parties
Text nach Sophokles
Musik von Igor Strawinsky
Zwei Aufführungsreihen:
A: 1979: 11., 14., 19., 22., 24. Mai, 13., 15., 20., 21. Juni
B: 1980: 13., 17., 19., 21., 23. Mai
Musikalische Leitung: Seiji Ozawa (A), Sylvain Cambreling (B)
Inszenierung: Jorge Lavelli
Bühnenbilder und Kostüme: Max Bignens
Mitwirkende: Kenneth Riegel, Viorica Cortez, Siegmund Nimsgern, John Macurdy, Robert Dumé, Maria Casarès
Palais Garnier, zusammen mit »L'Enfant et les Sortilèges«, 14 Vorstellungen
Besucherfrequenz: 103,85 Prozent
Fernsehaufzeichnung: 24. Mai 1979, *Ausstrahlung Antenne 2:* 27. Mai 1979

ORPHEE ET EURYDICE (Orpheus und Eurydike)
Tragédie-opéra en trois actes
Text von Moline
Musik von Christoph Willibald Gluck
Überarbeitet von Manuel Rosenthal
Zwei Aufführungsreihen:
A: 1973: 4., 8., 11., 14., 22., 26. April, 13., 17., 19., 23., 26. Oktober
B: 1974: 27., 30. November, 3., 7., 10., 13. Dezember
Musikalische Leitung: Manuel Rosenthal
Inszenierung: René Clair
Bühnenbilder und Kostüme: Bernard Daydé
Choreographie: George Balanchine
Mitwirkende: Nicolai Gedda; Jeannette Pilou (A), Guitchka Petrova (B); Christiane Eda-Pierre (A), Eliane Lublin (B)
Palais Garnier, 17 Vorstellungen
Besucherfrequenz: 84,52 Prozent

OTELLO
Dramma lirico in quattro atti
Text von Arrigo Boito
Musik von Giuseppe Verdi
Drei Aufführungsreihen:
A: 1976: 25., 29. Juni, 3., 8., 12., 17. Juli
B: 1977: 9., 13., 16., 20., 25., 29. April
C: 1978: 30. Juni, 4., 8., 13., 17. Juli
Musikalische Leitung: Georg Solti (A), Nello Santi (B, C)
Inszenierung: Terry Hands
Bühnenbilder: Josef Svoboda
Kostüme: Abd'elkader Farrah
Mitwirkende: Placido Domingo (A, C), Jon Vickers (B), Richard Cassily (B: 16. April 1977); Gabriel Bacquier (A), Sherrill Milnes (B), Kostas Paskalis (C); Horst Laubenthal; Robert Dumé; Kurt Moll (A), Jacques Mars (B), John Macurdy (C); Marc Vento (A), Jean-Louis Soumagnas (B, C); Fernand Dumont; Margaret Price; Jane Berbié
Palais Garnier, 17 Vorstellungen
Besucherfrequenz: 109,51 Prozent
Fernsehaufzeichnung, Ausstrahlung Antenne 2: 13. Juli 1978
USA-Tournee 1976: New York 10., 15., 18. September, Washington 21., 24., 27. September
Musikalische Leitung: Georg Solti, Lorin Maazel (27. September)
Mitwirkende wie A, mit Ausnahme von Carlo Cossutta und Michel Sénéchal

PARSIFAL
Bühnenweihfestspiel in drei Akten
Text und Musik von Richard Wagner
Fünf Aufführungsreihen:
A: 1973: 20., 23., 29. April
B: 1973/74: 1., 4., 7., 10., 15., 20. November, 12., 15., 20., 24. April
C: 1974: 1., 6., 9. November
D: 1975: 1., 5., 8., 13. November
E: 1976: 14., 18., 22., 27. Mai
Musikalische Leitung: Horst Stein
Inszenierung: August Everding
Bühnenbilder und Kostüme: Jürgen Rose
Mitwirkende: Donald Mac Intyre (A, B: 15., 20. November 1973), Norman Bailey (B), Tom Krause (B: 12., 15., 20., 24. April 1974, D, E: 22. Mai 1976), Siegmund Nimsgern (C, E), Theo Adam (D, E: 18., 27. Mai 1976); Roger Soyer (A, B), Joseph Rouleau (C), Jules Bastin (D, E); Kurt Moll (A, E), Franz Crass (B), Martti Talvela (B: 12., 15., 20., 24. April 1974), Hans Sotin (C, D), Franz Mazura (C: 9. November 1974); Helge Brilioth (A, B), René Kollo (C), James King (D), Jon Vickers (E); Jacques Mars (A, B, D, E), Karl Heinz Herr (C); Josephine Veasey (A, D: 13. November 1975), Régine Crespin (B), Nadine Denize (C, E), Jane Rhodes (C: 1., 6. November 1974), Eva Randova (D), Gisela Schroeter (E: 22. Mai 1976); Jean Dupouy (A, B, C), Jean Angot (D, E), Fernand Dumont (C, D, E), Michel Marsetti (A, B); Renée Auphan (A, B), Eliane Lublin (C, D, E), Francine Arrauzau, Robert Dumé, Peyo Garazzi (A, B), Michel Cadiou (C), Michel Philippe (D, E); Jane Berbié, Danièle Perriers, Huguette Brachet, Andréa Guiot (A, B, C), Christiane Eda-Pierre (A, B, D), Eliane Manchet (C, E); Simone Codinas (A, B), Jocelyne Taillon (C), Anna Ringart (D)
Palais Garnier, 24 Vorstellungen
Besucherfrequenz: 100,30 Prozent
Rundfunkübertragung Radio France-Musique: 19. Mai 1976

PELLEAS ET MELISANDE
Drame lyrique en cinq actes et douze tableaux
Text von Maurice Maeterlinck
Musik von Claude Debussy
Drei Aufführungsreihen:
A: 1977: 18., 22., 26., 29. März, 1., 4., 8., 11. April
B: 1978: 8., 11., 13., 26., 29. April, 2., 5. Mai
C: 1980: 22., 25., 28., 31. März, 2., 5. April
Musikalische Leitung: Lorin Maazel (A, C), Serge Baudo (B)
Inszenierung: Jorge Lavelli
Bühnenbilder und Kostüme: Max Bignens
Mitwirkende: Richard Stilwell (A, B), Jorma Hynninen (C); Gabriel Bacquier; Roger Soyer, John Macurdy (A: 1. April 1977); Solist des Pariser Kinderchores (A), Monique Pouradier-Duteil (B), Maria-Fausta Gallamini (C), Colette Alliot-Lugaz (C: 2., 5. April 1980); Fernand Dumont; Frederica von Stade (A), Eliane Manchet (B), Ileana Cotrubas (C), Karen Armstrong (C: 31. März, 2., 5. April 1980); Jocelyne Taillon
Palais Garnier, 21 Vorstellungen
Besucherfrequenz: 100,98 Prozent
Rundfunkübertragung Radio France-Musique: 29. Januar 1980

PLATEE
Comédie-ballet en trois actes et un prologue
Text von Autreau und Ballot de Sauvot
Musik von Jean-Philippe Rameau
1977: 21., 23., 26., 28. April, 4., 7., 12., 14., 16. Mai
Musikalische Leitung: Michel Plasson
Inszenierung: Henry Ronse
Bühnenbilder und Kostüme: Beni Montresor
Choreographie: Pierre Lacotte
Mitwirkende: Michel Sénéchal; Jean-Marie Frémeau; Suzanne Sarroca; Roger Soyer; Danièle Chlostawa; Eliane Lublin, Michèle Reynaud (26. April 1977); Renée Auphan; Eliane Manchet; Yves Bisson; Claude Meloni; Jean Dupouy, Charles Burles
Opéra-Comique, 9 Vorstellungen
Besucherfrequenz: 65 Prozent
Fernsehaufzeichnung: 14. Mai 1977, *Ausstrahlung Antenne 2:* 9. Juli 1977

LE PORTEUR D'EAU ou LES DEUX JOURNEES
(Der Wasserträger)
Comédie lyrique en trois actes et en prose
Text von Jean-Nicolas Bouilly
Musik von Luigi Cherubini
1980: 12., 15., 17., 20., 22., 25., 28., 31. März
Musikalische Leitung: Pierre Dervaux
Inszenierung: Bernard Sobel
Bühnenbilder: Bernard Thomassin
Kostüme: Pierre Cado
Beleuchtungseffekte: Michel Duverger
Überarbeitung der Partitur: Jacques Abulker
Dramaturgie: Michèle Raoul-Davis
Mitwirkende: Eliane Lublin; Françoise Garner; Annick Dutertre; Charles Burles; Tibère Raffalli; Jean-Philippe Lafont; Fernand Dumont, Jean-Louis Soumagnas (22., 25., 28., 31. März); Jean-Jacques Nadaud; Jean-Marie Frémeau; Philippe Duminy, Alain Marmorat
Opéra-Comique, 8 Vorstellungen
Besucherfrequenz: 41 Prozent

DAS RHEINGOLD
Handlung in einem Aufzug und vier Bildern
Text und Musik von Richard Wagner
Zwei Aufführungsreihen:
A: 1976/77: 6., 8. Dezember, 12., 14. Januar, 23., 26. Februar, 18., 21. Mai
B: 1977/78: 14. Dezember, 12., 14. Januar
Musikalische Leitung: Georg Solti (A), Edward Downes (A: 6., 8. Dezember 1976), Rolf Reuter (B)
Inszenierung: Peter Stein
Bühnenbilder: Karl-Ernst Herrmann
Kostüme: Moidele Bickel
Mitwirkende: Theo Adam, Hans Sotin (A: 12., 14. Januar, 23., 26. Februar 1977); Marc Vento; Heribert Steinbach; Robert Tear, Peter Hofmann (A: 23. Februar 1977), Heinz Zednick (A: 14. Januar 1977); Franz Mazura; Helmut Pampuch, Heinz Zednick (B: 14. Dezember 1977); Kurt Moll (A: 6., 8. Dezember 1976, B: 14. Dezember 1977), John Macurdy (A), Paul Plishka (B); Donald Shanks (A), Matti Salminen (B); Christa Ludwig; Helga Dernesch, Birgit Finnilä, Jocelyne Taillon (B: 12., 14. Januar 1978); Christiane Eda-Pierre; Jane Berbié, Guitchka Petrova (A: 18. Mai 1977); Anna Ringart
Palais Garnier, 11 Vorstellungen
Besucherfrequenz: 98,93 Prozent

DER ROSENKAVALIER
Komödie für Musik in drei Akten
Text von Hugo von Hofmannsthal
Musik von Richard Strauss
Vier Aufführungsreihen:
A: 1976: 23., 27., 31. Januar, 3., 7., 12., 16. Februar
B: 1977: 6., 10., 15., 18., 21., 25., 29. Juni, 2., 6. Juli
C: 1977: 21., 27., 30. September
D: 1978: 25. Februar, 1., 23., 27. März
Musikalische Leitung: Horst Stein (A, C), Silvio Varviso (B, D)
Inszenierung: Rudolf Steinböck
Bühnenbilder und Kostüme: Ezio Frigerio
Mitwirkende: Christa Ludwig (A, B, C), Helga Dernesch (B: 29. Juni, 2. Juli 1977), Arlene Saunders (D); Hans Sotin (A, B), Manfred Jungwirth (C), Karl Ridderbusch (D); Yvonne Minton (A, D), Tatiana Troyanos (B), Gertrude Jahn (B: 15. Juni 1977), Brigitte Fassbaender (C); Lucia Popp (A, D), Danièle Perriers (D: 1. März 1978), Judith Blegen (B, C); Raymond Wolansky, Roland Hermann (A: 27. Januar 1976), Ernst Gutstein (A: 7. Februar 1976), Robert Massard (B, C, D); Michel Sénéchal; Jane Berbié; Janine Boulogne; Fernand Dumont, Keith Engen (D: 25. Februar 1978); Michel Philippe; Robert Dumé; Jean-Louis Soumagnas; Alain Vanzo (A, B), Jean Dupouy (C, D); Jacques Loreau; Janine Cadet, Jacqueline Demontzey (C: 21. September 1977); Mario Agnetti; Jean Rallo; Marie-Thérèse Dietzer, Guitchka Petrova (C: 27. September 1977), Annick Dutertre, Gisèle Ory; Michel Marimpouy, Jean Deguara, Jean-Jacques Nadaud, Paul Thoron; Philippe Désert
Palais Garnier, 23 Vorstellungen
Besucherfrequenz: 99,67 Prozent
Rundfunkübertragung Radio France-Musique: 31. Januar 1976
Fernsehaufzeichnung, Ausstrahlung Antenne 2: 25. Juni 1977

SAMSON ET DALILA
Opéra en trois actes et quatre tableaux
Text von Ferdinand Lemaire

Musik von Camille Saint-Saëns
Vier Aufführungsreihen:
A: 1975: 22., 25., 27., 31. Oktober, 3., 6., 12., 15., 18., 21., 24. November
B: 1976: 22., 25., 28. Oktober, 1., 4. November
C: 1978: 14., 19., 22., 25., 28. Juli
D: 1978: 9., 12., 15., 18., 21. Dezember
Musikalische Leitung: Georges Prêtre (A, B), Pierre Dervaux (C, D)
Inszenierung: Piero Faggioni
Bühnenbilder und Kostüme: Jacques Dupont
Choreographie: Georges Skibine
Mitwirkende: Fiorenza Cossotto (A), Francine Arrauzau (B, C, D: 12., 15. Dezember 1978), Viorica Cortez (D); Guy Chauvet (A, C), Gilbert Py (B), Jon Vickers (D); Robert Massard (A, B, C), Ernest Blanc (D); Joseph Rouleau (A), John Macurdy (B), Jacques Mars (C), Malcolm Smith (D); Jules Bastin (A, B, D), John Macurdy (C), Dimitri Petkov (C: 22. Juli 1978); Michel Marimpouy; Jean Savignol; Alain Pilard
Palais Garnier, 25 Vorstellungen
Besucherfrequenz: 90 Prozent
Rundfunkübertragung Radio France-Musique: 15. November 1975
Fernsehaufzeichnung, Ausstrahlung Antenne 2: 21. Dezember 1978

SIMON BOCCANEGRA
Melodramma in un prologo e tre atti
Text von Francesco Maria Piave
Musik von Giuseppe Verdi
Zwei Aufführungsreihen:
A: 1978: 25., 28., 31. Oktober, 3., 6., 9., 15., 18., 22., 25., 28. November
B: 1979: 3., 6., 11., 16., 19., 22., 25. Oktober
Musikalische Leitung: Claudio Abbado (A), Nello Santi (A: 18., 22., 25., 28. November 1978, B)
Inszenierung: Giorgio Strehler
Bühnenbilder und Kostüme: Ezio Frigerio
Mitwirkende: Piero Cappuccilli; Mirella Freni (A), Katia Ricciarelli (A: 25. Oktober 1978), Kiri Te Kanawa (B); Nicolai Ghiaurov (A), Ruggero Raimondi (B); Veriano Luchetti (A), Ermano Mauro (B); Felice Schiavi; Giovanni Foiani; Mario Agnetti; Marise Acerra
Produktion der Mailänder Scala
Palais Garnier, 18 Vorstellungen
Besucherfrequenz: 114, 18 Prozent
Fernsehaufzeichnung: 9. November 1978, *Ausstrahlung Antenne 2:* 3. Dezember 1978

SOIREE STOCKHAUSEN
1979: 20., 21., 22., 23., 24. November
Musikalische Leitung: Karlheinz Stockhausen
Inszenierung: Humbert Camerlo
Bühnenbilder: Maxime Descombin
Kostüme: Kenzo
Solistin: Suzanne Stephens
Opéra-Comique, 5 Vorstellungen
Besucherfrequenz: 26 Prozent

TOM JONES
Comédie lyrique en trois actes
Text von P. Poinsinet nach dem englischen Roman von Fielding, neubearbeitet von Charles Charras und André Gille
Musik von François-André Danican Philidor
1979: 26., 27. Februar, 2., 3., 6., 7., 17., 22., 24. März
Musikalische Leitung: Jean-Pierre Wallez
Inszenierung: Jacques Fabbri und Philippe Rondest
Bühnenbilder und Kostüme: Yves Faucheur
Mitwirkende: Leonard Pezzino; Jean-Philippe Lafont; Suzanne Sarroca; Monique Pouradier-Duteil; Michèle Pena; Charles Burles; Michel Hamel; Charles Charras; Claudine Collas
Opéra-Comique, 10 Vorstellungen
Besucherfrequenz: 64,93 Prozent

TOSCA
Melodramma in tre atti
Text von Victorien Sardou, Luigi Illica und Giuseppe Giacosa
Musik von Giacomo Puccini
1974: 20., 23., 26. Februar, 1., 6., 9., 12., 15. März
Musikalische Leitung: Charles Mackerras
Inszenierung: Günther Rennert
Bühnenbilder und Kostüme: Wilhelm Reinking
Mitwirkende: Orianna Santunione, Arlene Saunders (März); Carlo Cossutta, Placido Domingo (März); Gabriel Bacquier; Jean-Louis Soumagnas; Renato Capecchi; Michel Sénéchal; Fernand Dumont; Pierre Marret; Anna Ringart
Produktion der Hamburger Staatsoper
Palais Garnier, 8 Vorstellungen
Besucherfrequenz: 99,70 Prozent

IL TROVATORE (Der Troubadour)
Dramma in quattro parti
Text von Salvatore Cammarano
Musik von Giuseppe Verdi
Fünf Aufführungsreihen:
A: 1973: 2., 5., 10., 13., 20., 23., 26., 30. Mai, 3., 7., 13., 18., 22., 27., 30. Juni
B: 1973: 20., 24., 27. Oktober, 13., 16. November
C: 1973/74: 5., 8., 11., 14. Dezember, 30. Januar, 2., 13., 16. Februar
D: 1975: 5., 8., 12., 15., 18. Februar, 5., 12., 19. April

E: 1976: 12., 17., 20., 23., 27. November, 1. Dezember
Musikalische Leitung: Charles Mackerras (A), Julius Rudel (A: 13., 30. Mai, 3., 7., 13. Juni 1973, C, D), Reynald Giovaninetti (B, C), Jesus Lopez-Cobos (D), Nello Santi (E)
Inszenierung: Tito Capobianco
Bühnenbilder: David Mitchell
Kostüme: José Varona
Mitwirkende: Piero Cappuccilli (A, C, D: 5. April 1975), Kostas Paskalis (B), Raymond Wolansky (C), Victor Braun (C: 13. Februar 1974), Sherrill Milnes (D: Februar 1975), Norman Mittelmann (D: April 1975), Ernest Blanc (E); Orianna Santunione (A), Gwyneth Jones (A: 20., 23., 26. Mai 1973, C), Martina Arroyo (A: 18., 22., 27., 30. Juni 1973), Luisa Bosabalian (B), Renata Scotto (C, D), Rita Orlandi-Malaspina (C: 30. Januar, 2. Februar 1974); Shirley Verret (A: 2., 5., 10., 13. Mai 1973, C: 30. Januar 1974), Mignon Dunn (A, C: Dezember 1973), Fiorenza Cossotto (A: 18., 22., 27., 30. Juni 1973, B, D), Viorica Cortez (C: 30. Januar 1974, D: 12., 15., 18. Februar 1975), Luisa Nave (E), Michèle Vilma (E: 1. Dezember 1976), Ruza Baldini (E: 20., 23. November 1976); Carlo Cossutta (A, D, E), Placido Domingo (B: Oktober 1973, D: April 1975), Bruno Prevedi (B: 13., 16. November 1973, C), Richard Cassily (C: 13. Februar 1974), James King (C: 16. Februar 1974), Juan Lloveras (D: 5. Februar 1975); Roger Soyer (A, C, E), Ivo Vinco (A: 18., 22., 27., 30. Juni 1973, B, D), Jacques Mars (C: Dezember 1973); Jocelyne Taillon (A, B, C, D), Anna Ringart (E); Jean Dupouy (A, C: Dezember 1973, 13., 16. Februar 1974, D: Februar 1975), Robert Dumé (B, C, D: April 1975, E); Claude Meloni (A, B, C), Philippe Duminy (A: 20. Mai, 13. Juni 1973), Philippe Désert (C: 11., 14. Dezember 1973, 30. Januar, 2., 13. Februar 1974), Fernand Dumont (D), Jean Rallo (E); Enzo La Selva
Palais Garnier, 42 Vorstellungen
Besucherfrequenz: 100, 35 Prozent

VERONIQUE
Opéra-comique en trois actes
Text von Albert Vanloo und Georges Duval
Musik von André Messager
1978/79: 22., 23., 27., 28., 30., 31. Dezember, 17., 19., 20., 23., 25., 26., 30. Januar
Musikalische Leitung: Pierre Dervaux
Inszenierung: Jean-Laurent Cochet
Kostüme: Rosine Delamare
Choreographie: Michel Rayne
Beleuchtungseffekte: Serge Apruzzese
Mitwirkende: François Le Roux; Michel Roux; Léonard Pezzino; Marc Gaussorgues; Malcolm Walker*; Jean-Marie Martin; Danièle Chlostawa; Annick Dutertre; Odette Laure; Agnès Host*; Agnès Disney; Dominique Lebrun*; Patricia Bernard; Ghislaine Raphanel*; Brigitte Bellamy; Julie Sloman, Noëlle Bedu*
*Schüler der Gesangschule der Pariser Oper

Opéra-Comique, 13 Vorstellungen
Besucherfrequenz: 84,05 Prozent
Fernsehaufzeichnung: 28. Dezember 1978, *Ausstrahlung Antenne 2:* 30. Dezember 1978

I VESPRI SICILIANI (Die sizilianische Vesper)
Dramma in cinque atti
Text von E. Scribe und Ch. Duveyrier
Musik von Giuseppe Verdi
Vier Aufführungsreihen:
A: 1974: 3., 13., 18., 23., 26., 29. April, 2., 8., 11., 16., 23. Mai
B: 1974/75: 18., 21., 25., 28. November, 11., 14., 19., 23., 27. Dezember, 2. Januar
C: 1975/76: 20., 23. Dezember, 10., 13., 17., 22., 26., 29. Januar
D: 1979: 15., 22., 30. März, 2., 5. April
Musikalische Leitung: Nello Santi
Inszenierung: John Dexter
Bühnenbilder und Beleuchtung: Josef Svoboda
Kostüme: Jan Skalicky
Einlagen: Michel Rayne
Mitwirkende: Peter Glossop (A, B), David Ohanesian (A: 3., 13. April 1974), Kostas Paskalis (C), Pablo Elvira (D); Fernand Dumont; Jean-Louis Soumagnas; Placido Domingo (A: 3., 13., 18., 23. April 1974), Wieslaw Ochman (A, B: Dezember 1974, C, D), Franco Bonisolli (B), Carlo Bini (C: 13. Januar 1976); Roger Soyer (A, C), Ruggero Raimondi (B, D, C: 22. Januar 1976); Martina Arroyo (A, C, D), Cristina Deutekom (A: 29. April, 8., 11., 16. Mai 1974, B), Anna Alexieva (A: 23. Mai 1974); Francine Arrauzau (A, B, C), Anna Ringart (D), Nadine Duwez (B: 27. Dezember 1974); Remy Corazza (A), Robert Dumé (B, C, D); Peyo Garazzi (A, B), Michel Cadiou (C, D); Jacques Bona (A, B), Carl Schultz (C), Pierre-Yves Le Maigat (D); Robert Dumé (A), Jean Angot (B, C), Mario Agnetti (B: 28. November 1974, D)
Die auf den 3. April 1974 angesetzte Premiere wurde wegen des Todes des französischen Staatspräsidenten Georges Pompidou abgesagt. Die Vorstellung vom 26. April 1974 wurde wegen Erkrankung Martina Arroyos abgebrochen.
Palais Garnier, 34 Vorstellungen
Besucherfrequenz: 96,89 Prozent
Rundfunkübertragung Radio France-Musique: 27. Dezember 1975

VIVE OFFENBACH!
Drei einaktige Operetten von Jacques Offenbach
1979: 12. bis 31. Dezember täglich, mit Ausnahme vom 16., 23. und 25. Dezember
Musikalische Leitung: Manuel Rosenthal
Inszenierung: Robert Dhéry
Bühnenbilder und Kostüme: Bernard Daydé

Mitwirkende: Christiane Issartel, Jean-Philippe Lafont, Léonard Pezzino, Gisèle Ory; Jean-Philippe Lafont, Charles Burles, Michel Trempont, Michel Hamel, Marie-Christine Porta, Danièle Chlostawa (24.–28. Dezember), Michèle Alexandre; Michel Hamel, Michel Trempont, Jean-Philippe Lafont, Charles Burles, Philippe Devine, Michel Marimpouy, Léonard Pezzino, Marie-Christine Porta, Annick Dutertre, Danièle Chlostawa (20.–28. Dezember), Gisèle Ory
Opéra-Comique, 16 Vorstellungen
Besucherfrequenz: 70 Prozent
Fernsehaufzeichnung: 19. Dezember 1979, *Ausstrahlung Antenne 2:* 20. Dezember 1979

DIE WALKÜRE
Handlung in drei Aufzügen
Text und Musik von Richard Wagner
Zwei Aufführungsreihen:
A: 1976/77: 18., 21. Dezember, 19., 22., 25. Januar, 30. März, 2. April, 26., 28. Mai
B: 1977/78: 19., 23. Dezember, 17., 21. Januar, 15., 21., 25. April
Musikalische Leitung: Georg Solti (A: Dezember), Edward Downes (A), Rolf Reuter (B)
Inszenierung: Klaus Michael Grüber
Bühnenbilder: Eduardo Arroyo
Kostüme: Moidele Bickel
Mitwirkende: Peter Hofmann (A), Robert Schunk (B), Richard Cassily (B: 15. April 1978); Kurt Moll (A: Dezember 1976, B: 23. Dezember 1977), John Macurdy (A), Matti Salminen (B), Peter Meven (B: 15., 21. April 1978); Theo Adam (A: Dezember 1976, 26. Mai 1977, B: 17. Januar 1978), Leif Roar (A: 22. Januar 1977), Franz Ferdinand Nentwig (A: 28. Mai 1977), Hans Sotin (A, B), Franz Mazura (B: 23. Dezember 1977, 21. Januar, 15., 21., 25. April 1978); Helga Dernesch, Arlene Saunders (B: 23. Dezember 1977, 21. Januar, 21., 25. April 1978); Gwyneth Jones (A: Dezember 1976), Roberta Knie (A, B), Ute Vinzing (A: 22., 25. Januar 1977); Christa Ludwig; Hélène Garetti, Hélia T'Hézan, Edwige Perfetti (B: Dezember 1977), Michèle Vilma; Jocelyne Taillon, Huguette Brachet (B: April 1978); Andréa Guiot, Katie Clarke (B: Dezember 1977, 21., 25. April 1978); Anna Ringart, Jacqueline Broudeur (A: 21. Dezember 1976), Danièle Grima; Francine Arrauzau, Marise Acerra (A: Dezember 1977, Januar 1978)
Palais Garnier, 16 Vorstellungen
Besucherfrequenz: 91,89 Prozent

WERTHER
Drame lyrique en quatre actes et cinq tableaux
Text von Edouard Blau, Paul Millet und Georges Hartmann nach Goethe
Musik von Jules Massenet
Zwei Aufführungsreihen:
A: 1978: 13., 15., 17., 20., 22., 25., 29. März, 1. April
B: 1978: 25., 27., 30. Oktober, 2., 4., 6., 9., 11. November
Musikalische Leitung: Pierre Dervaux
Inszenierung, Bühnenbilder und Kostüme: Dominique Delouche
Mitwirkende: Alain Vanzo, Peyo Garazzi (B: 4., 11. November 1978); Yves Bisson, Claude Meloni (A: 29. März 1978); Jean-Louis Soumagnas; Jacques Loreau; Fernand Dumont; Georges Scamps; Jane Rhodes, Francine Arrauzau (A: 15., 20., 25. März, 1. April 1978), Martine Dupuy (B: 27., 30. Oktober, 4., 11. November 1978); Danièle Chlostawa; Denise Brandu
Der Kinderchor von Radio France
Opéra-Comique, 16 Vorstellungen
Besucherfrequenz: 63,25 Prozent
Fernsehaufzeichnung: 20. März 1978, *Ausstrahlung Antenne 2:* 20. Juli 1978

DIE ZAUBERFLÖTE
Oper in zwei Aufzügen
Text von Emanuel Schikaneder
Musik von Wolfgang Amadeus Mozart
Zwei Aufführungsreihen:
A: 1977: 13., 17., 20., 23., 25., 30. Mai, 4., 8., 11., 14., 17., 22. Juni
B: 1977: 29. Oktober, 1., 5., 8., 11. November
Musikalische Leitung: Karl Böhm (A), Gerhard Lenssen (A: 4., 8. Juni 1977), Julius Rudel (B)
Inszenierung: Horst Zankl
Bühnenbilder und Kostüme: Arik Brauer
Mitwirkende: Martti Talvela (A), John Macurdy (A: 17., 30. Mai 1977), Kurt Moll (A: 14., 17., 22. Juni 1977, B); Horst Laubenthal; Theo Adam (A: 13., 17., 20., 25. Mai 1977), Siegmund Nimsgern (A, B); Robert Dumé; Pierre-Yves Le Maigat; Edda Moser (A), Karin Ott (A: 25. Mai 1977, B); Kiri Te Kanawa (A), Edith Mathis (A: 17. Mai 1977, B); Helena Doese, Janine Cadet (5. November 1977); Anna Ringart; Gillian Knight; William Workman; Danièle Perriers; Franz Grundheber (A), Norbert Orth (A: 25. Mai 1977), Helmut Pampuch (B); Heribert Steinbach; Jacques Mars; Michael Dittmann; Jean-Loup Horwitz; Mario Agnetti
Drei Solisten des Tölzer Knabenchores
Palais Garnier, 17 Vorstellungen
Besucherfrequenz: 106,54 Prozent

Namenregister

Kursive Ziffern verweisen auf Abbildungen

Quellennachweis der Abbildungen

Jacques Aubin, Paris S. 230 · Daniel Cande, Boulogne S. 14, 17, 26, 27, 37, 38/39, 44/45, 46, 48 o., 51, 71, 73, 74, 76, 79, 92, 101 u., 114/115, 117, 119, 120 o., 121, 123, 127, 128, 129, 137, 138, 139, 141, 142/143, 145, 147, 150/151, 156, 157, 173, 180, 183, 184, 185, 203, 204, 209, 210/211, 213, 215, 217, 219 · Gaumont, Neuilly/Seine S. 188/189, 190, 191, 192, 193, 194/195, 196/197 · Studio Harcourt, Paris S. 40, 41, 42, 56, 57, 60, 61, 64, 67, 69, 75, 77, 78, 89, 94, 97, 98, 100, 101 o., 102, 103, 104, 122, 124 · Rolf Liebermann, Pontchartrain S. 118, 152 · Colette Masson, Boulogne S. 16, 19, 20, 22, 23, 28, 29, 31, 33, 35, 36, 48 u., 49, 50, 52, 62, 66, 68, 72, 82/83, 85, 87, 90, 91, 95, 99, 106, 107, 109, 110, 113, 120 u., 125, 131, 135, 154, 155, 158, 159, 160, 165, 166, 167, 168, 171, 177, 179, 186, 198, 199, 200, 201, 205, 206 · Pathé, Paris S. 174 · Michel Szabo, Boissy-Saint-Léger S. 2.

CIP-Kurztitelaufnahme der Deutschen Bibliothek
Liebermann, Rolf:
Und jedermann erwartet sich ein Fest: Musiktheater / Rolf Liebermann. – Frankfurt am Main; Berlin; Wien: Propyläen, 1981.
ISBN 3-549-06653-8